高校生の基礎力養成ワーク　数学編　目次

本書の使い方

中学校の範囲を中心に就職試験でよく問われる内容をまとめました。まとめと例題を確認したあと，確認問題→練習問題の順に取り組みましょう。

本書の構成

まとめと例題　単元のポイントをまとめ，例題を掲載しました。

確認問題　学習事項を整理・確認するための問題です。例題や ヒント を参考に解いて下さい。空らんを埋めながら解法を確認しましょう。

練習問題　単元で学習した内容を定着させるための問題です。計算式を書き込むための余白を設けました。

チャレンジ問題　SPIで出題される単元に設けました。SPIの形式の問題にチャレンジしてみましょう。

国語編は裏表紙を
めくって始めよう！

英語編は 57 ページ
から始まるよ！

JN056658

1 数の計算

1 四則やかっこの混じった式の計算

計算の優先順位に注意して計算する。

累乗→かっこ→乗法・除法(かけ算・わり算)→加法・減法(たし算・ひき算)の順番
かっこは( )→{ }→[ ]の順番

例題① 累乗

次の計算をしなさい。

$2^3 \times \{(-4)^2 \div 2 + 4\}$

$= 8 \times (16 \div 2 + 4)$ ⇐累乗を先に計算する

$= 8 \times (8 + 4)$ ⇐( )の中を計算する

$= 8 \times 12$

$= \mathbf{96}$ 答

ある数を2回かけたものを,
その数の2乗というよ。
2乗，3乗…と同じ数をかけることを
その数の累乗というよ。

例題② 虫くい算

次のア，イにあてはまる数を求めなさい。

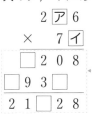

虫くい算は，繰り上がりや
繰り下がりに注意して
わかる箇所から考えていこう。

		2	ア	6	
×			7	イ	
	□	2	0	8	
□	9	3	□		
2	1	□	2	8	

わかる箇所がどこかを探す

解

	2	2	0	8
1	9	3	2	
2	1	5	2	8

$6 \times$ イ $=$ □8 となることから イ は3か8。3の場合 □20に合わないので，イ は **8**

$6 \times 8 = 48$ で十の位に4が繰り上がるが，十の位が0であるから，ア は2か7となり百の位が2になるのは，**7** 答

2 小数・分数の計算

小数	たし算とひき算は，小数点の位置をそろえて，筆算で計算する。
分数	たし算とひき算は通分してから，かけ算とわり算は約分しながら計算する。

例題③ 小数の計算

次の計算をしなさい。

$4.18 - 2.733 = \mathbf{1.447}$ 答

```
  3   7      ← 1くり下がる
  4.1 8 0    ← 小数点以下の桁数が異なる場合，0を補う
- 2.7 3 3
---------
  1.4 4 7
```

小数点はそろえた位置からそのまま下におろす

例題④ 分数の計算

次の計算をしなさい。

$\frac{5}{3} + \frac{11}{4}$

$= 1\frac{2}{3} + 2\frac{3}{4}$ ⇐帯分数にする

$= (1 + 2) + \left(\frac{2}{3} + \frac{3}{4}\right)$ ⇐整数部分と分数部分に分けて計算する

$= 3 + \left(\frac{8}{12} + \frac{9}{12}\right)$ ⇐通分して分子どうしを計算する

$= 3 + \frac{17}{12} = 3 + 1\frac{5}{12} = \mathbf{4\frac{5}{12}}$ 答

●確認問題●

正答数　　問／6問

1 次の計算をしなさい。

(1) $48 \div 6 + 7 \times (-1)$

$= $ ア□ $+ (-7)$

$= $ イ□

(2) $3 \times (11 - 4) - 6$

$= 3 \times$ ア□ $- 6$

$= $ イ□ $- 6$

$= $ ウ□

(3) $-12 \div (3 + 12 \div 2^2)$

$= -12 \div (3 + 12 \div$ ア□ $)$

$= -12 \div (3 +$ イ□ $)$

$= -12 \div$ ウ□

$= $ エ□

(4) $\{10 \div (2^3 - 3) + (-4)^2\} \times 7$

$= \{10 \div ($ ア□ $- 3) +$ イ□ $\} \times 7$

$= (10 \div 5 +$ ウ□ $) \times 7$

$= (2 +$ エ□ $) \times 7$

$= 18 \times 7$

$= $ オ□

2 次の あ，い にあてはまる数を求めなさい。

$$\begin{array}{rrrr} & & 4 & 3 \\ \times & & \fbox{a} & \fbox{b} \\ \hline & \fbox{c} & \fbox{d} & 1 \\ & \fbox{あ} & 6 & \\ \hline \fbox{e} & \fbox{f} & \fbox{い} & 1 \end{array}$$

$3 \times \fbox{$b$} = \square 1$ なので，

$\fbox{$b$}$ には ア□ が入る。

よって，$\fbox{$d$}$ には イ□，

$\fbox{$c$}$ には ウ□ が入る。

$3 \times \fbox{$a$} = \square 6$ なので，

$\fbox{$a$}$ には エ□ が入る。

したがって，

あ には オ□，

い には カ□ が入る。

3 次の計算をしなさい。

$\dfrac{5}{16} \div \dfrac{3}{8}$

$= \dfrac{5}{16} \times$ ア$\dfrac{\square}{\square}$

ヒント わり算は分母と分子を逆にしてかける

$= \dfrac{5 \times \text{イ}\square}{16 \times \text{ウ}\square}$

$= $ エ$\dfrac{\square}{\square}$

学習日　　月　　日

練習問題1

制限時間15分　正答数　　問／6問

1 次の計算をしなさい。

(1) $8 \times (-2) + 54 \div 3$

(2) $7 \times (8 - 6^2 \div 9)$

2 次の $\boxed{\text{ア}}$，$\boxed{\text{イ}}$ にあてはまる数を求めなさい。

(1)

$$\begin{array}{rccccc} & 3 & 7 & \boxed{\text{ア}} & \square & 4 \\ - & & 9 & 3 & 2 & \square \\ \hline & 2 & \boxed{\text{イ}} & 1 & 8 & 8 \end{array}$$

(2)

$$\begin{array}{rcccc} & & 2 & \boxed{\text{ア}} & 6 \\ \times & & & 3 & \square \\ \hline & & \square & 6 & 4 \\ & \square & \square & 8 & \\ \hline & \square & \boxed{\text{イ}} & \square & \square \end{array}$$

3 次の計算をしなさい。

(1) $5.38 - 3.592$

(2) $\dfrac{11}{4} - \dfrac{8}{5}$

チャレンジ問題 ―― SPI 四則計算

次の計算をせよ。

$$(-4)^2 - 3 \times (1 - 8)$$

A　33　　B　35　　C　37　　D　38

E　40　　F　42　　G　45　　H　A～Gのいずれでもない

練習問題2

制限時間15分　正答数　　問／6問

1 次の計算をしなさい。

(1) $56 \div 8 + 2 \times (-3)$

(2) $\{(-5)^2 - 10 \div (4^2 - 6)\} \div 8$

2 次の ア，イ にあてはまる数を求めなさい。

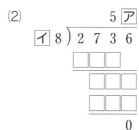

(1)

			3	ア	8
×				5	□
			□	□	4
	□	□	4	0	
	□	イ	3	8	□

(2)

				5	ア
イ8)	2	7	3	6	
	□	□	□		
		□	□	□	
		□	□	□	
				0	

3 次の計算をしなさい。

(1) 3.5×0.74

(2) $\frac{10}{7} + 2\frac{2}{3}$

チャレンジ問題 ―― SPI 小数の計算

次の計算をせよ。

2.75 + 1.194

A 3.119　　B 3.159　　C 3.644　　D 3.944

E 4.764　　F 4.779　　G 4.916　　H A～Gのいずれでもない

2 比率と割合・比例と反比例

1 比の表し方・計算

2 つの数 a，b に対し，a の b に対する割合を $a:b$ で表す。また，$\dfrac{a}{b}$ を比の値という。

3 つの数 a，b，c に対し，比をまとめて表したものを連比といい，$a:b:c$ で表す。

計算	$a:b=c:d \rightarrow ad=bc$ …外側の項の積 = 内側の項の積 $a:b=ka:kb$，$a:b=\dfrac{a}{k}:\dfrac{b}{k}$ $(k \neq 0)$…同じ数をかけても，同じ数でわっても比は変わらない。

例題① 比

ある高校の全校生徒は 600 人で，男子と女子の人数の比が 3：2 のとき，男子の人数は何人か。

解　(男子の人数)：(全校生徒の人数) $=3:(3+2)=3:5$ なので，男子の人数を x 人とすると，

$3:5=x:600$

$5x=1800$ ⇐内側の項の積 = 外側の項の積

$x=360$(人)　答

$3+2=5$ のうち，男子の人数が 3 だから，

$\mathbf{600\times\dfrac{3}{5}=360}$**(人)**と考えてもよい。

2 割合

基準とする量に対して，比較する量がその何倍にあたるかを表す。

(割合) = (比較する量) ÷ (基準とする量)
(比較する量) = (基準とする量) × (割合)
(基準とする量) = (比較する量) ÷ (割合)

分数	小数	%	歩合
1	1	100 %	10 割
$\dfrac{1}{10}$	0.1	10 %	1 割
$\dfrac{1}{100}$	0.01	1 %	1 分
$\dfrac{1}{1000}$	0.001	0.1 %	1 厘

例題② 割合

ある本を昨日から読み始めた。昨日は全体のページ数の $\dfrac{1}{3}$ を読んだ。

今日は残りのページ数の $\dfrac{2}{5}$ を読んだ。残っているページ数は，全体のどれだけにあたるか。

解　全体のページ数を 1 とする。

昨日，$\dfrac{1}{3}$ を読んだから，昨日残ったページ数は，$1-\dfrac{1}{3}=\dfrac{2}{3}$

今日読んだページ数は，この $\dfrac{2}{3}$ のうちの $\dfrac{2}{5}$ だから，$\dfrac{2}{3}\times\dfrac{2}{5}=\dfrac{4}{15}$

残っているページ数は，$1-\dfrac{1}{3}-\dfrac{4}{15}=\dfrac{6}{15}=\mathbf{\dfrac{2}{5}}$　答

昨日の残りが $\dfrac{2}{3}$，今日の残りがそのうちの $\dfrac{3}{5}$ だから，

$\mathbf{\dfrac{2}{3}\times\dfrac{3}{5}=\dfrac{2}{5}}$

と考えてもよい。

3 比例と反比例

a を比例定数とすると…y が x に比例→$y=ax$，y が x に反比例→$y=\dfrac{a}{x}$

例題③ 比例と反比例

y は x に比例し，$x=4$ のとき $y=-12$ である。x，y の関係を式で表しなさい。

解　$-12=a\times4$　だから　$a=-3$　　よって，$\mathbf{y=-3x}$　答

●確認問題●

正答数　問／5問

1　りんごジュースとみかんジュースの量の比は $7:8$ で，りんごジュースの量は 210 mL である。みかんジュースの量は何 mL か。

(りんごジュースの量)：(みかんジュースの量) $= 7:8$　なので，

求めるみかんジュースの量を x mL とすると，

$7:8 =$ ア［　　］$: x$

$7x =$ イ［　　］

$x =$ ウ［　　］(mL)

2　ある高校の今年度の生徒数は，昨年度より 5 %減少し 760 人だった。このとき，昨年度の生徒数を求めなさい。

昨年度の生徒数を 1 とする。

今年度の生徒数の昨年度の生徒数に対する割合は，$1 -$ ア［　　］$=$ イ［　　］

(基準とする量) = (比較する量) ÷ (割合) より，

昨年度の生徒数は，$760 \div$ ウ［　　］$=$ エ［　　］(人)

3　ある商品に，仕入れ値に対して 1 割 5 分の利益を見込んで 3220 円の定価をつけた。仕入れ値はいくらであったか。

仕入れ値を 1 とする。

定価の仕入れ値に対する割合は，$1 +$ ア［　　］$=$ イ［　　］

(基準とする量) = (比較する量) ÷ (割合) より，

仕入れ値は，$3220 \div$ ウ［　　］$=$ エ［　　］(円)

4　次の x，y の関係を式で表しなさい。

(1)　y は x に比例し，$x = 6$ のとき $y = -12$ である。

ア［　　］$= a \times$ イ［　　］　だから

$a =$ ウ［　　］

よって，$y =$ エ［　　］x

(2)　y は x に反比例し，$x = 2$ のとき $y = -4$ である。

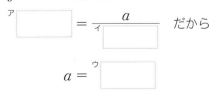

ア［　　］$= \dfrac{a}{\text{イ［　　］}}$　だから

$a =$ ウ［　　］

よって，$y = \dfrac{\text{エ［　　］}}{x}$

学習日　　月　　日

練習問題1

制限時間15分　正答数　問／4問

1　太郎さんは弟と2人で，金額の比が5：3になるようにお金を出し合って，お母さんに2000円の誕生日プレゼントを買った。このとき，弟が出した金額はいくらか。

2　ある店のTシャツの在庫を調べたら，S，M，Lサイズがあった。Sは全体の25％，Mは全体の50％，残りの12枚がLであった。Tシャツは全部で何枚あるか求めよ。

3　次のx，yの関係を式で表しなさい。

(1)　yはxに比例し，$x = 2$ のとき $y = -8$ である。

(2)　yはxに反比例し，$x = 3$ のとき $y = -4$ である。

チャレンジ問題 ―― SPI 割合

ペットボトルにお茶が満たされている。昨日は全体の $\frac{1}{3}$ を飲んだ。今日は残っているお茶の $\frac{1}{4}$ を飲んだ。ペットボトルに残っているお茶は，全体のどれだけにあたるか。

ヒント　はじめのお茶の量を1としてみよう！

A　$\frac{1}{6}$　B　$\frac{1}{4}$　C　$\frac{1}{3}$　D　$\frac{1}{2}$

E　$\frac{2}{3}$　F　$\frac{3}{4}$　G　$\frac{5}{6}$　H　A～Gのいずれでもない

練習問題2

制限時間15分　正答数　　問／4問

1 A市とB市の面積の比は，8：5で，B市とC市の面積の比は，7：4である。C市の面積が200 km^2 のとき，A市とB市の面積の和を求めよ。

2 原価700円の商品に，20％増しの定価をつけたところ，売れ行きが悪いので，定価の5％引きで売ることにした。このとき，原価の何％増しで売ることになるか。

3 次の x，y の関係を式で表しなさい。

(1) y は x に比例し，$x=-3$ のとき $y=9$ である。

(2) y は x に反比例し，$x=-2$ のとき $y=5$ である。

チャレンジ問題　SPI 比

コーヒーとミルクの量の比が **7：5** になるように混ぜて，カフェオレを作る。カフェオレを **240 mL** 作るとき，コーヒーは何 **mL** 必要か。

A　110 mL　　B　120 mL　　C　140 mL　　D　150 mL

E　180 mL　　F　190 mL　　G　210 mL　　H　A～Gのいずれでもない

3 文字式・式の計算

1 文字式の表し方

文字式とは，文字を使って表される式のことをいう。
文字式には次のきまりがある。

①文字式の乗法(かけ算)では，記号 × をはぶいてかく。 ⬅ $x \times y = xy$
②文字と数との積では，数を文字の前にかく。 ⬅ $x \times 3 = 3x$
③同じ文字の積は，指数を使って表す。 ⬅ $x \times x = x^2$
④除法(わり算)では，記号 ÷ を使わずに，分数の形でかく。 ⬅ $x \div y = \frac{x}{y}$

例題1 文字式のきまり

次の式を文字式のきまりにしたがって表しなさい。

(1) $b \times 5 \times a \times a$
$= \mathbf{5a^2b}$ 答 ⇦文字の積は，ふつうアルファベット順にかく

(2) $(-1) \times x \times x$
$= \mathbf{-x^2}$ 答 ⇦-1の1は省略する

(3) $a \times a \times a + b \div c$
$= \mathbf{a^3 + \frac{b}{c}}$ 答

文字の部分が同じ項を
同類項というよ。

2 式の計算

文字の部分が同じ項，数の項をそれぞれまとめる。
文字の部分が同じ項は，分配法則を使ってまとめる。

分配法則
$ax + bx = (a + b)x$ ⬅ $3x + 2x = (3 + 2)x$

例題2 式の計算

次の式を計算しなさい。

(1) $2x + 6x$
$= (2 + 6)x$
$= \mathbf{8x}$ 答

(2) $3x + y - x - 4y$
$= 3x - x + y - 4y$
$= (3 - 1)x + (1 - 4)y$
$= \mathbf{2x - 3y}$ 答 ⇦これ以上はまとめられない

例題3 同類項の整理

$A = x^2 + 3x - 4$，$B = 2x^2 - 3x + 5$ のとき，$A - 2B$ を計算しなさい。

解 $A - 2B$
$= (x^2 + 3x - 4) - 2(2x^2 - 3x + 5)$
$= x^2 + 3x - 4 - 4x^2 + 6x - 10$ ⇦かっこをはずす
$= (x^2 - 4x^2) + (3x + 6x) + (-4 - 10)$ ⇦同類項をまとめる
$= \mathbf{-3x^2 + 9x - 14}$ 答

●確認問題●

正答数　　問／10問

数学

1 次の式を，文字式のきまりにしたがって表しなさい。

(1) $a \times b \times 3 \times b$

$= {}^{ア}\square\, ab^{{}^{イ}\square}$

(2) $x \times y \times x \times (-1)$

$= {}^{ア}\square\, x^{{}^{イ}\square}\, y$

(3) $y \div x \times 5$

$= {}^{ア}\square$（分数）

(4) $(3 \times x + y) \div 2$

$= \dfrac{{}^{ア}\square + y}{{}^{イ}\square}$

2 次の計算をしなさい。

(1) $5a + 4a$

$= ({}^{ア}\square + 4)a$

$= {}^{イ}\square$

(2) $5y - 3y + y$

$= ({}^{ア}\square - 3 + {}^{イ}\square)y$

$= {}^{ウ}\square$

(3) $3x + 6y - 2x + 4y$

$= (3 - {}^{ア}\square)x + ({}^{イ}\square + 4)y$

$= {}^{ウ}\square$

(4) $x^2 + 5x - 3x^2 - 2x$

$= ({}^{ア}\square - 3)x^2 + (5 - {}^{イ}\square)x$

$= {}^{ウ}\square$

3 $A = 3x^2 - x + 4$，$B = x^2 + 5x - 2$ のとき，次の式を計算しなさい。

(1) $2A + B$

$= 2(3x^2 - x + 4) + (x^2 + 5x - 2)$

$= {}^{ア}\square\, x^2 - {}^{イ}\square\, x + {}^{ウ}\square + x^2 + 5x - 2$

$= (6x^2 + x^2) + (-2x + 5x) + (8 - 2)$

$= {}^{エ}\square\, x^2 + {}^{オ}\square\, x + {}^{カ}\square$

(2) $A - 2B$

$= (3x^2 - x + 4) - 2(x^2 + 5x - 2)$

$= 3x^2 - x + 4 - {}^{ア}\square\, x^2 - {}^{イ}\square\, x + {}^{ウ}\square$

$= (3x^2 - 2x^2) + (-x - 10x) + (4 + 4)$

$= {}^{エ}\square$

学習日　　月　　日

練習問題1

制限時間15分　正答数　　問／9問

1 次の式を文字式のきまりにしたがって表しなさい。

(1) $x \times y \times 5 \times x$

(2) $y \div x \times 3 \times y$

(3) $x \times x \times (-1) \times y \times y \times y$

(4) $a \div b \times (-3) \times c$

2 次の式を計算しなさい。

(1) $7x + x$

(2) $3a - 4a - 2a$

(3) $2x - 5y - 3x + 4y$

(4) $-x^2 + 6x + 2x^2 - 8x$

3 $A = 4x^2 + x - 3$, $B = 3x^2 - 2x + 1$ のとき，$2A - 3B$ を計算しなさい。

練習問題2

制限時間15分　正答数　問／9問

1 次の式を文字式のきまりにしたがって表しなさい。

(1) $b \times b \times 1 \times a$

(2) $a + b \times 3 \div 3$

(3) $(a + b) \div (c - d)$

(4) $(x \times 4 \times x + y) \div x$

2 次の式を計算しなさい。

(1) $-3x + 5x$

(2) $4y + y - 6y$

(3) $-2a + 5b - 3a - 3b$

(4) $-2x^2 - 5x + 2x + 4x^2$

3 $A = -x^2 + 3x + 2$, $B = 2x^2 + 5x - 3$ のとき，$2A + B$ を計算しなさい。

4 乗法公式による展開と因数分解

1 乗法公式による展開

① $(a+b)(a-b)=a^2-b^2$

② $\begin{cases}(a+b)^2=a^2+2ab+b^2\\(a-b)^2=a^2-2ab+b^2\end{cases}$

③ $(x+a)(x+b)=x^2+(a+b)x+ab$

例題① 乗法公式

次の式を展開しなさい。

(1) $(x+4)(x-4)$ 乗法公式①を利用！

$=x^2-4^2$

$=\boldsymbol{x^2-16}$ 答

(2) $(2x+5)(2x-5)$ 乗法公式①を利用！

$=(2x)^2-5^2$

$=\boldsymbol{4x^2-25}$ 答

(3) $(x+6)^2$ 乗法公式②を利用！

$=x^2+2\times x\times 6+6^2$

$=\boldsymbol{x^2+12x+36}$ 答

(4) $(3x-1)^2$ 乗法公式②を利用！

$=(3x)^2-2\times(3x)\times 1+1^2$

$=\boldsymbol{9x^2-6x+1}$ 答

(5) $(x+3)(x-5)$ 乗法公式③を利用！

$=x^2+\{3+(-5)\}x+3\times(-5)$

$=\boldsymbol{x^2-2x-15}$ 答

2 因数分解の公式

① $ma+mb=m(a+b)$

② $a^2-b^2=(a+b)(a-b)$

③ $\begin{cases}a^2+2ab+b^2=(a+b)^2\\a^2-2ab+b^2=(a-b)^2\end{cases}$

④ $x^2+(a+b)x+ab=(x+a)(x+b)$

因数分解 →

$\boldsymbol{x^2+3x+2=(x+1)(x+2)}$

← 展開

例題② 因数分解

次の式を因数分解しなさい。

(1) $8xy^2-6x^2y$

$=2xy\times 4y-2xy\times 3x$ ⇐共通因数である $2xy$ を取り出す

$=\boldsymbol{2xy(4y-3x)}$ 答

(2) $25x^2-4$

$=(5x)^2-2^2$ ⇐因数分解の公式②を利用！

$=\boldsymbol{(5x+2)(5x-2)}$ 答

(3) $x^2+14x+49$ ⇩因数分解の公式③を利用！

$=x^2+2\times x\times 7+7^2$

$=\boldsymbol{(x+7)^2}$ 答

(4) x^2-4x+4 ⇩因数分解の公式③を利用！

$=x^2-2\times x\times 2+2^2$

$=\boldsymbol{(x-2)^2}$ 答

(5) x^2-7x+6 ⇩因数分解の公式④を利用！

$=x^2+\{(-1)+(-6)\}x+(-1)\times(-6)$

$=\boldsymbol{(x-1)(x-6)}$ 答 積が 6 から候補をみつける⇧

学習日　　月　　日

●確認問題●

正答数　　問／10問

数学

1 次の式を展開しなさい。

(1) $(x+5)(x-5)$

$= {}^{ア}\square^2 - {}^{イ}\square^2$

$= {}^{ウ}\square$

(2) $(4x+1)(4x-1)$

$= ({}^{ア}\square)^2 - {}^{イ}\square^2$

$= {}^{ウ}\square$

(3) $(x+4)^2$

$= x^2 + 2 \times x \times {}^{ア}\square + {}^{イ}\square^2$

$= {}^{ウ}\square$

(4) $(2x-5)^2$

$= ({}^{ア}\square)^2 - 2 \times ({}^{イ}\square) \times 5 + 5^2$

$= {}^{ウ}\square$

(5) $(x-2)(x+6)$

$= x^2 + \{(-2) + {}^{ア}\square\}x + (-2) \times {}^{イ}\square$

$= {}^{ウ}\square$

2 次の式を因数分解しなさい。

(1) $2x^2y - 4xy$

$= {}^{ア}\square \times x - {}^{イ}\square \times 2$

$= {}^{ウ}\square(x-2)$

(2) $9x^2 - 16$

$= ({}^{ア}\square)^2 - 4^2$

$= ({}^{イ}\square + 4)({}^{ウ}\square - 4)$

(3) $x^2 + 10x + 25$

$= x^2 + 2 \times x \times {}^{ア}\square + {}^{イ}\square^2$

$= {}^{ウ}\square$

(4) $x^2 - 2x + 1$

$= x^2 - 2 \times x \times {}^{ア}\square + {}^{イ}\square^2$

$= {}^{ウ}\square$

(5) $x^2 - 7x + 12$

$= x^2 + \{(-3) + ({}^{ア}\square)\}x + (-3) \times ({}^{イ}\square)$

$= {}^{ウ}\square$

学習日　　月　　日

練習問題1

制限時間15分　正答数　問／12問

1 次の式を展開しなさい。

(1) $(x+1)(x-1)$

(2) $(3x+2)(3x-2)$

(3) $(2x-3)^2$

(4) $(x+3)(x+2)$

(5) $(x-7)(x+3)$

(6) $(x-5)(x-4)$

2 次の式を因数分解しなさい。

(1) $12a^2b^2-6ab^2$

(2) $4x^2-25$

(3) $x^2+16x+64$

(4) $x^2+8x+15$

(5) x^2+2x-8

(6) $x^2-6x-16$

学習日　　月　　日

練習問題2

制限時間15分　正答数　　問／12問

1 次の式を展開しなさい。

(1) $(2x+3)(2x-3)$

(2) $(5x+1)^2$

(3) $(4x-3)^2$

(4) $(x-9)(x+7)$

(5) $(x-1)(x-8)$

(6) $(x+5)(x-6)$

2 次の式を因数分解しなさい。

(1) $5x^2y+20xy^2$

(2) $16x^2-9$

(3) $x^2-10x+25$

(4) x^2+7x+6

(5) $x^2-8x+15$

(6) $x^2+5x-24$

5 無理数の計算

1 平方根の計算

2 乗して a になる数を a の平方根という。

$a>0$, $b>0$ のとき

① $(\sqrt{a})^2=a$, $\sqrt{a^2}=a$

② $\sqrt{a\times b}=\sqrt{a}\times\sqrt{b}$　③ $\sqrt{\dfrac{b}{a}}=\dfrac{\sqrt{b}}{\sqrt{a}}$

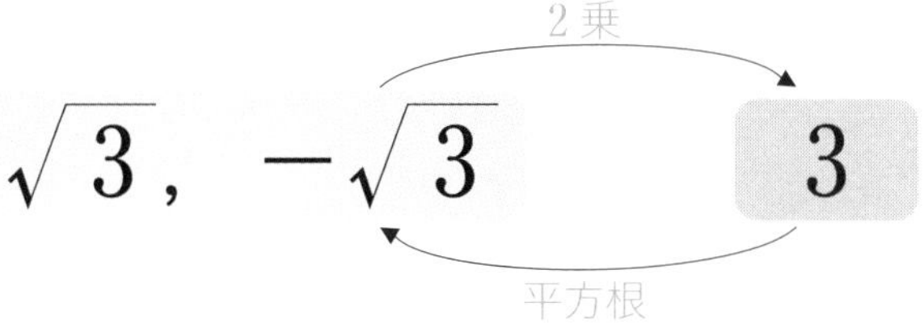

平方根の計算

例題①

次の計算をしなさい。

(1) $\sqrt{6}\times\sqrt{3}$

$=\sqrt{3\times 2}\times\sqrt{3}$

$=\sqrt{3}\times\sqrt{3}\times\sqrt{2}$　⇦平方根の法則②を利用

$=\sqrt{9}\times\sqrt{2}$

$=\mathbf{3\sqrt{2}}$ 答　⇦平方根の法則①を利用

(2) $\sqrt{\dfrac{5}{9}}$

$=\dfrac{\sqrt{5}}{\sqrt{9}}$　⇦平方根の法則③を利用

$=\dfrac{\mathbf{\sqrt{5}}}{\mathbf{3}}$ 答　⇦平方根の法則①を利用

(3) $\sqrt{48}+\sqrt{5}+\sqrt{12}-\sqrt{45}$

$=\sqrt{16\times 3}+\sqrt{5}+\sqrt{4\times 3}-\sqrt{9\times 5}$

$=4\sqrt{3}+\sqrt{5}+2\sqrt{3}-3\sqrt{5}$　⇦平方根の法則①を利用

$=(4+2)\sqrt{3}+(1-3)\sqrt{5}$

$=\mathbf{6\sqrt{3}-2\sqrt{5}}$ 答　⇦これ以上はまとめられない

2 分母の有理化

分母と分子に同じ数をかけて，分母に $\sqrt{\ }$ を含まない形に変形することを分母の有理化という。

分母と分子に同じ数をかけても値は変わらないよ。

$\dfrac{\ }{●}=\dfrac{\ \times▲}{●\times▲}$

分母の有理化

例題②

次の数の分母を有理化しなさい。

(1) $\dfrac{15}{\sqrt{5}}$

$=\dfrac{15\times\sqrt{5}}{\sqrt{5}\times\sqrt{5}}$　⇦分母と分子に $\sqrt{5}$ をかける

$=\dfrac{15\sqrt{5}}{5}$

$=\mathbf{3\sqrt{5}}$ 答

(2) $\dfrac{6\sqrt{3}}{7\sqrt{2}}$

$=\dfrac{6\sqrt{3}\times\sqrt{2}}{7\sqrt{2}\times\sqrt{2}}$　⇦分母と分子に $\sqrt{2}$ をかける

$=\dfrac{6\sqrt{6}}{7\times 2}$

$=\dfrac{\mathbf{3\sqrt{6}}}{\mathbf{7}}$ 答

確認問題

正答数　　問／7問

1 次の計算をしなさい。

(1) $\sqrt{6}\times\sqrt{2}$

$=\sqrt{3\times2}\times\sqrt{2}$

$=\sqrt{3}\times\sqrt{\text{ア}\square}$

$=\text{イ}\square$

(2) $\sqrt{\dfrac{5}{16}}$

$=\dfrac{\sqrt{5}}{\sqrt{\text{ア}\square}}$

$=\dfrac{\sqrt{5}}{\text{イ}\square}$

(3) $\sqrt{32}-\sqrt{18}+\sqrt{8}$

$=4\sqrt{2}-\text{ア}\square\sqrt{2}+\text{イ}\square\sqrt{2}$

$=(4-\text{ウ}\square+\text{エ}\square)\sqrt{2}$

$=\text{オ}\square$

(4) $(\sqrt{5}+\sqrt{2})^2$

$=(\sqrt{5})^2+2\times\sqrt{5}\times\text{ア}\square+(\text{イ}\square)^2$

$=5+2\sqrt{\text{ウ}\square}+\text{エ}\square$

$=\text{オ}\square$

(5) $(\sqrt{2}+3)(2\sqrt{2}+1)$

$=\sqrt{2}\times\text{ア}\square+\sqrt{2}\times1+3\times2\sqrt{2}+3\times\text{イ}\square$

$=\text{ウ}\square+\sqrt{2}+6\sqrt{2}+3$

$=\text{エ}\square$

2 次の数の分母を有理化しなさい。

(1) $\dfrac{3}{2\sqrt{3}}$

$=\dfrac{3\times\text{ア}\square}{2\sqrt{3}\times\text{イ}\square}$

$=\dfrac{3\sqrt{3}}{2\times\text{ウ}\square}$

$=\text{エ}\dfrac{\square}{\square}$

(2) $\dfrac{7\sqrt{2}}{2\sqrt{7}}$

$=\dfrac{7\sqrt{2}\times\text{ア}\square}{2\sqrt{7}\times\text{イ}\square}$

$=\dfrac{7\sqrt{\text{ウ}\square}}{2\times\text{エ}\square}$

$=\text{オ}\dfrac{\square}{\square}$

練習問題1

制限時間15分　正答数　　問／7問

1 次の計算をしなさい。

(1) $\sqrt{10} \times \sqrt{2}$

(2) $\sqrt{\dfrac{3}{25}}$

(3) $\sqrt{24} + \sqrt{3} + \sqrt{54} - \sqrt{27}$

(4) $(\sqrt{6} - 2)^2$

(5) $(\sqrt{3} + 2)(2\sqrt{3} - 1)$

2 次の数の分母を有理化しなさい。

(1) $\dfrac{5}{2\sqrt{5}}$

(2) $\dfrac{4\sqrt{7}}{5\sqrt{2}}$

練習問題2

制限時間15分　正答数　　問／7問

数学

1 次の計算をしなさい。

(1) $\sqrt{5} \times \sqrt{15}$

(2) $\sqrt{\dfrac{8}{9}}$

(3) $\sqrt{28} + \sqrt{45} - \sqrt{7} - \sqrt{80}$

(4) $(\sqrt{7} + 5)(\sqrt{7} - 3)$

(5) $(3\sqrt{5} + 5)(\sqrt{5} - 5)$

2 次の数の分母を有理化しなさい。

(1) $\dfrac{7\sqrt{3}}{2\sqrt{7}}$

(2) $\dfrac{10\sqrt{2}}{3\sqrt{5}}$

6 1次方程式

1 1次方程式の解き方

等式の性質などを利用して解き進める。

> 等式の両辺に同じ数を加えても，等式の両辺から同じ数を引いても，
> 等式の両辺に同じ数をかけても，同じ数でわっても等式は成り立つ。

例題① 1次方程式

鉛筆3本と120円のサインペンを1本買ったら，合計金額は450円であった。このとき，鉛筆1本の値段はいくらか。

解　鉛筆1本の値段を x 円とすると，鉛筆が3本あるので，鉛筆3本の金額は，$3 \times x = 3x$。鉛筆3本と，サインペン1本の合計金額が450円なので，次の方程式が成り立つ。

$3x + 120 = 450$

$3x = 450 - 120$　⇦移項すると符号が逆になる

$3x = 330$　⇦両辺を x の係数でわる

$x = 110$　　よって，鉛筆1本の値段は，**110**円である。答

例題② 1次方程式

次の1次方程式を解きなさい。

$3(x + 3) = -x + 5$

$3x + 9 = -x + 5$　⇦かっこがあればかっこをはずす

$3x + x = 5 - 9$　⇦x を含む項を左辺に，定数項を右辺に移項し ○x = □ の形にする

$4x = -4$　⇦両辺を4でわる

$\boldsymbol{x = -1}$　答

2 連立方程式の解き方

加減法	2つの式をたしひきして，1つの文字だけの式にして，解く。
代入法	一方の式を y = ○，または x = △ として，他方の式に代入して解く。

例題③ 連立方程式

次の連立方程式を解きなさい。

(1) $\begin{cases} x + y = 5 & \cdots\cdots① \\ y = 2x - 1 & \cdots\cdots② \end{cases}$

解　②を①に代入すると

$x + 2x - 1 = 5$

$3x = 5 + 1$　⇦移項すると符号が逆になる

$3x = 6$　⇦両辺を3でわる

$x = 2 \cdots\cdots③$

③を②に代入して

$y = 2 \times 2 - 1 = 3$

$\boldsymbol{x = 2,\ y = 3}$　答

(2) $2x + y = 3x - y = 5$

解　$\begin{cases} 2x + y = 5 & \cdots\cdots① \\ 3x - y = 5 & \cdots\cdots② \end{cases}$

① + ②より

$5x = 10$　⇦両辺を5でわる

$x = 2 \cdots\cdots③$

③を①に代入して

$2 \times 2 + y = 5$

$4 + y = 5$

$y = 1$　　$\boldsymbol{x = 2,\ y = 1}$　答

●確認問題●

正答数　　問／6問

1　次の1次方程式を解きなさい。

(1)　$2x-8=6$

$2x=6+$ ア［　　］

$2x=14$

$x=$ イ［　　］

(2)　$3x-5=10$

$3x=10+$ ア［　　］

$3x=15$

$x=$ イ［　　］

(3)　$-2x+4=10$

$-2x=10-$ ア［　　］

$-2x=6$

$x=$ イ［　　］

(4)　$-4x-5=-9$

$-4x=-9+$ ア［　　］

$-4x=-4$

$x=$ イ［　　］

2　りんご3個と110円のみかんを1個買ったら，合計金額が500円であった。このとき，りんご1個の値段はいくらか。

りんご3個と，みかん1個の合計金額が500円なので，りんご1個の値段をx円とすると，次の方程式が成り立つ。

$3x+$ ア［　　］ $=500$

$3x=500-$ イ［　　］

$3x=390$

$x=$ ウ［　　］

よって，りんご1個の値段は エ［　　］ 円である。

3　次の連立方程式を解きなさい。

$$\begin{cases} x+y=3 & \cdots\cdots① \\ y=2x-12 & \cdots\cdots② \end{cases}$$

②を①に代入すると，

$x+2x-12=3$

$3x=3+$ ア［　　］

$3x=$ イ［　　］

$x=$ ウ［　　］ ……③

③を②に代入して，

$y=2\times$ エ［　　］ -12

$y=$ オ［　　］ -12

$y=$ カ［　　］

$x=$ キ［　　］，$y=$ ク［　　］

学習日　　月　　日

練習問題1

制限時間15分　正答数　　問／5問

1　次の1次方程式を解きなさい。

(1)　$2x+3=5$

(2)　$\frac{1}{4}x=2$

2　鉛筆10本と，1本120円の赤ペンを5本買ったときの合計金額が1600円であった。このとき，鉛筆1本の値段はいくらか。

3　次の連立方程式を解きなさい。

(1)　$\begin{cases} 2x+y=1 \\ 3x-2y=5 \end{cases}$

(2)　$\begin{cases} x=2y \\ 2x+y=10 \end{cases}$

チャレンジ問題 ―― SPI 鶴亀算

1個200円の柿と1個120円のりんごが合わせて13個ある。合計金額は2200円である。りんごは何個あるか。

A　1個　　B　3個　　C　5個　　D　7個
E　9個　　F　11個　　G　13個　　H　A〜Gのいずれでもない

学習日　　月　　日

練習問題2

制限時間15分　正答数　　問／6問

[1] 次の1次方程式を解きなさい。

(1) $3x - 6 = 15$

(2) $0.5x + 5.5 = 6.5$

(3) $\frac{3}{2}x - 1 = \frac{2x + 2}{3}$

(4) $2(3 - 2x) + 5 = x + 1$

[2] ストラップ4個と，1個700円のキーホルダーを6個買ったときの合計金額が5000円であった。このとき，ストラップ1個の値段はいくらか。

[3] りんご1個とみかん2個を買ったら260円であった。また，りんご4個とみかん6個を買ったら920円であった。りんごとみかんはそれぞれ1個いくらか。

ヒント りんご1個の値段をx円，みかん1個の値段をy円として連立方程式を立ててみよう！

チャレンジ問題　SPI 年齢算

現在，父の年齢は子の年齢の**9**倍である。**4**年後には父の年齢は子の年齢の**5**倍になるという。現在の子の年齢を求めよ。

ヒント 現在の子の年齢をx歳だとすると父の年齢は$9x$歳となる。4年後の子と父の年齢から方程式を立ててみよう！

A　3歳　　B　4歳　　C　5歳　　D　6歳
E　8歳　　F　9歳　　G　11歳　　H　A～Gのいずれでもない

7　2次方程式

1　2次方程式の解き方

(x の 2 次式) $= 0$ の形に表せる方程式を x の 2 次方程式という。

左辺が因数分解できる 2 次方程式→因数分解を利用して解く。
左辺が因数分解できない 2 次方程式→解の公式を利用して解く。

解の公式

2 次方程式 $ax^2 + bx + c = 0$ の解は　$x = \dfrac{-b \pm \sqrt{b^2 - 4ac}}{2a}$

例題 1

2 次方程式

次の 2 次方程式を解きなさい。

$x^2 + 2x - 24 = 0$

解　左辺を因数分解すると　⇐○×△＝−24 となる 2 数の組から考える

$(x+6)(x-4) = 0$

よって　$x + 6 = 0$　または　$x - 4 = 0$

したがって　$\boldsymbol{x = -6,\ 4}$　答

$AB = 0$
のとき
$A = 0$ または $B = 0$

例題 2

2 次方程式

次の 2 次方程式を解きなさい。

$x^2 + 6x + 9 = 0$

解　左辺を因数分解すると，　⇐$x^2 + 2 \times x \times 3 + 3^2 = 0$ となる

$(x+3)^2 = 0$

よって　$x + 3 = 0$

したがって　$\boldsymbol{x = -3}$　答

例題 3

2 次方程式

次の 2 次方程式を解きなさい。

$3x^2 - 5x - 1 = 0$

解　解の公式で，$a = 3$，$b = -5$，$c = -1$ として

$$x = \frac{-(-5) \pm \sqrt{(-5)^2 - 4 \times 3 \times (-1)}}{2 \times 3}$$

$$= \frac{5 \pm \sqrt{25 + 12}}{6}$$

$$= \boldsymbol{\frac{5 \pm \sqrt{37}}{6}}$$　答

●確認問題●

正答数　　問／6問

1 次の 2 次方程式を解きなさい。

(1) $x^2 - 8x + 12 = 0$

$(x - 2)(x - {}^{ア}\square) = 0$

$x = {}^{イ}\square,\ 6$

(2) $x^2 + x - 42 = 0$

$(x + {}^{ア}\square)(x - {}^{イ}\square) = 0$

$x = -{}^{ウ}\square,\ {}^{エ}\square$

(3) $x^2 + 10x + 25 = 0$

$(x + {}^{ア}\square)^2 = 0$

$x = {}^{イ}\square$

(4) $x^2 - 9 = 0$

$(x + {}^{ア}\square)(x - {}^{イ}\square) = 0$

$x = -{}^{ウ}\square,\ {}^{エ}\square$

2 次の 2 次方程式を解きなさい。

(1) $x^2 + 3x + 1 = 0$

$$x = \frac{-3 \pm \sqrt{{}^{ア}\square^2 - 4 \times 1 \times {}^{イ}\square}}{2 \times {}^{ウ}\square}$$

$$= \frac{-3 \pm \sqrt{9 - {}^{エ}\square}}{2}$$

$$= \frac{-3 \pm \sqrt{{}^{オ}\square}}{2}$$

(2) $3x^2 + 3x - 2 = 0$

$$x = \frac{-{}^{ア}\square \pm \sqrt{{}^{イ}\square^2 - 4 \times {}^{ウ}\square \times (-2)}}{2 \times 3}$$

$$= \frac{-{}^{エ}\square \pm \sqrt{9 + {}^{オ}\square}}{6}$$

$$= \frac{-{}^{カ}\square \pm \sqrt{{}^{キ}\square}}{6}$$

学習日　　月　　日

練習問題1

制限時間15分　正答数　　問／8問

1 次の2次方程式を解きなさい。

(1) $x^2-5x-36=0$

(2) $x^2+14x+48=0$

(3) $x^2-12x+36=0$

(4) $x^2-25=0$

2 次の2次方程式を解きなさい。

(1) $x^2-5x-2=0$

(2) $x^2+7x+5=0$

(3) $2x^2-5x+1=0$

(4) $x^2+6x+3=0$

練習問題2

制限時間15分　正答数　問／8問

1 次の2次方程式を解きなさい。

(1) $x^2 - 7x - 30 = 0$

(2) $x^2 = 4x + 32$　ヒント (2次式) = 0 の形にして考える

(3) $4x^2 + 4x + 1 = 0$

(4) $x^2 - 144 = 0$

2 次の2次方程式を解きなさい。

(1) $x^2 - 3x - 2 = 0$

(2) $2x^2 + 10x + 2 = 0$　ヒント x^2 の係数2で式をわってから解くとよい

(3) $2x^2 - 3x - 3 = 0$

(4) $3x^2 - 2x - 4 = 0$

8 1次関数とグラフ

1 1次関数のグラフ

1次関数 $y = ax + b$ のグラフは，傾き a，切片 b の直線であり，2直線が平行であるとき，その2直線の傾きが等しい。

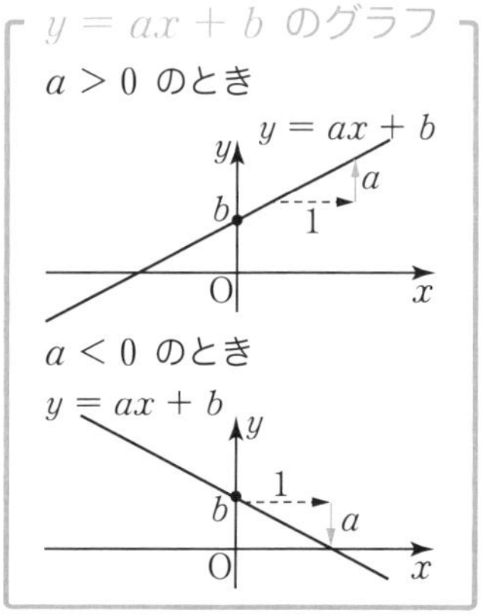

例題① 直線の式

次の直線の式を求めなさい。

(1) 傾きが3で，点 $(1,\ -2)$ を通る。

解 傾きが3なので，$y = 3x + b$ と表せる。

点 $(1,\ -2)$ を通るので，$x = 1$，$y = -2$ を代入すると，

$$-2 = 3 \times 1 + b$$

$$b = -5$$

よって，$\boldsymbol{y = 3x - 5}$ 答

(2) 2点 $(-1,\ 4)$，$(2,\ 1)$ を通る。

解 傾きは，$\dfrac{1-4}{2-(-1)} = \dfrac{-3}{3} = -1$ なので，$y = -x + b$ と表せる。

点 $(2,\ 1)$ を通るので，$x = 2$，$y = 1$ を代入すると，

$$1 = -2 + b$$

$$b = 3$$

よって，$\boldsymbol{y = -x + 3}$ 答

(3) 直線 $y = 2x$ に平行で，点 $(1,\ 5)$ を通る。

解 平行である2直線は，傾きが等しいので，求める直線の傾きは2であり，

$y = 2x + b$ と表せる。

点 $(1,\ 5)$ を通るので，$x = 1$，$y = 5$ を代入すると，

$$5 = 2 \times 1 + b$$

$$b = 3$$

よって，$\boldsymbol{y = 2x + 3}$ 答

2 2直線の交点

2直線の交点の座標は，2つの直線の式を連立方程式として解いた解に等しい。

例題② 2直線の交点

2直線 $y = \dfrac{1}{2}x + 2$，$y = -\dfrac{3}{2}x + 6$ の交点の座標を求めなさい。

解 $y = \dfrac{1}{2}x + 2$ ……① $y = -\dfrac{3}{2}x + 6$ ……②

①，②より $\dfrac{1}{2}x + 2 = -\dfrac{3}{2}x + 6$

$$x + 4 = -3x + 12$$

$$x + 3x = 12 - 4$$

$$4x = 8$$

$$x = 2$$

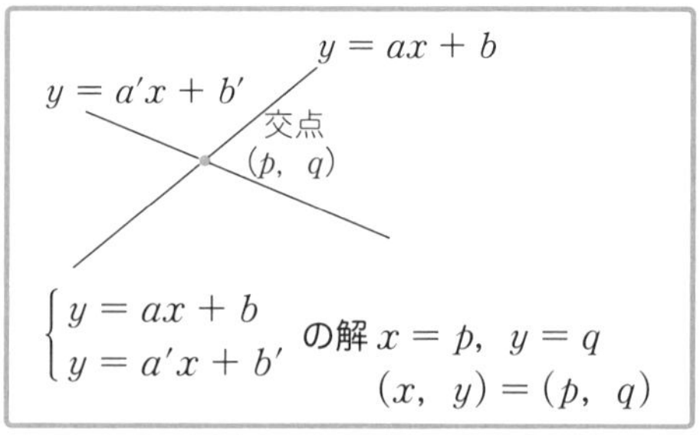

これを①に代入すると，$y = \dfrac{1}{2} \times 2 + 2 = 1 + 2 = 3$ よって，交点の座標は $\boldsymbol{(2,\ 3)}$ 答

学習日　　月　　日

●確認問題●

正答数　　問／4問

1　次の直線の式を求めなさい。

(1) 傾きが4で，点 $(2,\ -4)$ を通る。

傾きが4なので，

$y=$ ア□ $x+b$ と表せる。

$x=2,\ y=-4$ を代入すると，

イ□ $=4\times$ ウ□ $+b$

$b=$ エ□

よって，$y=$ オ□ $x-$ カ□

(2) 2点 $(-1,\ 3)$，$(2,\ -3)$ を通る。

傾きは，$\dfrac{\text{ア}\square-3}{2-(\text{イ}\square)}$

$=$ ウ□ なので，

$y=$ エ□ $x+b$ と表せる。

$x=2,\ y=-3$ を代入すると，

オ□ $=-2\times$ カ□ $+b$

$b=$ キ□

よって，$y=$ ク□ $x+$ ケ□

(3) 直線 $y=-2x+1$ に平行で，点 $(2,\ 1)$ を通る。

求める直線の傾きは，ア□ なので，

$y=$ イ□ $x+b$ と表せる。

$x=2,\ y=1$ を代入すると，

ウ□ $=-2\times$ エ□ $+b$

$b=$ オ□

よって，$y=$ カ□ $x+$ キ□

2　2直線 $y=x-1$，$y=-2x+5$ の交点の座標を求めなさい。

$y=x-1$ ……①　　$y=-2x+5$ ……②

①，②より，

$x-1=-2x+5$

$x+$ ア□ $x=5+$ イ□

ウ□ $x=$ エ□

$x=$ オ□

これを①に代入すると，

$y=$ カ□ -1

$=$ キ□

よって，交点の座標は（ク□，ケ□）

数学

学習日　　月　　日

練習問題1

制限時間15分　正答数　　問／4問

1 次の直線の式を求めなさい。

⑴ 傾きが -2 で，点 $(-2,\ 3)$ を通る。

⑵ 2点 $(-2,\ -3)$，$(2,\ -1)$ を通る。

⑶ 直線 $y=3x-1$ に平行で，点 $(2,\ 3)$ を通る。

2 2直線 $y=4x-3$，$y=-2x+6$ の交点の座標を求めなさい。

練習問題2

制限時間15分　正答数　問／4問

1　次の直線の式を求めなさい。

(1)　傾きが $-\frac{1}{2}$ で，点 $(4,\ 1)$ を通る。

(2)　2点 $(-1,\ -2)$，$(3,\ 4)$ を通る。

(3)　直線 $y=-\frac{1}{3}x+2$ に平行で，点 $(6,\ 3)$ を通る。

2　2直線 $y=3x-1$，$y=-x+1$ の交点の座標を求めなさい。

9 関数 $y = ax^2$

1 関数 $y = ax^2$

①関数 $y = ax^2$ とそのグラフ

・y が x の関数で，$y = ax^2$ と表されるとき，y は x の 2 乗に比例するという。

・関数 $y = ax^2$ のグラフは，y 軸を軸とし，原点を頂点とする放物線で

　$a > 0$ のとき，上に開いた曲線になり，

　$a < 0$ のとき，下に開いた曲線になる。

②変化の割合

・変化の割合 $= \dfrac{y\text{の増加量}}{x\text{の増加量}}$

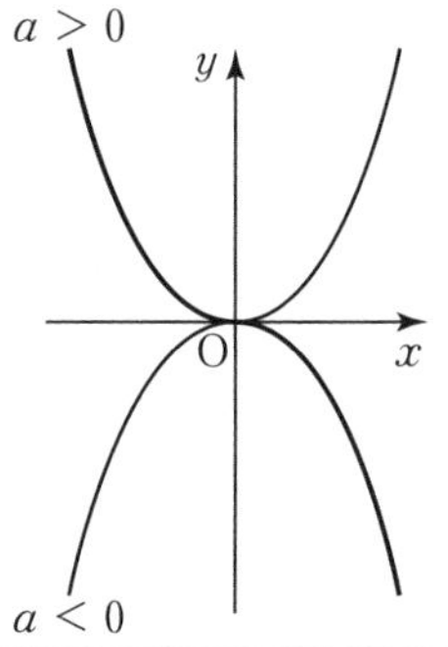

例題 1

関数 $y = ax^2$

(1) y は x の 2 乗に比例し，$x = 2$ のとき $y = 8$ である。このとき，y を x の式で表しなさい。

解　関数の式は $y = ax^2$ と表せる。

$x = 2$，$y = 8$ を代入すると，

$8 = a \times 2^2$

$a = 2$

よって，$\boldsymbol{y = 2x^2}$　答

(2) 関数 $y = x^2$ について，x の値が -1 から 3 まで増加するときの変化の割合を求めなさい。

解　$x = -1$ のとき，$y = (-1)^2 = 1$

$x = 3$ のとき，$y = 3^2 = 9$

よって，変化の割合は

$\dfrac{y\text{の増加量}}{x\text{の増加量}} = \dfrac{9 - 1}{3 - (-1)} = \dfrac{8}{4} = \mathbf{2}$　答

●確認問題●

正答数　問／2 問

(1) y は x の 2 乗に比例し，$x = -3$ のとき $y = 27$ である。このとき，y を x の式で表しなさい。

関数の式は $y = ax^2$ と表せる。

$x = -3$，$y = 27$ を代入すると，

[ア] $= a \times ($[イ]$)^2$

$a =$ [ウ]

よって，$y =$ [エ] x^2

(2) 関数 $y = 2x^2$ について，x の値が -1 から 4 まで増加するときの変化の割合を求めなさい。

$x = -1$ のとき，$y = 2 \times (-1)^2 = 2$

$x = 4$ のとき，$y = 2 \times 4^2 = 32$

よって，変化の割合は

$\dfrac{y\text{の増加量}}{x\text{の増加量}}$

$= \dfrac{[ア] - [イ]}{[ウ] - ([エ])}$

$=$ [オ]

練習問題

制限時間15分　正答数　　問／6問

1 次の問いに答えなさい。

(1) y は x の2乗に比例し，$x=3$ のとき $y=36$ である。このとき，y を x の式で表しなさい。

(2) y は x の2乗に比例し，$x=-3$ のとき $y=3$ である。このとき，y を x の式で表しなさい。

2 関数 $y=2x^2$ について，x の値が次のように増加するときの変化の割合を求めなさい。

(1) -2 から 3 まで増加

(2) -3 から -1 まで増加

3 y は x の2乗に比例し，$x=-3$ のとき $y=-9$ である。このとき，次の問いに答えなさい。

(1) y を x の式で表しなさい。

(2) x の値が -2 から 0 まで増加するときの変化の割合を求めなさい。

10 図形と角・合同な図形・平行線と線分の比

1 図形と角

①角の性質

(1)対頂角は等しい。($\angle x = \angle y$)

$l \parallel m$ のとき，

(2)同位角は等しい。($\angle y = \angle z$)

(3)錯角は等しい。($\angle x = \angle z$)

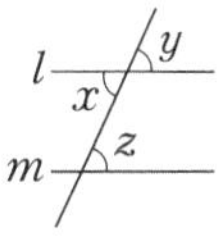

②三角形の内角と外角

(1) 3 つの内角の和は 180° である。

(2) 1 つの外角は，それに隣り合わない 2 つの内角の和に等しい。

③多角形の角

(1) n 角形の内角の和は $180° \times (n - 2)$

(2) n 角形の外角の和は，360°

例題 1　図形と角

(1)　次の図で，$l \parallel m$ のとき，$\angle x$ の大きさを求めなさい。

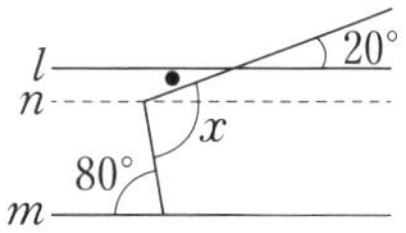

解　対頂角から ● の角は 20°

また，l と m に平行な直線 n を引くと，錯角から，

$\angle x = ● + 80° = 20° + 80° =$ **100°**　答

(2)　五角形の内角の和を求めなさい。

解　$180° \times (5 - 2) = 180° \times 3 =$ **540°**　答

2 合同な図形

①三角形の合同条件

(1) 3 組の辺がそれぞれ等しい。

(2) 2 組の辺とその間の角がそれぞれ等しい。

(3) 1 組の辺とその両端の角がそれぞれ等しい。

②直角三角形の合同条件

(1) 直角三角形の斜辺と 1 つの鋭角がそれぞれ等しい。

(2) 直角三角形の斜辺と他の 1 辺がそれぞれ等しい。

3 平行線と線分の比

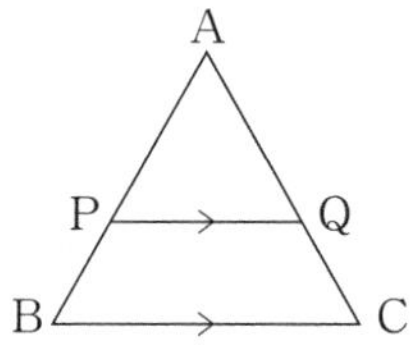

PQ $\parallel$ BC ならば

AP : PB = AQ : QC

AP : AB = AQ : AC

AP : AB = PQ : BC

例題 2　合同な図形

右の図の四角形 ABCD で，

AB = DC，BD = CA

であるとき，

△ABC ≡ △DCB

であることを証明しなさい。

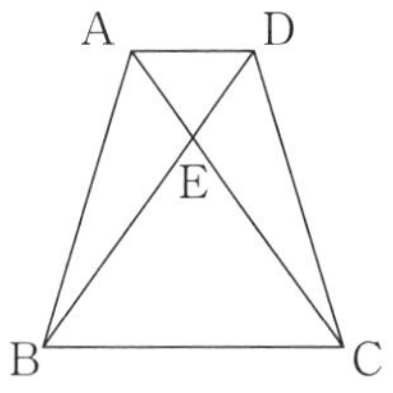

解　△ABC と △DCB において，

仮定より，AB = DC ……①

CA = BD ……②

また，BC は共通 ……③

①，②，③より

3 組の辺がそれぞれ等しいので，

△ABC ≡ △DCB

例題 3　平行線と線分の比

下の図で $l \parallel m \parallel n$ のとき，x の値を求めなさい。

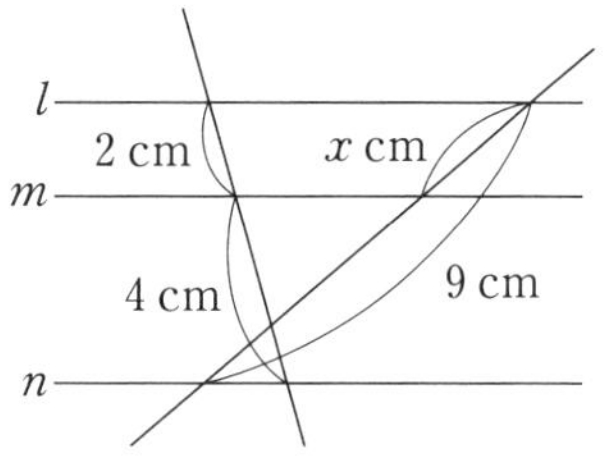

解　$x : 9 = 2 : (2 + 4)$

$x : 9 = 2 : 6$

$6x = 18$

$\boldsymbol{x = 3}$　答

●確認問題●

正答数　問／4問

1　次の図で，$l \parallel m$ のとき，$\angle x$ の大きさを求めなさい。

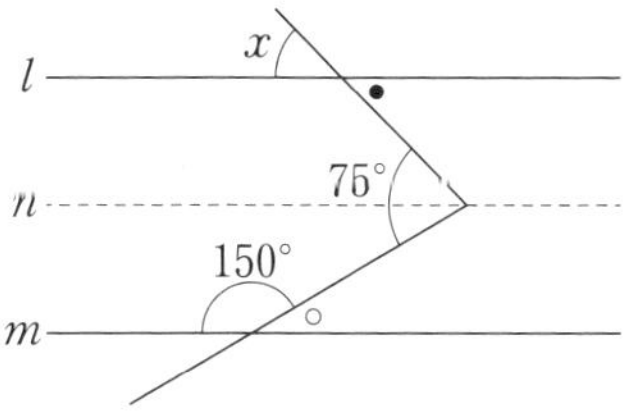

○ ＝ 180° － 150° ＝ ア□°

l と m に平行な直線 n を引くと，錯角から，

● ＋ 30° ＝ イ□°

● ＝ ウ□° － 30° ＝ エ□°

対頂角より，$\angle x$ ＝ ●　なので，

$\angle x$ ＝ オ□°

2　次の図で，$\angle x$ の値を求めなさい。

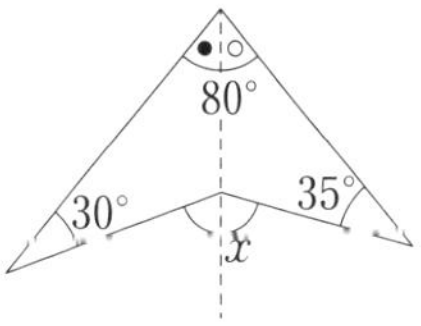

図のように補助線を引くと，外角の性質から，

$\angle x$ ＝ (● ＋ 30°) ＋ (○ ＋ ア□°)

＝ (● ＋ ○) ＋ イ□°

＝ ウ□° ＋ 65°

＝ エ□°

3　次の図で，$l \parallel m \parallel n$ のとき，x の値を求めなさい。

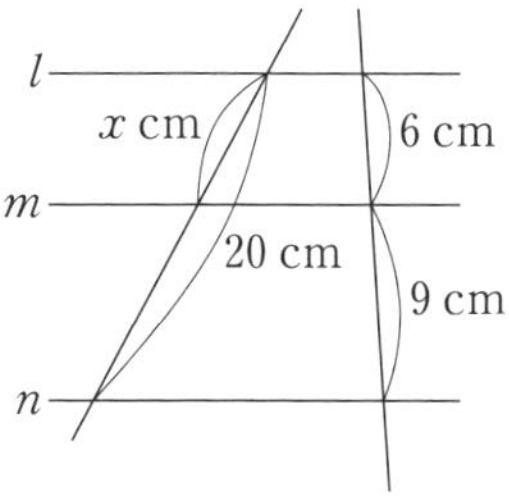

x : ア□ ＝ イ□ : (6 ＋ 9)

x : ウ□ ＝ エ□ : 15

$15x$ ＝ オ□

x ＝ カ□

4　次の図で，点 M は線分 CD の中点で，AC ∥ DB である。
このとき，△ACM ≡ △BDM であることを証明しなさい。

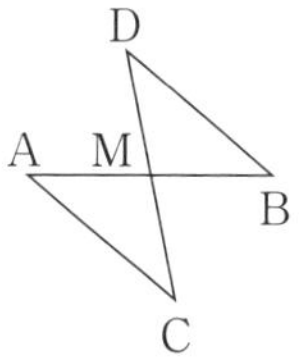

△ACM と △BDM において，

仮定より，CM ＝ ア□ ……①

対頂角より，∠AMC ＝ ∠イ□ ……②

また，AC ∥ DB より，ウ□ が等しいので，∠ACM ＝ ∠BDM ……③

①，②，③より

エ□ がそれぞれ等しいので，△ACM ≡ △BDM

学習日　　月　　日

練習問題1

制限時間15分　正答数　　問／4問

1 次の問いに答えなさい。

(1) 次の図で，$l \parallel m$ のとき，$\angle x$ の大きさを求めなさい。

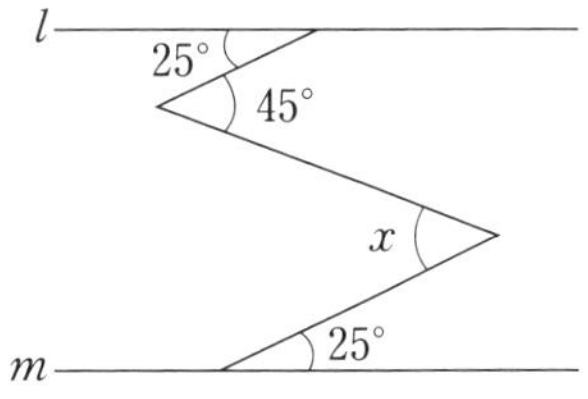

(2) 次の図で，$\angle x$ の値を求めなさい。

ヒント 三角形の外角の性質を利用する

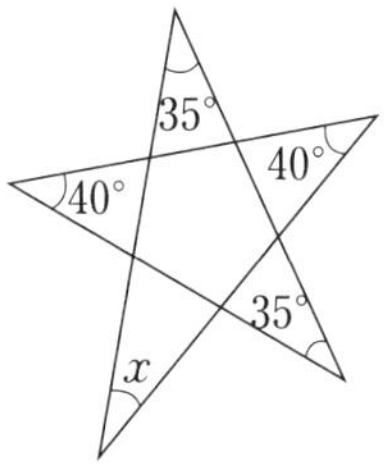

2 次の図の △ABC で，点 M は辺 BC の中点である。点 D，点 E を線分 BD と線分 CE がともに直線 AM と垂直になるようにとる。
このとき，△BDM ≡ △CEM であることを証明しなさい。

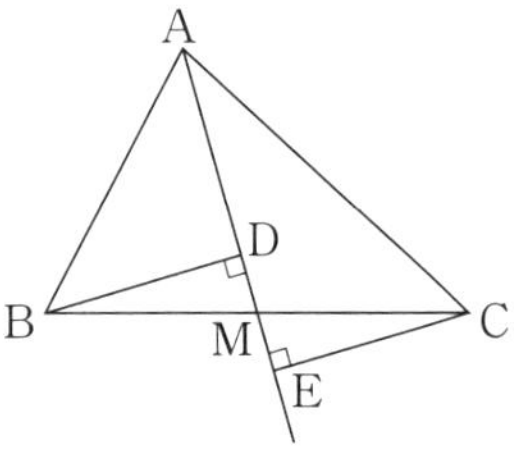

3 次の図で，ED // BC のとき，x の値を求めなさい。

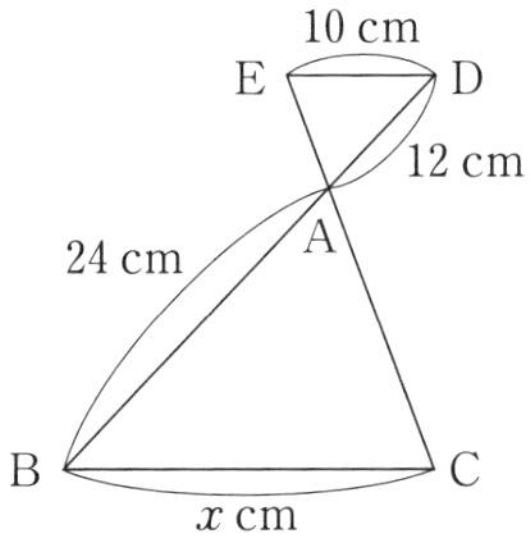

チャレンジ問題　SPI 図形

右の図形と同じものはどれか。 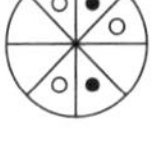

A 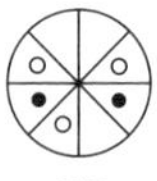
B 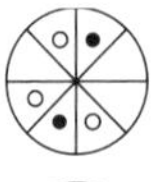
C 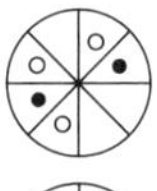
D 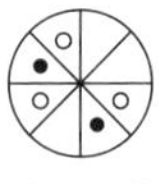
E 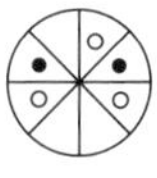
F 
G 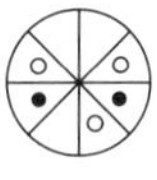
H A～Gのいずれでもない

練習問題2

制限時間15分　正答数　問／5問

1 次の問いに答えなさい。

(1) 次の図で，$l \parallel m$ のとき，$\angle x$ の大きさを求めなさい。

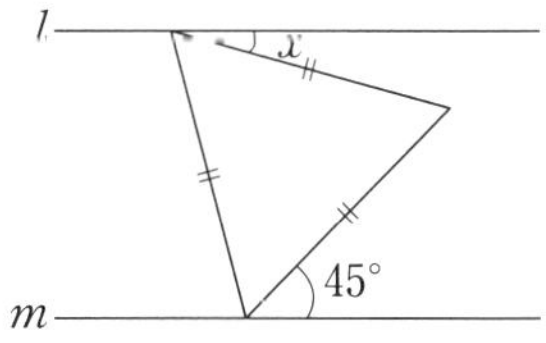

(2) 次の図で，$\angle x$ の値を求めなさい。

ヒント ●と×の和を求める

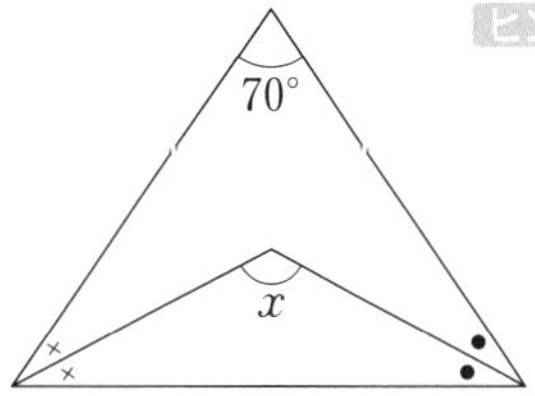

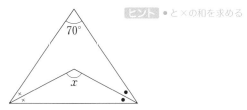

(3) 八角形の内角の和を求めなさい。

(4) 1 つの外角が 30° である正多角形は，正何角形か求めなさい。

2 右の図で，△ABD と △ACE は正三角形である。このとき，△ABE ≡ △ADC であることを証明しなさい。

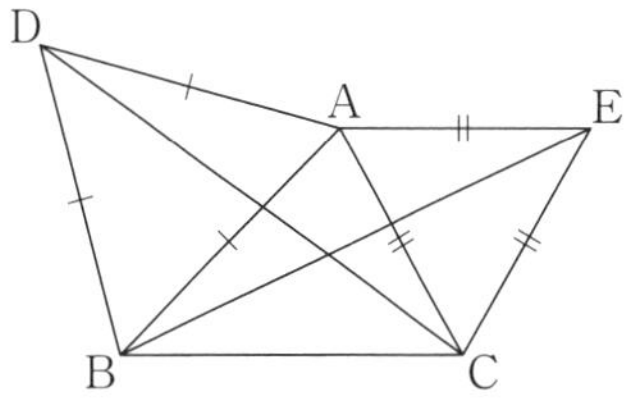

チャレンジ問題　SPI 図形

右の図で，$l \parallel m$ のとき，$\angle x$ の大きさを求めよ。

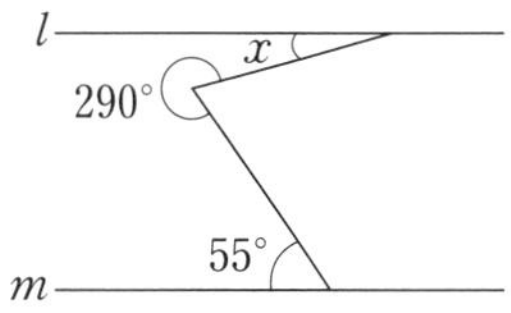

A　10°　　B　15°　　C　20°　　D　25°
E　30°　　F　35°　　G　40°　　H　A～Gのいずれでもない

11 図形の面積・体積

1 図形の面積

平面図形の公式

(三角形の面積) $= \frac{1}{2} \times$ (底辺) $\times$ (高さ)

(平行四辺形の面積) $=$ (底辺) $\times$ (高さ)

(台形の面積) $= \frac{1}{2} \times$ (上底 $+$ 下底) $\times$ (高さ)

(円周の長さ) $= 2\pi \times$ (半径)

(円の面積) $= \pi \times$ (半径)^2

(おうぎ形の弧の長さ) $=$ (円周の長さ) $\times \frac{(\text{中心角})}{360^\circ}$

(おうぎ形の面積) $=$ (円の面積) $\times \frac{(\text{中心角})}{360^\circ}$

例題 1　　図形の面積

次の図形の影の部分の面積を求めなさい。ただし，円周率は π とする。

(1)

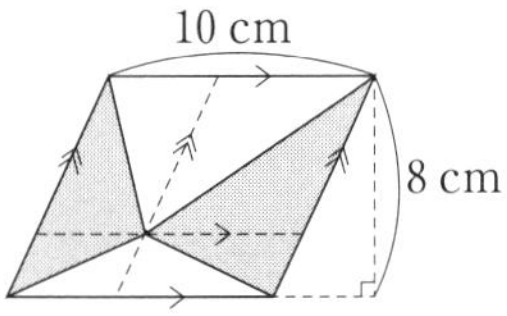

解　影の部分の面積は，全体の平行四辺形の面積のちょうど半分なので，

$10 \times 8 \times \frac{1}{2} = \mathbf{40(cm^2)}$　答

(2)

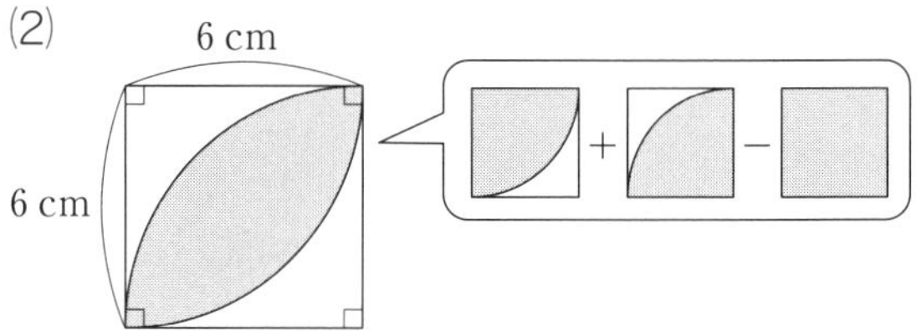

解　影の部分の面積は，おうぎ形 2 つ分の面積から全体の正方形の面積を引けばよいので，

$\left(\pi \times 6^2 \times \frac{1}{4}\right) \times 2 - 6^2$

$= 9\pi \times 2 - 36 = \mathbf{18\pi - 36(cm^2)}$　答

2 立体の表面積・体積

角柱，円柱　(体積) $=$ (底面積) $\times$ (高さ)　(表面積) $=$ (底面積) $\times 2 +$ (側面積)

角錐，円錐　(体積) $= \frac{1}{3} \times$ (底面積) $\times$ (高さ)　(表面積) $=$ (底面積) $+$ (側面積)

球　(体積) $= \frac{4}{3}\pi \times$ (半径)^3　(表面積) $= 4\pi \times$ (半径)^2

例題 2　　立体の表面積・体積

次の立体の体積と表面積を求めなさい。ただし，円周率は π とする。

(1) 三角柱

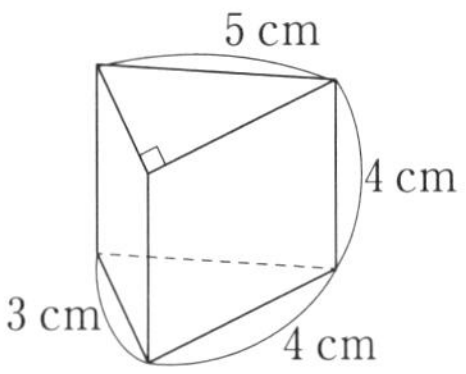

解　体積は，

$\left(\frac{1}{2} \times 3 \times 4\right) \times 4$

$= 6 \times 4$

$= \mathbf{24(cm^3)}$　答

表面積は，

底面積　$\frac{1}{2} \times 3 \times 4 = 6(\text{cm}^2)$

側面積　$4 \times (3 + 4 + 5) = 48(\text{cm}^2)$ より

↑側面をつなげて 1 つの長方形と考えるとよい

$6 \times 2 + 48 = 12 + 48 = \mathbf{60(cm^2)}$　答

(2) 円錐

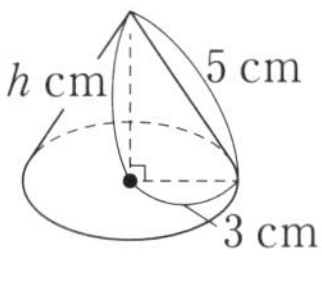

解　体積は，円錐の高さを h cm とすると，三平方の定理より

$h^2 + 3^2 = 5^2$

$h^2 = 25 - 9$

$\quad = 16$

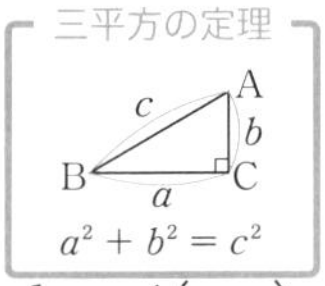

$h > 0$ なので，$h = 4(\text{cm})$

よって，$\frac{1}{3} \times (\pi \times 3^2) \times 4 = \mathbf{12\pi(cm^3)}$ 答

表面積は，底面積　$\pi \times 3^2 = 9\pi(\text{cm}^2)$

側面積　$\pi \times 5^2 \times \frac{2\pi \times 3}{2\pi \times 5} = 15\pi(\text{cm}^2)$

↑$\frac{(\text{おうぎ形の弧の長さ})}{(\text{円周の長さ})}$

より $9\pi + 15\pi = \mathbf{24\pi(cm^2)}$　答

学習日　　月　　日

●確認問題●

正答数　　問／4問

1 次の図形の影の部分の面積を求めなさい。ただし，円周率は π とする。

(1) 台形

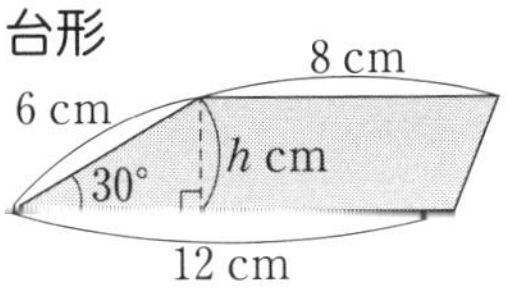

台形の高さを h cm とする。

$h:6=$ ア□ ： イ□ より

ウ□ $h=6$　　ヒント 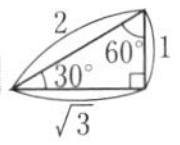

を利用する

$h=$ エ□ (cm)

よって，求める面積は，

$\frac{1}{2}\times(8+$ オ□ $)\times$ カ□

$=$ キ□ (cm²)

(2)

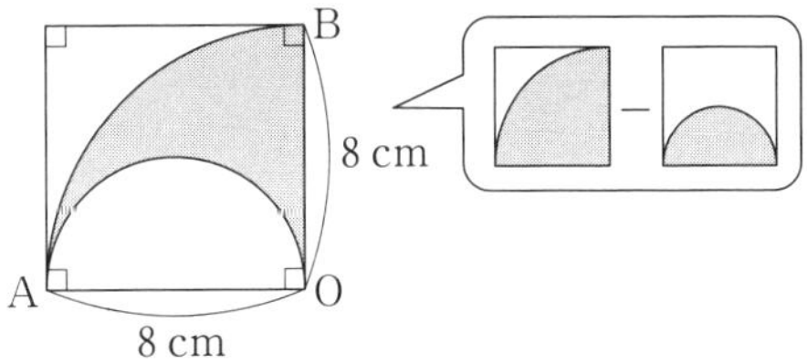

おうぎ形 OAB の面積は，

$\pi\times$ ア□ $^2\times\frac{1}{\text{イ}\square}=$ ウ□ $\pi(\text{cm}^2)$

AO を直径とする半円の面積は，

$\pi\times$ エ□ $^2\times\frac{1}{\text{オ}\square}=$ カ□ $\pi(\text{cm}^2)$

よって，求める面積は，

キ□ $\pi-$ ク□ $\pi=$ ケ□ $\pi(\text{cm}^2)$

2 次の立体の体積と表面積を求めなさい。ただし，円周率は π とする。

(1) 円柱

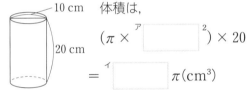

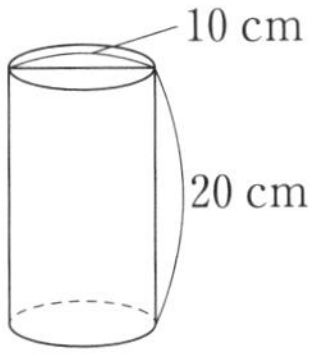

体積は，

$(\pi\times$ ア□ $^2)\times20$

$=$ イ□ $\pi(\text{cm}^3)$

表面積は，

底面積　$\pi\times$ ウ□ ^{2}

$=$ エ□ $\pi(\text{cm}^2)$

側面積　$20\times(\pi\times$ オ□ $)$

$=$ カ□ $\pi(\text{cm}^2)$ より

キ□ $\pi\times2+$ ク□ π

$=$ ケ□ $\pi(\text{cm}^2)$

(2) 半球

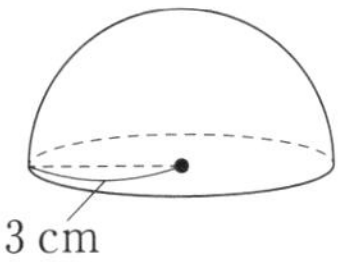

体積は，

$\frac{4}{3}\pi\times$ ア□ $^3\times\frac{1}{\text{イ}\square}$

$=$ ウ□ $\pi(\text{cm}^3)$

表面積は，

底面積（切り口の円）

$\pi\times$ エ□ $^2=$ オ□ $\pi(\text{cm}^2)$

側面積（球の表面）

$4\pi\times$ カ□ $^2\times\frac{1}{\text{キ}\square}$

$=$ ク□ $\pi(\text{cm}^2)$ より

$9\pi+$ ケ□ $\pi=$ コ□ $\pi(\text{cm}^2)$

学習日　　月　　日

練習問題1

制限時間15分　正答数　　問／4問

1 次の影をつけた部分の面積を求めなさい。ただし，円周率は π とする。

(1)

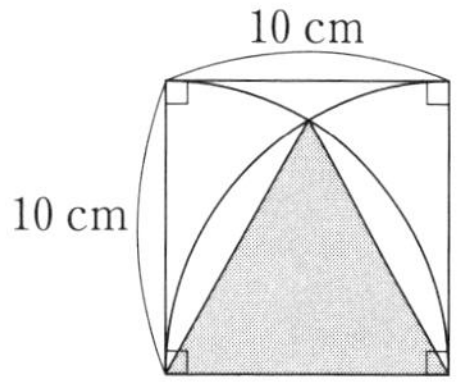

(2)

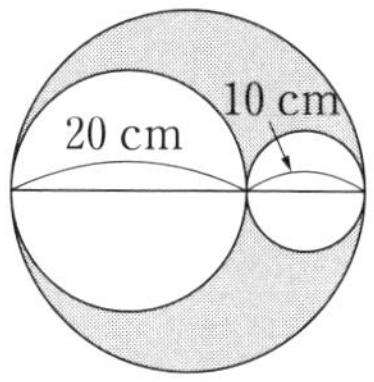

2 次の立体の体積と表面積を求めなさい。ただし，円周率は π とする。

(1) 下の展開図で示される円錐

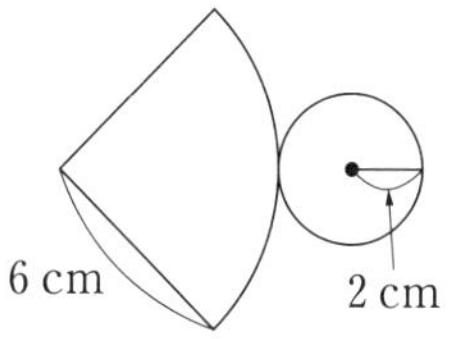

(2) 半球

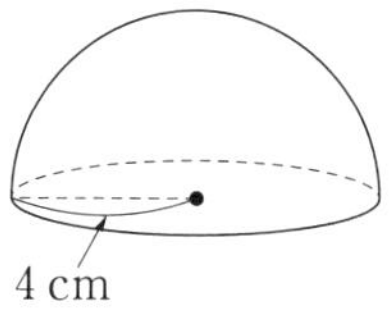

チャレンジ問題 ― SPI 図形

右のような図形を組み立ててできる立体はどれか。

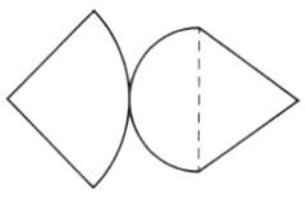

A 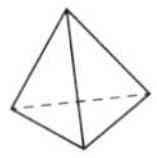　B 　C 　D 

E 　F 　G 　H A～Gのいずれでもない

練習問題2

制限時間15分　正答数　問／4問

1 次の影をつけた部分の面積を求めなさい。ただし，円周率は π とする。

(1)

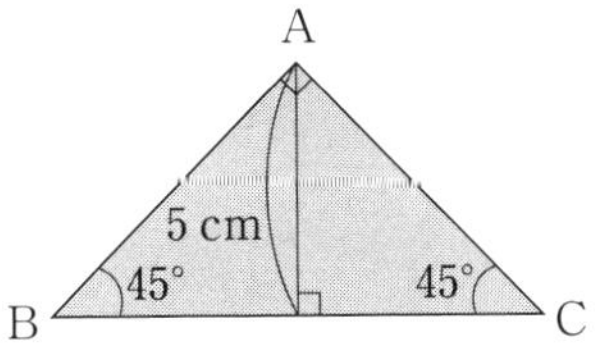

(2)

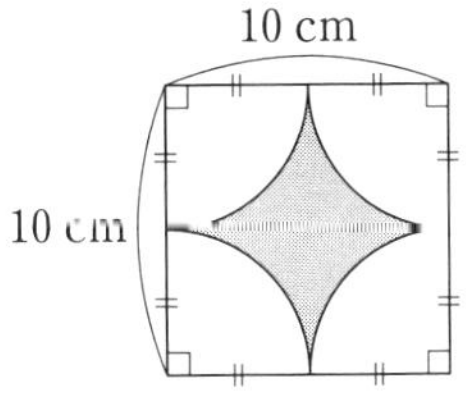

2 次の立体の体積と表面積を求めなさい。ただし，円周率は π とする。

(1) 三角柱

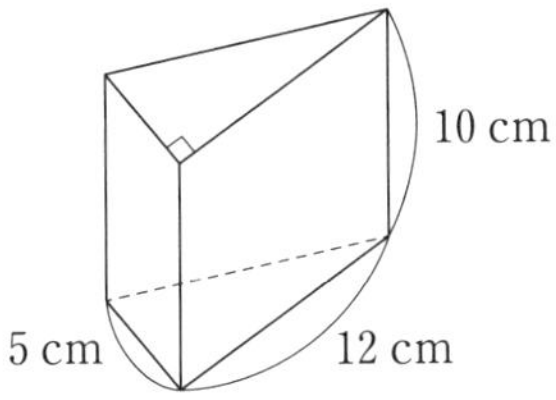

(2) 底面の半径 3 cm，高さ 4 cm の円錐

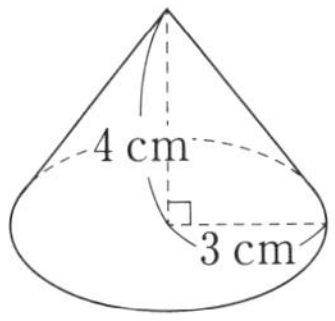

チャレンジ問題 ―― SPI 図形

右のような半球の表面積を求めよ。ただし，円周率は π とする。

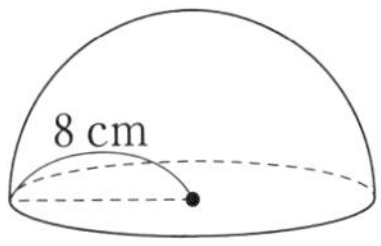

A　128π cm²　B　156π cm²　C　172π cm²　D　192π cm²

E　196π cm²　F　256π cm²　G　320π cm²　H　A～Gのいずれでもない

12 場合の数と確率

1 確率

①ことがらAが起こる確率p

$$p=\frac{\text{A が起こる場合の数}}{\text{起こりうるすべての場合の数}}=\frac{a}{N}$$

②確率pの値の範囲は

$0 \leqq p \leqq 1$

確率は，“0から1までの数”で表されるよ。

例題① 確率

大小2個のさいころを同時に投げるとき，出る目の数の和が8となる確率を求めなさい。

解　2個のさいころの目の出方は，全部で $6 \times 6 = 36$(通り)

このうち，目の数の和が8となるのは，

(2，6)，(3，5)，(4，4)，(5，3)，(6，2)の5通りである。　⇦目の出方を(大，小)で表す

よって，求める確率は，$\frac{5}{36}$ 答

●確認問題●

正答数　問／3問

1 ジョーカーをのぞいたトランプ52枚から1枚を引くとき，ハートのカードを引く確率を求めなさい。

カードの引き方は，全部で52通り。

このうち，ハートのカードになるのは

ア［　　］通り。

よって，求める確率は

$\frac{\text{イ［　　］}}{52}=$ ウ［　　］

2 100円硬貨1枚と10円硬貨1枚を同時に投げるとき，1枚だけ表が出る確率を求めなさい。

右の図から，表裏の出方は，全部で4通り。

このうち，1枚だけ表が出るのはア［　　］通り。

よって，求める確率は

$\frac{\text{イ［　　］}}{4}=$ ウ［　　］

100円　10円

表 < 表／裏

裏 < 表／裏

3 大小2個のさいころを同時に投げるとき，出る目の数が同じになる確率を求めなさい。

2個のさいころの目の出方は，全部で $6 \times 6 = 36$(通り)

このうち，出る目の数が同じになるのは，

(1，1)，(2，2)，(3，3)，(4，4)，(5，5)，(6，6)のア［　　］通りである。

よって，求める確率は $\frac{\text{イ［　　］}}{36}=$ ウ［　　］

練習問題

制限時間15分　正答数　問／5問

1　1から10までの番号が1つずつかかれた10枚のカードがある。この中から1枚のカードを引くとき，次の確率を求めなさい。

(1)　引いたカードの番号が4以下

(2)　引いたカードの番号が3の倍数

2　500円硬貨，100円硬貨，10円硬貨の3枚を同時に投げるとき，1枚が表で2枚は裏が出る確率を求めなさい。

3　大小2個のさいころを同時に投げるとき，次の確率を求めなさい。

(1)　目の数の積が12

(2)　目の数の和が10以上

13 表の読み取り・資料の整理

1 平均値，中央値，最頻値

$$(\text{平均値}) = \frac{(\text{データの値の合計})}{(\text{全体の度数})}$$

中央値(メジアン)…データを小さい順に並べたときの中央の値
最頻値(モード)…度数の最も大きいデータの階級値

例題 1　平均値・中央値

下のデータは，ある高校の男子バスケットボール部員 4 人について，身長を示したものである。次の問いに答えなさい。

172　175　180　181　(cm)

(1) 平均値を求めなさい。

解 $(\text{平均値}) = \dfrac{172 + 175 + 180 + 181}{4}$
$= \mathbf{177(cm)}$ 答

(2) 中央値を求めなさい。

解 データが偶数個なので，
中央値は，175 と180 の平均値となる。
$\dfrac{175 + 180}{2} = \dfrac{355}{2} = \mathbf{177.5(cm)}$ 答

例題 2　最頻値

次の表は，ある靴店で 1 か月に売れたスニーカー 122 足のサイズとその個数を示したものである。スニーカーのサイズの最頻値を求めなさい。

サイズ(cm)	22.0	22.5	23.0	23.5	24.0	24.5	25.0	25.5	26.0	26.5	27.0	計
個数(足)	1	4	4	6	9	16	23	20	17	15	7	122

解 最も大きい度数は 23 だから，最頻値は **25.0(cm)** 答

2 表の読み取り

・数値と割合を変換する必要がある問題では，単位に注意する。
・求める必要のない計算を省略することで効率的に解く。

例題 3　表の読み取り

右の表は，営業部員 W，X，Y，Z さんの 10 月から 3 月までの売上(単位：万円)を表したものである。次の問いに答えなさい。

	10 月	11 月	12 月	1 月	2 月	3 月
W さん	110	70	80	65	90	110
X さん	90	90	100	100	120	125
Y さん	80	125	140	100	80	140
Z さん	50	60	69	71	90	120

(1) 11 月と 2 月を合わせた売上が最も高かったのは誰で，その売上はいくらだったか求めなさい。

解 W さんは，$70 + 90 = 160$(万円)
X さんは，$90 + 120 = 210$(万円)
Y さんは，$125 + 80 = 205$(万円)
Z さんは，$60 + 90 = 150$(万円)
よって，最も高かったのは，X さんで **210 万円**。 答

(2) Y さんの 2 月における前月に対する売上の減少率を求めなさい。

解 $\dfrac{(2\text{ 月の売上}) - (1\text{ 月の売上})}{(1\text{ 月の売上})} = \dfrac{80 - 100}{100} = -0.2$　　よって，減少率は，**20 %** 答

●確認問題●

正答数　　問／5問

1　下のデータは，ある高校の男子 11 人について，ハンドボール投げの記録を示したものである。次の問いに答えなさい。

24　20　33　30　26　32　23　24　30　29　26　(m)

(1) 平均値を求めなさい。

$$\frac{24+20+33+30+26+\text{ア}\square+23+24+30+29+26}{\text{イ}\square}$$

$$=\frac{\text{ウ}\square}{11}=\text{エ}\square\ (\text{m})$$

(2) 中央値を求めなさい。

データを小さい順に並べると，

20　23　ア□　24　26　イ□　29　30　ウ□　エ□　33　(m)

データが奇数個なので，中央値は，オ□ m

2　次の表は，ある帽子店で 1 か月に売れた帽子 120 個のサイズとその個数を示したものである。帽子のサイズの最頻値を求めなさい。

サイズ(cm)	52	53	54	55	56	57	58	計
個数(個)	4	12	20	28	32	19	5	120

最も大きい度数は ア□ だから，

最頻値は イ□ cm

3　右の表は，企業 A，B，C の年代別の社員の割合を表したものである。次の問いに答えなさい。

	10 代	20 代	30 代	40 代	50 代	60 代	合計
企業 A	20 %	10 %	40 %	20 %	5 %	5 %	360 人
企業 B	8 %	40 %	35 %		4 %	1 %	200人
企業 C	5 %	15 %	20 %	30 %	25 %	5 %	160 人

(1) 企業 A の 30 代の社員の人数は，企業 C の 30 代の社員の人数の何倍か求めなさい。

30 代の社員の人数は，それぞれ

企業 A：$360\times0.4=$ ア□ (人)　　企業 C：$160\times0.2=$ イ□ (人)

よって，ウ□ ÷ エ□ ＝ オ□ (倍)

(2) 企業 B の 40 代の社員の人数は何人か求めなさい。

企業 B の 40 代の社員の割合は

$100-(8+40+35+4+1)=$ ア□ (%)

よって，企業 B の 40 代の社員の人数は，　$200\times0.$ イ□ ＝ ウ□ (人)

練習問題1

制限時間15分　正答数　　問／5問

1　下のデータは，8人の生徒の数学のテストの得点である。次の問いに答えなさい。

63　57　79　58　64　68　57　82　（点）

(1)　平均値を求めなさい。

(2)　中央値を求めなさい。

2　右の表は，ある店で1週間に売れた子供服の販売数をサイズ別に表したものである。このデータの最頻値を求めよ。

サイズ(cm)	90	100	110	120	130	140	150	160	計
販売数	27	31	29	24	43	26	38	12	230

3　チェーンレストランの甲店，乙店，丙店は食材を一括して1つの業者から仕入れている。右の表は各食材について，各店がどれだけの割合で仕入れているかを示したものである。次の問いに答えなさい。

	肉類	魚介類	野菜類	乳製品
甲店	30 %			
乙店				20 %
丙店	40 %		20 %	
合計	200 kg	400 kg		200 kg

(1)　甲店の肉類の仕入れ量は，乙店の乳製品の仕入れ量の何倍か求めなさい。

(2)　丙店の野菜類の仕入れ量が乙店の肉類の仕入れ量と同じとき，3店舗合わせた野菜類の仕入れ量は何kgか求めなさい。

チャレンジ問題　SPI 表の読み取り

卒業写真を撮る場所をアンケート調査で決める。右の表は，撮りたい場所別に男子・女子の割合を表したものである。ただし，アンケートに答えなかった生徒はいないとする。最も希望が多い場所で写真を撮るとすると，それはどこで，何人の生徒が選んだか。

	池	校庭	校門	合計
男子	40 %	35 %	25 %	180 人
女子	35 %		25 %	140 人

A　池・108人　　B　池・115人　　C　池・121人
D　校庭・110人　　E　校庭・119人　　F　校庭・125人
G　校門・107人　　H　A～Gのいずれでもない

学習日　　月　　日

練習問題2

制限時間15分　正答数　問／4問

1　ある資格試験を48人が受験した。受験者数は前回より6人増え，受験者の総得点は，前回と同じであった。前回の受験者の平均点が64点であったとき，今回の受験者の平均点は何点か求めなさい。

ヒント　(平均値)×(データ数)＝(データの合計) を利用する

2　右の表は，あるクラスの男子20人が腹筋運動を30秒間行ったときの回数をまとめた結果である。このデータの最頻値を求めなさい。

回数	22	23	24	25	26	27	28	29	30	31	計
人数	2	0	1	2	2	7	3	1	0	2	20

3　A市，B市，C市の人口と人口密度を調べると，右の表のようになった。また，A市の面積はB市の面積の3倍であり，B市の面積はC市の面積の $\frac{1}{4}$ であることがわかっている。次の問いに答えなさい。

	A市	B市	C市
人口(人)			64000
人口密度(人/km^2)		750	

(1)　B市の面積が40 km^2 のとき，C市の人口密度を求めなさい。

(2)　(1)のとき，A市の人口密度がB市の人口密度の $\frac{1}{5}$ であるとすると，A市の人口は何人か求めなさい。

チャレンジ問題 ―― SPI 表の読み取り

Q社には**2**つの工場 $\boldsymbol{a}$，$\boldsymbol{b}$ がある。この**2**つの工場で**3**つの製品**Ⅰ**，**Ⅱ**，**Ⅲ**を生産する。**3**つの製品について，**2**つの工場の**1**日あたりの生産量と，**1 t**あたりの利益は，右の表のようになる。

各工場は**1**日にそれぞれ別の**1**つの製品しか生産できないとして，**Q**社にとって最も利益の出る工場と製品の組み合わせを答えよ。

	工場 a	工場 b	利益
製品Ⅰ	5 t/日	6 t/日	3万円/t
製品Ⅱ	8 t/日	7 t/日	2万円/t
製品Ⅲ	5 t/日	5 t/日	4万円/t

A　a：Ⅰ　b：Ⅱ　　B　a：Ⅰ　b：Ⅲ　　C　a：Ⅱ　b：Ⅰ　　D　a：Ⅱ　b：Ⅲ
E　a：Ⅲ　b：Ⅰ　　F　a：Ⅲ　b：Ⅱ　　G　A～Fのいずれでもない

14 さまざまな問題

1 距離，速さ，時間の関係

(距離) ＝ (速さ) × (時間)　(速さ) ＝ (距離) ÷ (時間)　(時間) ＝ (距離) ÷ (速さ)

例題 1　距離・速さ・時間

家から 1600 m 離れた学校へ行く途中に図書館がある。家から図書館までは，900 m ある。P さんは，家から図書館までは分速 60 m で，図書館から学校までは分速 70 m で歩いた。次の問いに答えなさい。

(1) 家から学校まで行くのに何分かかったか求めなさい。

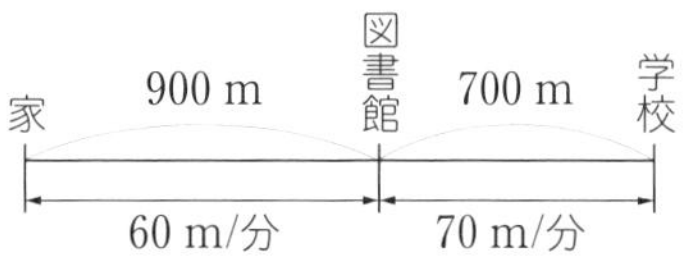

解　(時間) ＝ (距離) ÷ (速さ) より，
家から図書館までにかかった時間は，
(家から図書館までの距離) ÷ (家から図書館までの分速)
＝ 900 ÷ 60 ＝ 15(分)
図書館から学校までにかかった時間は，
(図書館から学校までの距離) ÷ (図書館から学校までの分速)
＝ (1600 − 900) ÷ 70
＝ 700 ÷ 70
＝ 10(分)
よって，家から学校までにかかった時間は，15 ＋ 10 ＝ **25(分)**　答

単位の変換
× 60　× 60
1 時間 ＝ 60 分 ＝ 3600 秒
÷ 60　÷ 60
× 1000
1 km ＝ 1000 m
÷ 1000

(2) P さんの平均の速さは，分速何 m か求めなさい。

解　(平均の速さ) ＝ (家から学校までの距離) ÷ (家から学校までの時間)
＝ 1600 ÷ 25 ＝ **64(m/分)**　答

2 濃度算

食塩水の基本関係

$(濃度)\% = \dfrac{(食塩の量)}{(食塩水の量)} \times 100$　　$(食塩の量) = (食塩水の量) \times \dfrac{(濃度)\%}{100}$

水や食塩を加える問題
他の食塩水を混ぜる問題
⇓
食塩の量を考え，
方程式をつくる。

例題 2　濃度算

4 %の食塩水が 100 g ある。これに 10 %の食塩水を 200 g 加えて混ぜた。このとき，食塩水の濃度は何%になるか求めなさい。

解

	4 %の食塩水	10 %の食塩水	混ぜてできた食塩水
食塩水の量(g)	100	200	100 ＋ 200 ＝ 300
食塩の量(g)	$100 \times \dfrac{4}{100} = 4$	$200 \times \dfrac{10}{100} = 20$	4 ＋ 20 ＝ 24

⇐表にまとめるとわかりやすい！

よって，できた食塩水の濃度は

$\dfrac{24}{300} \times 100 = \mathbf{8(\%)}$　答

確認問題

正答数　　問／2問

1 5 km 離れたとなり町まで往復するのに，行きは 10 km/時，帰りは 6 km/時で進んだ。往復したときの平均の速さは何 km/時か求めなさい。

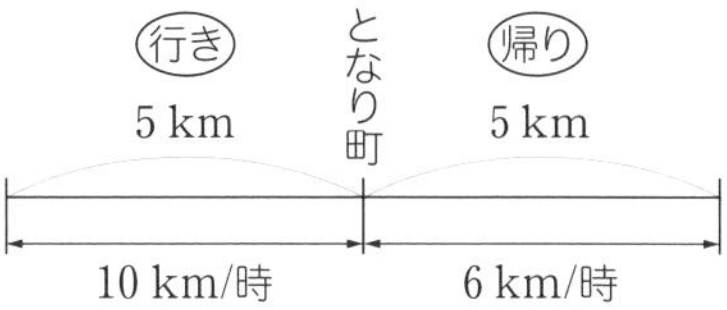

(時間) = (距離) ÷ (速さ) より，

行きにかかった時間は，

$$5 \div \text{ア}\square = \frac{5}{\text{イ}\square} = \frac{1}{\text{ウ}\square}\text{(時間)}$$

帰りにかかった時間は，

$$5 \div \text{エ}\square = \frac{5}{\text{オ}\square}\text{(時間)}$$

(平均の速さ) = (往復の距離) ÷ (往復するのにかかった時間) より，

$$5 \times 2 \div \left(\frac{1}{\text{カ}\square} + \frac{5}{\text{キ}\square}\right)$$

$$= 10 \div \frac{\text{ク}\square}{3} = \frac{\text{ケ}\square}{2} = 7.5\text{(km/時)}$$

2 10 %の食塩水 300 g に食塩を加えて 20 %の食塩水にしたい。食塩を何 g 加えたらよいか求めなさい。

加える食塩の量を x g とする。

	10 %の食塩水	食塩	混ぜてできた食塩水
食塩水の量(g)	300	x	$300 + x$
食塩の量(g)	$300 \times \dfrac{\text{ア}\square}{100} = \text{イ}\square$	x	$\text{ウ}\square + x$

混ぜてできた食塩水は濃度が 20 %なので

$$\frac{\text{エ}\square + x}{300 + x} \times 100 = 20$$

$$100(\text{オ}\square + x) = 20(300 + x)$$

$$\text{カ}\square + 100x = 6000 + 20x$$

$$\text{キ}\square x = \text{ク}\square$$

$$x = \text{ケ}\square\text{(g)}$$

学習日　　月　　日

練習問題1

制限時間15分　正答数　問／2問

1　A さんが地点 X と Y の間を，行きは時速 6 km，帰りは時速 3 km の速さで歩いたら，往復で 2 時間かかった。X と Y の間の距離は何 km か求めなさい。　ヒント X と Y の間の距離を x km として考える

2　10 %の食塩水が 600 g ある。これに 5 %の食塩水を 400 g 加えて混ぜた。このとき，食塩水の濃度は何%になるか求めなさい。

チャレンジ問題 ―― SPI 距離，速さ，時間

ハイキングで登山口から山頂まで **8 km** の道のりを往復した。登山口から **3 km/**時で登り，山頂で **1** 時間 **20** 分休憩して，山頂から **4 km/**時で下りた。登山口を出発して，再び登山口に戻ってくるまでに何時間何分かかったか。

A　4 時間 40 分　B　5 時間　C　5 時間 20 分　D　5 時間 30 分

E　5 時間 40 分　F　6 時間　G　6 時間 20 分　H　A～Gのいずれでもない

練習問題2

制限時間15分　正答数　問／2問

1　A市から峠を越えて13 km離れたB町へ行くのに，A市から峠までは時速3 km，峠からB町までは時速4 kmの速さで歩くと，全体で3時間40分かかる。峠からB町までの距離は何kmか求めなさい。

ヒント　3時間40分は$3+\frac{2}{3}=\frac{11}{3}$時間と表すことができる

2　5 %の食塩水500 gがある。この食塩水を8 %の食塩水にするには，何gの水を蒸発させればよいか。

チャレンジ問題 ―― SPI 濃度算

10 %の食塩水200 gに，水を300 g加えると，何%の食塩水ができるか。

A　2 %　　B　3 %　　C　4 %　　D　5 %
E　6 %　　F　7 %　　G　8 %　　H　A～Gのいずれでもない

学習日　　月　　日

★達成度確認テスト

制限時間50分　得点　／100点

1 次の計算をしなさい。（各 5 点 × 2 = 10 点）

(1) $(10+20\div5)-4^2\div8$

(2) $3\frac{2}{7}-1\frac{3}{5}$

2 ある高校の生徒は，A 市，B 市，C 町から通っており，A 市，B 市から通っている生徒はそれぞれ，全体の 45 %，40 %である。C 町から通っている生徒が 36 人のとき，この高校の生徒は何人であるか求めなさい。（5 点）

3 次の式を展開しなさい。（各 5 点 × 2 = 10 点）

(1) $(x-6)(x+8)$

(2) $(3x+2)^2$

4 次の式を因数分解しなさい。（各 5 点 × 2 = 10 点）

(1) $8x^2y^2+18xy^2$

(2) $9x^2-64$

5 次の数の分母を有理化しなさい。（各 5 点 × 2 = 10 点）

(1) $\dfrac{5}{3\sqrt{5}}$

(2) $\dfrac{9\sqrt{2}}{4\sqrt{3}}$

数学

6 次の方程式を解きなさい。（各 5 点 × 4 = 20 点）

(1) $2(x-3)+1=3x-7$

(2) $\begin{cases} 3x+y=9 \\ 2x-3y=-5 \end{cases}$

(3) $2x^2-x-4=0$

(4) $3x^2+7x+3=0$

7 傾きが -2 で，点 $(-3,\ 2)$ を通る直線の式を求めなさい。（5 点）

8 関数 $y=ax^2$ のグラフが点 $(-2,\ -12)$ を通るとき，a の値を求めなさい。（5 点）

9 右の図で，$l \parallel m$ のとき $\angle x$ の大きさを求めなさい。（5 点）

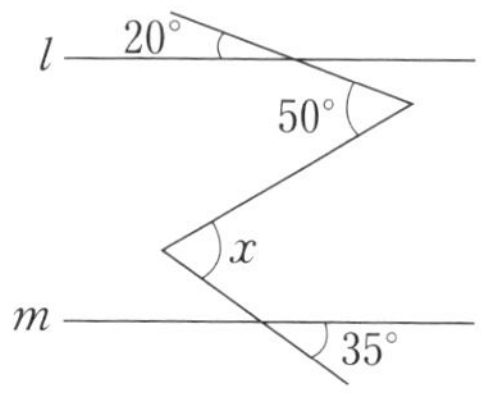

10 右の円錐の体積と表面積を求めなさい。ただし，円周率は π とする。（5 点）

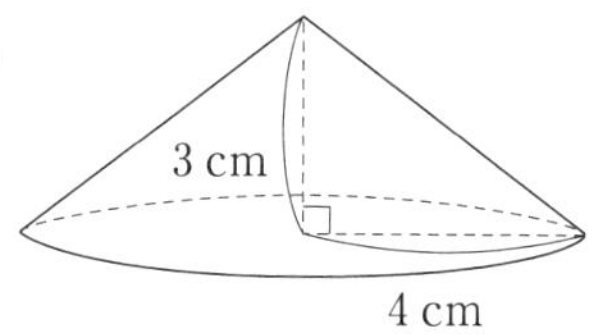

11 大小 2 個のさいころを同時に投げるとき，出る目の数の差が 3 になる確率を求めなさい。（5 点）

12 家から 1800 m 離れた学校へ行くのに分速 60 m で歩いていたが，遅刻しそうになったので，途中から分速 110 m で走って行き，25 分で学校に着いた。走った距離は何 m か求めなさい。（10 点）

高校生の基礎力養成ワーク　英語編　目次

■本書の使い方

中学校の復習の範囲を中心に，英語の基礎的な力が身につけられるよう編修しました。問題にはチェックボックスをつけています。反復練習などにご活用ください。

■本書の構成

要点整理　単元のポイントをまとめ，例題を掲載しました。

練習問題　単元で学習した内容を定着させるための問題です。難しい問題には ヒント を掲載しました。

チャレンジ問題　思考力・判断力・表現力が身につくような問題を掲載しています。ぜひ取り組んでみてください。

達成度確認テスト　最後に取り組み，本書での学習の成果を確認してみましょう。

チェックボックスなどを活用して，
自分が苦手分野がどこか，
得意な分野がどこかを理解しよう。

反復練習には，
無料アプリも
活用してみてね。

1 be動詞・一般動詞

◆要点整理◆

動詞とは「動作」や「状態」を表し，be動詞と一般動詞の２つがある。

■be 動詞：「～だ，～である」の意味。am，are，is/was，were で表す。

I am Ken.　私はケンです。
（am：現在形の be 動詞）

■一般動詞：「～する」の意味。動作，状態を表す。不規則動詞と規則動詞にわけられる。

I study English.　私は英語を勉強する。
（study：動詞の原形）

現在の文では，主語が３人称単数（he，she，it と，he，she，it に置きかえられる単語）のとき，動詞に s，es をつける。過去の文では，規則動詞は主語に関係なく，動詞に ed をつける。

主語	現在形	過去形
I	am	was
you と複数	are	were
３人称単数	is	was

●s，es のつけ方
①基本は s をつける。know→knows
②語尾が s，sh，ch，x，o のときは es をつける。watch→watches
③語尾が〈子音字＋y〉のとき，y を i にかえて es をつける。study→studies

●過去形の作り方（規則動詞）
①基本は ed をつける。wash→washed
②語尾が e で終わるときは d をつける。like→liked
③語尾が〈子音字＋y〉のとき，y を i にかえて ed をつける。study→studied
④語尾が〈短母音＋子音字〉のとき，子音字を重ねて ed をつける。stop→stopped

●形が不規則に変化する過去形（不規則動詞）
break→broke，cut→cut，go→went，take→took

My name is ～. で
自己紹介してみよう！

＊p.62，p.89 もあわせて参照する。

例題　次の日本文に合うように（　　）に適する語を書きなさい。

(1)　私は高校生です。　I（　　　　）a high school student.

(2)　彼女は毎日，本を読みます。　She（　　　　）a book every day.

(3)　彼らは去年，アメリカに住んでいました。　They（　　　　）in America last year.

練習問題

正答数　　問／20問

1　次の日本文に合うように（　　）内に適する語を書きなさい。

□(1)　彼はとても背が高い。
He（　　　　）very tall.

□(2)　クミはテニスがとても好きです。
Kumi（　　　　）tennis very much.

□(3)　これらの人形は私の娘のものです。
These dolls（　　　　）my daughter's.

□(4)　あなたの子どもたちは昨夜，公園にいましたか。
（　　　　）your children in the park last night?

ヒント

1 (2)like ～ very much「とても～が好き」

(3)主語 These dolls は複数。

(4)be 動詞は存在の意味「いる，ある」の意味も表す。

学習日　　月　　日

2 （　　）内から適する語を選び，○で囲みなさい。

□(1) （ Is ／ Are ／ Was ） your mother at home now?

□(2) His tennis racket （ is ／ am ／ are ） very new.

□(3) She （ study ／ studies ／ studied ） English yesterday.

□(4) I don't （ have ／ has ／ had ） a pen in my hand.

ヒント

2 (3)yesterday があるので過去の文となる。
(4)一般動詞の否定文では，do not（短縮形は don't）のあとに動詞の原形を置く。

英語

3 次の各疑問文の答えとして最も適当なものをア～ウから選びなさい。

□(1) Do you say goodbye to friends?
　ア Yes, I am.　イ Yes, I do.　ウ Yes, I did.

□(2) Is your sister a college student?
　ア No, she isn't.　イ No, she doesn't.　ウ No, she wasn't.

□(3) Is that boy from America or from Canada?
　ア No, he isn't.　イ I'm from Canada.　ウ He is from Canada.

3 (1)一般動詞の疑問文は〈Do(Does)＋主語＋動詞の原形～？〉で表す。答え方は〈Yes, 主語＋do(does).〉〈No, 主語＋do(does) not.〉で表す。
say goodbye to ～「～にさよならを言う」
(2)be 動詞の疑問文は be 動詞を文頭に置く。
(3)主語は that boy である。

4 日本文に合うように（　　）内の語(句)を並べかえ，全文で書きなさい。

□(1) 彼女はこの学校で数学を教えます。
　（ teaches, at this school, she, math ）.

□(2) あれらの新しい自転車はあなたのものですか。
　（ yours, new, those, are, bikes ）?

□(3) 今は午前７時ではありません。
　（ now, not, the, seven, is, it, in, morning ）.

4 (3) it は時刻を表す。「それは」と訳さない。

5 次の中から適語を選び，適当な形に直して（　　）内に書きなさい。

get, go, have, help, rain, read

□(1) I （　　　　） my mother yesterday.

□(2) She （　　　　） a book every day.

□(3) It （　　　　） a lot in Osaka last night.

□(4) The earth （　　　　） around the sun.

□(5) Does Jane （　　　　） any friends in Japan?

□(6) My mother （　　　　） up early every morning.

5 時を表す語句 yesterday, every day, last night に注意する。

2 進行形・未来を表す表現

◆要点整理◆

進行形とは「まさに動作をしている最中」を表し，現在進行形と過去進行形がある。

現在進行形：〈現在形の be 動詞＋動詞の ing 形〉「～している」

I am studying English now.　私は今，英語の勉強をしています。
（am＝現在形　studying＝動詞の ing 形）

過去進行形：〈過去形の be 動詞＋動詞の ing 形〉「～していた」

I was playing baseball.　私は野球をしていました。
（was＝過去形　playing＝動詞の ing 形）

動詞の ing 形の作り方
①基本はそのまま ing をつける。go→going
②語尾が e で終わるときは，e をとって ing をつける。use→using
③語尾が〈短母音＋子音字〉のときは，子音字を重ねて ing をつける。run→running
④語尾が ie で終わるときは，ie を y にかえて ing をつける。lie→lying

未来を表す表現とは「未来の予定や計画」を表し，以下のようなものがある。

〈be 動詞＋going to＋動詞の原形〉「～するつもりだ」「～する予定だ」

He is going to visit Okinawa.　彼は沖縄を訪れる予定です。
（is＝be 動詞　visit＝動詞の原形）

〈will＋動詞の原形〉「～するだろう」「～するつもりだ」

It will be sunny tomorrow.　明日は晴れるでしょう。
（be＝動詞の原形）

例題　次の日本文に合うように（　　）に適する語を書きなさい。

(1)　彼は今，テレビで野球の試合を見ているところです。
He is (　　　　) a baseball game on TV now.

(2)　私たちは明日，カメラを買うつもりです。
We are (　　　　) to buy a camera tomorrow.

(3)　彼女は来週，ここに来るでしょう。
She (　　　　) come here next week.

練習問題

正答数　　問／12問

1　次の日本文に合うように（　　）内に適する語を書きなさい。

□(1)　彼女は今，昼食を料理しているところです。
She is (　　　　) lunch now.

□(2)　ボブはそのとき，部屋を掃除していました。
Bob (　　　　) cleaning his room then.

□(3)　私の祖母が明日，私を公園へつれていってくれます。
My grandmother (　　　　) take me to the park tomorrow.

ヒント

1 (2)then「そのとき」

(3)空所のあとに動詞の原形が続いていることに注意する。

学習日　　月　　日

2 次の各疑問文の答えとして最も適当なものをア～ウから選びなさい。

□(1) Is Mr. Kato writing a letter to Ken now?
　ア Yes, he does.　イ Yes, he was.　ウ Yes, he is.

□(2) Will you be busy tomorrow?
　ア No, I won't.　イ No, I am not　ウ No, I was not.

□(3) Were you helping your mother in the kitchen yesterday?
　ア No, I wasn't.　イ No, I am not.　ウ Yes, I am.

□(4) Are you going to do your homework tonight?
　ア Yes, I do.　イ Yes, I am.　ウ Yes, I will.

□(5) Where are you going to visit next Sunday?
　ア Yes, I am.　イ I'm going to visit the zoo.
　ウ I'm going to the park.

ヒント
2 (1)進行形の疑問文はbe動詞を文頭に置く。〈be動詞＋主語＋動詞のing形～？〉で表す。
(2)won'tはwill notの短縮形。
(5)疑問詞Whereのある疑問文に対し，Yes／Noでは答えない。

3 日本文に合うように（　）内の語(句)を並べかえ，全文で書きなさい。

□(1) あなたはそのとき，その歌を歌っていました。
（then, the song, were, you, singing）.

□(2) 私は来月，20歳になります。
（next, be, month, years old, will, I, twenty）.

□(3) 彼らは野球を練習しないでしょう。
（not, going, they, practice, are, baseball, to）.

□(4) あなたの妹は部屋で音楽を聴いていますか。
（music, is, in her room, listening, your sister, to）?

3 (1)「そのとき，～歌っていました」＝過去進行形の文。
(2)beはbe動詞の原形である。
(3)否定文なのでbe動詞のあとにnotを置く。
(4)疑問文なのでbe動詞を文頭に置く。

英語

チャレンジ問題！ 左の絵を見て，次の質問に対して３語以上の英語で答えなさい。

What is the girl doing?

.

3 現在完了・過去完了

◆要点整理◆

完了形は，過去から現在，または過去のある時点までをふり返って「継続，経験，完了・結果」を表す。

現在完了形：〈have(has)＋過去分詞〉➡過去のある時点から現在までを表す（現在が基点）

過去完了形：〈had＋過去分詞〉➡過去～過去のある時点までを表す（過去のある時点が基点）

①継続用法「ずっと～している」（現在完了形）／「ずっと～していた」（過去完了形）

I have studied here since 7:00.　私は7時からずっとここで勉強をしている。（現在完了形）

（have studied：現在形＋過去分詞　since：～から）

②経験用法「～したことがある」（現在完了形）／「～したことがあった」（過去完了形）

I have visited Kyoto once.　私は京都を一度訪れたことがあります。（現在完了形）

（have visited：現在形＋過去分詞　once：一度）

③完了・結果用法「～したところだ」（現在完了形）／「～してしまった」（過去完了形）

I had just finished the game when my mother came home.

（had：過去形　just：ちょうど　finished：過去分詞　when：～のとき（過去のある時点）　came：過去形）

私の母が帰ってきたとき，私はちょうどゲームを終えていました。（過去完了形）

過去分詞を覚えよう：過去分詞は動詞を変化させてつくる

規則動詞の場合 ➡ 過去形と過去分詞は同じ形　例）cook-cooked-cooked「料理する」

不規則動詞の場合 ➡ 動詞によって変化の仕方がちがう

過去形と過去分詞が同じ	例）have-had-had「～を持つ」
原形と過去分詞が同じ	例）become-became-become「～になる」
原形・過去形・過去分詞がすべて異なる	例）sing-sang-sung「歌う」
原形・過去形・過去分詞がすべて同じ	例）cut-cut-cut「～を切る」

例題　次の日本文に合うように（　）内のア～ウから適するものを選びなさい。

(1) 私は日本に5年間住んでいます。

I（ア live　イ lives　ウ have lived）in Japan for five years.

(2) メアリーはその映画を3回見たことがあります。

Mary（ア have watched　イ has watched　ウ watched）the movie three times.

◆練習問題◆

正答数　問／17問

1　次の動詞の過去形，過去分詞を書きなさい。

□(1) use -（　　）-（　　）

□(2) study -（　　）-（　　）

□(3) have -（　　）-（　　）

□(4) make -（　　）-（　　）

□(5) eat -（　　）-（　　）

□(6) write -（　　）-（　　）

ヒント

1 (1)，(2)は規則動詞，(3)，(4)は不規則動詞で，過去形と過去分詞が同じ。

(5)(6)は不規則動詞で，過去形と過去分詞が異なる。

学習日　　月　　日

2 次の日本文に合うように（　）内に適する語を書きなさい。

□(1) 私はすでに部屋を掃除してしまいました。
I（　　　）already（　　　）my room.

□(2) あなたは今までにハワイに行ったことがありますか。
（　　　）（　　　）ever been to Hawaii?

□(3) 先週からずっと暑いです。
It（　　　）（　　　）hot since last week.

□(4) 両親は私が生まれたときには，3年間この町に住んでいました。
My parents（　　　）（　　　）in this town for three years when I was born.

□(5) 私たちが駅に到着したとき，列車はすでに出発していました。
When we arrived at the station, the train（　　　）（　　　）left.

3 日本文に合うように（　）内の語句を並べかえ，全文で書きなさい。

□(1) 彼は以前，この本を読んだことがある。
（read, has, this book, he, before）.

□(2) 父は昨日からずっと忙しい。
（since, been, has, busy, my father, yesterday）.

□(3) あなたはもう昼食を食べてしまいましたか。
（eaten, have, yet, you, lunch）?

□(4) ボブは今までにバレーボールをしたことがありません。
（volleyball, Bob, played, never, has）.

□(5) 私がメアリーに出会う前，一度手紙をもらったことがありました。
（Mary, heard from, once, had, I）before I met her.

□(6) この女の子はそのときまでずっとフランスに滞在していました。
（this girl, France, had, in, stayed）until then.

ヒント

2 (1)現在完了の完了用法。already「すでに」

(2)現在完了の経験用法。have been to ～「～へ行ったことがある」

(3)be動詞の過去分詞はbeenである。

(4)過去完了の継続用法で表す。

(5)過去完了の完了・結果用法で表す。

3 (1)before「以前」は文末に置く。

(2)現在完了の継続用法で表す。

(3)現在完了の疑問文は〈Have＋主語＋過去分詞～？〉で表す。yetは疑問文で「もう」の意味を表す。

(4)never「今までに～ない」はhave(has)と過去分詞の間に置く。

(5)hear from ～「～から手紙をもらう」

(6)過去完了の継続用法で表す。

4 助動詞

◆要点整理◆

助動詞には，動詞を助けて「意味をつけ加える」役割がある。

主な助動詞とその意味：〈助動詞＋動詞の原形〉で表す

I can play the piano well.　私は上手にピアノを弾くことができます。
助動詞 動詞の原形

助動詞	意味	同じ意味の表現
can	①能力・可能「～することができる」	＝be 動詞＋able to ～
	②許可「～してもよい」	＝may
may	①許可「～してもよい」	＝can
	②推量「～かもしれない」	
must	①義務「～しなければならない」	＝have(has) to ～
	②推量「～にちがいない」	
should	「～すべき」	＝ought to ～（より強い意味）
will	「～するでしょう」「～するつもりだ」	＝be動詞＋going to ～
Will you ～?	「～してくれませんか」	＝Please ～
Shall I ～?	「私が～しましょうか」	
Shall we ～?	「(一緒に) ～しましょうか」	＝Let's ～

例題　次の日本文に合うように（　）内に適する語を書きなさい。

(1)　ここでは靴を脱がなければなりません。
（　　　）（　　　）take off your shoes here.

(2)　あなたたちはお互いに助け合うべきです。
You（　　　）（　　　）each other.

(3)　窓を開けてもよいですか。
（　　　）（　　　）open the window?

否定文は
〈助動詞＋not＋動詞の原形〉
疑問文は
〈助動詞＋主語＋動詞の原形～?〉
で表すことができるよ。

◆練習問題◆　　正答数　　問／16問

1　次の日本文に合うように（　）内に適する語を書きなさい。

□(1)　私はこの川を泳いで渡ることができます。
I（　　　）（　　　）across this river.

□(2)　彼は科学者かもしれません。
He（　　　）（　　　）a scientist.

□(3)　お塩をとってくれませんか。
（　　　）（　　　）pass me the salt?

□(4)　放課後，一緒にテニスをしませんか。
（　　　）（　　　）play tennis after school?

□(5)ここでキャッチボールをしてはいけません。
You（　　　）（　　　）play catch here.

ヒント

1 (1)「～を泳いで渡る」は swim across ～で表す。

(2)「～かもしれない」は may を用いて表す。

(3)依頼の文で表す。

(4)shall を用いて表す。

(5)「～しなければならない」の否定形で表す。

学習日　　月　　日

2 次の英文を(　　)内の指示に従って書きかえなさい。

□(1) She drives a car. (can を加えて)

□(2) It may snow tonight. (否定文に)

□(3) I must go to the hospital now. (疑問文に)

ヒント

2 (1)助動詞のあとは動詞の原形。

(2)助動詞の否定文は,〈助動詞＋not＋動詞の原形〉

(3)助動詞の疑問文は,助動詞を文頭に置く。

3 次の各組の英文がほぼ同じ内容になるように,(　　)内に適する語を書きなさい。

□(1) You must finish your homework by tomorrow.
You (　　) (　　) finish your homework by tomorrow.

□(2) Please tell me about your trip to Korea.
(　　) (　　) tell me about your trip to Korea?

□(3) Let's go swimming in the sea next Saturday.
(　　) (　　) go swimming in the sea next Saturday?

□(4) She can swim fast.
She (　　) (　　) to swim fast.

3 (1)must は2語で書きかえることが出来る。

(4)can は3語で書きかえることが出来る。

4 日本文に合うように(　　)内の語(句)を並べかえ,全文で書きなさい。

□(1) このパンを食べてもよいですか。
(eat, I, this bread, may)?

□(2) 暗くなる前に家に帰らなければなりません。
(come, must, you, home) before it gets dark.

□(3) 今日,傘を持っていく必要はありません。
(umbrella, take, to, don't, you, your, have) with you.

□(4) 私がドアを閉めましょうか。
(I, the door, shall, shut)?

4 (1)「～してもよい」は may で表す。

(2)「～しなければならない」は must で表す。

(3)「～する必要はありません」は don't have to ～で表す。

(4)「私が～しましょうか」は Shall I ～? で表す。

英語

5 受け身

◆要点整理◆

受け身（受動態）とは，主語が「動作を受ける」ことを表す。

■〈be 動詞＋過去分詞〉「～される，～されている」

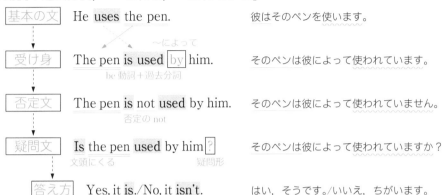

基本の文	He uses the pen.	彼はそのペンを使います。
受け身	The pen is used by him.（～によって：by／be 動詞＋過去分詞：is used）	そのペンは彼によって使われています。
否定文	The pen is not used by him.（否定の not）	そのペンは彼によって使われていません。
疑問文	Is the pen used by him?（Is：文頭にくる／?：疑問形）	そのペンは彼によって使われていますか？
答え方	Yes, it is./No, it isn't.（否定の not）	はい，そうです。/いいえ，ちがいます。

■受け身のいろいろな表現

be known to ～　「～に知られている」	be covered with ～　「～でおおわれている」
be made of 材料　「～でできている」（＊）	be made from 原料　「～で作られている」（＊）
be born　「生まれる」	be filled with ～　「～でいっぱいである」
be interested in ～　「～に興味を持っている」	be surprised at ～　「～に驚く」

＊〈of＋材料〉は加工による変化の少ないもの，〈from＋原料〉は加工による変化の大きいもの

材料の例は，
木材→テーブル
原料の例は，
ブドウ→ワイン

例題　次の日本文に合うように（　　）内に適する語を書きなさい。

(1) その本はたくさんの人によって読まれます。

The book (　　　　) (　　　　) by a lot of people.

(2) 彼はその知らせに驚きました。

He was (　　　　) (　　　　) the news.

◎練習問題◎

正答数　　問／14問

1　次の日本文に合うように（　　）内に適する語を書きなさい。

□(1) このコップは彼に割られました。

This cup (　　　　) (　　　　) by him.

□(2) この国ではフランス語が話されていません。

French (　　　　) (　　　　) in this country.

□(3) あの写真はあなたのおじさんによって撮られましたか。

Was that picture (　　　　) (　　　　) your uncle?

□(4) この部屋は彼女によって掃除されます。

This room (　　　　) (　　　　) by her.

ヒント

1 (1)過去の文である。

(2)否定文なので，isn't を用いて表す。

(3)take の過去分詞は taken である。

学習日　　月　　日

2 次の英文を（　　）内の指示に従って書きかえなさい。

(1) This letter was read by my mother. （否定文に）

(2) The window is opened by Ken. （疑問文に）

(3) Kumi makes this dress. （受け身の文に）

ヒント

2 (1)否定文は be 動詞のあとに not を置く。

(2)疑問文は be 動詞を文頭に置く。

(3) this dress を文頭に置く。動詞部分は〈be 動詞＋過去分詞〉になる。

3 次の各組の英文がほぼ同じ内容になるように，（　　）内に適する語を書きなさい。

(1) Every student in my class likes the dog.
The dog (　　　) (　　　) by every student in my class.

(2) She knows his name.
His name is (　　　) (　　　) her.

(3) That church is fifty years old.
That church (　　　) (　　　) fifty years ago.

3 (1)受け身の文にする。

(2)受け身の文にする。by 以外の前置詞を用いる。

(3)「あの教会は 50 年前に建てられました。」と考える。

4 日本文に合うように（　　）内の語(句)を並べかえ，全文で書きなさい。

(1) 星は夜に見られます。
(at night, are, stars, seen).

(2) この場所はたくさんの子どもたちに訪れられますか。
(by, this place, children, many, is, visited)?

(3) 私は 12 月 1 日に生まれました。
(on, was, I, born) December 1.

4 (3)「生まれる」は be born で表す。

(4) あの山は雪でおおわれていました。
(covered, was, snow, that mountain, with).

(4)「～でおおわれている」は be covered with ～で表す。

英語

6 不定詞

◆要点整理◆

不定詞とは，動詞をもとに名詞・形容詞・副詞の働きをするもの。
〈to＋動詞の原形〉で表し，３つの用法がある。

名詞的用法「〜すること」

I like to sing.　私は歌うことが好きです。
好き　〜すること＋動詞の原形

名詞的用法・その他の例
start(begin) to 〜「〜しはじめる」
want to 〜「〜したい」，try to 〜「〜しようとする」

形容詞的用法「〜するための」「〜すべき」

I want something cold to drink.
欲しい　〜するための＋動詞の原形

私は何か冷たい飲みものが欲しい。

形容詞的用法・その他の例
a book to read「読むべき本」

副詞的用法①「〜するために」（動作の目的）

I went to the park to meet her.　私は彼女に会うために公園に行った。
行った（過去形）　〜するために＋動詞の原形

➡①と同様の意味の例：in order to 〜，so as to 〜

②〜して（感情の原因）

I am glad to meet you.　私はあなたに会えてうれしい。
うれしい　〜して＋動詞の原形

副詞的用法②・その他の例
be happy to 〜「〜でうれしい」
be sad to 〜「〜で悲しい」
be surprised to 〜「〜に驚く」

不定詞を含む構文

tell(ask) ― to 〜「―に〜するよう言う（頼む）」	want ― to 〜「―に〜してもらいたい」
It is ... for ― to 〜「―が〜することは…だ」	how to 〜「どのように〜すべきか，〜の仕方」
what to 〜「何を〜すべきか」	when to 〜「いつ〜すべきか」
too 形容詞／副詞 for ― to 〜「とても…なので―は〜できない」	

例題　次の日本文に合うように（　）内に適する語を書きなさい。

(1) 私たちは彼に会うために駅へ行きました。
We went to the station (　　) (　　) him.

(2) 彼がその箱を持ち上げることは難しい。
It is difficult for (　　) (　　) lift the box.

練習問題

正答数　　問／13問

1　次の英文を日本語に訳しなさい。

(1) This book is too difficult for me to read.

(2) I want you to come here.

ヒント
1 (1)too 形容詞 for ― to 〜「とても…なので―は〜できない」
(2)want ― to 〜「―に〜してもらいたい」

2 （　　）内から適する語句を選び，○で囲みなさい。

ヒント

□(1) She wants （ eat / to eat / eating ） lunch before going to the airport.

□(2) Please give me something cold （ drinking / to drink / to drinking ）.

□(3) It is very important for him （ study / studies / to study ） English every day.

□(4) He told Kumi （ is / be / to be ） quiet.

□(5) My aunt showed me （ how to drive / how drove / how drive ）.

2 (2)形容詞的用法の文。

(3)It は形式主語のため，「それ」とは訳さない。

(4)「彼はクミに静かにするように言った。」という意味を表す。

英語

3 次の日本文に合うように（　　）内に適する語を書きなさい。

□(1) 私は映画を見に行くことが好きです。

I （　　　　）（　　　　） go to the movies.

□(2) 彼にはアメリカを訪れる機会があった。

He had a chance （　　　　）（　　　　） America.

□(3) 彼は外国に行くために，英語を熱心に勉強しています。

He is studying English hard in （　　　　）（　　　　） go abroad.

□(4) いつ出発すべきか私に教えてください。

Please tell me （　　　　）（　　　　） start.

3 (1)名詞的用法の文。

(2)形容詞的用法の過去形の文。

(3)副詞的用法（動作の目的）の文。abroad「外国に」

4 日本文に合うように（　　）内の語句を並べかえ，全文で書きなさい。

□(1) 私はその知らせを聞いて驚きました。

（ the news, hear, I, surprised, was, to ）.

□(2) 私は秘密の箱の開け方を知りたいです。

（ the secret box, want, how, open, know, to, to, I ）.

4 (1)副詞的用法（感情の原因）の文で表す。

(2)名詞的用法と how to ～を含んだ文で表す。

チャレンジ問題！ 左の絵を見て，会話が成立するよう３語以上の英語で答えなさい。

Why did you go to the park?
I went to the park…

A: Why did you go to the park?

B: I went to the park ＿＿＿＿＿＿＿＿.

7 分詞

◆要点整理◆

分詞とは名詞を修飾して，「形容詞的な働き」を表す。

現在分詞〈動詞の ing 形〉「〜している」／過去分詞〈動詞の過去分詞形〉「〜された」

現在分詞 ➡ 名詞が単独の場合は，名詞の前に分詞を置く。

a sleeping baby　寝ている赤ちゃん
（分詞 → 名詞）

➡ 名詞に語句がつくと，名詞のうしろに分詞を置く。

a baby sleeping in the bed　ベッドで寝ている赤ちゃん
（名詞 ← 分詞　語句）

現在分詞・過去分詞と言っても，文章の時制とは関係ないよ。

過去分詞 ➡ 過去分詞で名詞を修飾する（形容詞的用法）

a book written in English　英語で書かれた本
（名詞 ← 過去分詞）

＊過去分詞を使う文法には，他に〈完了形 p.62〉，〈受け身 p.66〉などもある。

分詞の補語的用法：「主語・目的語の状況を説明する」，補語としての働きをする。

look excited 「興奮しているように見える」	look surprised 「驚いているように見える」
keep ... 現在分詞 「…を〜している状態にしておく」	keep ... 過去分詞 「…を〜された状態にしておく」
see/hear/feel ... 現在分詞 「…が〜しているのを見る/聞く/感じる」	see/hear/feel ... 過去分詞 「…が〜されるのを見る/聞く/感じる」

例題　次の日本文に合うように（　　）内に適する語を書きなさい。

(1) 走っている少年
a（　　　　）boy

(2) 盗まれたカバン
a（　　　　）bag

(3) 公園で走っている少年　a（　　　　）（　　　　）in the park

●練習問題●

正答数　問／17 問

1（　　）内から適する語を選び，○で囲みなさい。

□(1) Look at the（ flying / flown ）bird.

□(2) The letter（ writing / written ）in English is hers.

□(3) I met a writer（ knowing / known ）all over the world.

□(4) The boy（ skating / skated ）on the pond is Bob.

2 次の日本文に合うように（　　）内に適する語を書きなさい。

□(1) ギターを弾いている少年は私の弟です。
The boy（　　　　）the guitar is my brother.

□(2) 机の上に割れたコップがあります。
There is a（　　　　）glass on the desk.

□(3) 彼は彼女を待たせておきました。
He kept her（　　　　）.

ヒント

1 (1)「飛んでいる鳥」
(2)「書かれた手紙」
(3)「知られている作家」
(4)「スケートをしている少年」

2 (1)(2)「〜している」は現在分詞，「〜される，された」は過去分詞を用いる。
(3)「…を〜している状態にしておく」は keep ... 現在分詞で表す。

学習日　　月　　日

3 次の英文を日本語に訳しなさい。

(1) Look at the baby sleeping in the bed.

(2) The picture drawn fifty years ago is expensive.

(3) This is the fish caught in the river.

(4) They looked surprised at the accident.

ヒント

3 (1) sleeping in the bed が the baby を修飾している。

(2) drawn fifty years ago が the picture を修飾している。

(3) caught in the river が the fish を修飾している。

(4) accident「事故」

4 日本文に合うように（　）内の語(句)を並べかえ，全文で書きなさい。

(1) 燃えている木を見なさい。
（ look, burning, the, at, tree ）.

(2) これは日本製の机です。
（ Japan, made, this, a desk, in, is ）.

(3) 向こうで歌っている少年はケンですか。
Is the（ over there, singing, Ken, boy ）?

(4) ここから見える建物は私の学校です。
（ here, seen, the building, from, is ）my school.

(5) 彼は日本の歴史に興味を持っているように見えました。
（ Japanese history, interested, he, in, looked ）.

(6) ドアのカギをかけておいてください。
（ the door, keep, please, locked ）.

4 (1) burning が the tree を修飾している。

(2)「日本製」は「日本で作られた」と考える。

(3)「向こうで歌っている」が「少年」を修飾している。

(4)「ここから見える」が「建物」を修飾している。

(5)「～に興味を持っているように見えました」は looked interested in ～で表す。

(6)「ドアがカギをかけられた状態にしておく」は keep ... 過去分詞で表す。

英語

8 動名詞

◆要点整理◆

動名詞とは「～すること」という意味の名詞の働きをして，文中で主語・補語・目的語になる。

〈動詞の ing 形〉「～すること」

主語 ➡ 文中で主語（S）になる。

Playing tennis is a lot of fun.　テニスをすることはとても楽しい。
主語「テニスをすること」

補語 ➡ 文中で補語（C）になる。

My hobby is collecting old stamps.　私の趣味は古い切手を集めることです。
補語「私の趣味＝古い切手を集めること」

目的語 ➡ 文中では目的語（O）になる。

I like reading books.　私は本を読むことが好きです。
目的語「本を読むこと」

動名詞の慣用表現

before ～ing 「～する前に」	after ～ing 「～したあとで」
without ～ing 「～しないで」	be afraid of ～ing 「～を恐れる」
be good at ～ing 「～が上手である」	be interested in ～ing 「～に興味を持っている」
How about ～ing? 「～はどうですか」	Thank you for ～ing 「～してくれてありがとう」
look forward to ～ing 「～するのを楽しみにする」	

動名詞と不定詞の使い分け

不定詞（p.68）の名詞的用法も動名詞と同じ働きをするが，
目的語として用いる場合は動詞によって使い分けをする。
①～ing のみ目的語にとる動詞…enjoy，keep，finish など
②to ～のみ目的語にとる動詞…wish，hope，decide など
③～ing と to ～ともに目的語にとる動詞…like，start，begin など

前置詞（at，in，for）
のあとに置けるのは
動名詞だけ！
不定詞は置けないよ。

例題　次の日本文に合うように（　　）内に適する語を書きなさい。

(1)　彼女の仕事は料理を作ることです。

Her job is（　　　　）.

(2)　彼はさよならを言わないで，外出しました。

He went out（　　　　）（　　　　）goodbye.

◆練習問題◆

正答数
問／14問

1　次の日本文に合うように（　　）内に適する語を書きなさい。

□(1)　私は山に登ることが好きです。

I like（　　　　）the mountain.

□(2)　彼女の趣味は写真を撮ることです。

Her hobby is（　　　　）pictures.

ヒント
1 (1)「登る」は climb で表す。
(2)「写真を撮る」は take pictures で表す。

学習日　　月　　日

□(3) ボブはテレビを見る前に昼食を食べました。
Bob ate lunch (　　　　) watching TV.

ヒント
(3)「～する前に」は before ～ing で表す。

2 次の□の中から適語を選びなさい。 after, from, at, to, with

□(1) My father is good (　　　　) playing baseball.
□(2) She went to bed (　　　　) finishing her homework.
□(3) My grandmother is looking forward (　　　　) meeting you.

2 動名詞の慣用表現に関する問題。(2)「彼女は宿題を終えたあとで，寝ました。」の意味。

3 (　　)内から適する語句を選び，○で囲みなさい。

□(1) They enjoyed (riding / to ride) a bike.
□(2) I want (visiting / to visit) the old temple.
□(3) Kumi finished (writing / to write) to her cousin.
□(4) Suddenly he decided (going / to go) shopping.

3 (1)～(4)目的語に動名詞か不定詞をとる問題。動詞によって選択する。

4 日本文に合うように(　　)内の語(句)を並べかえ，全文で書きなさい。

□(1) ドイツ語を学習することは簡単ではありません。
(easy, is, learning, not, German).

4 (1)「ドイツ語を学習すること」が主語。文頭に Learning を置く。

□(2) 彼は話をすることをやめて，泣き出しました。
(began, talking, he, stopped, and) to cry.

(2)「～することをやめる」は stop ～ing で表す。

□(3) 薬を飲んだらどうですか。
(taking, about, how, medicine)?

(3)「～はどうですか」は，How about ～ing? で表す。

□(4) 私はボランティア活動をすることに興味を持っています。
(volunteer work, doing, I, in, am, interested).

(4)「ボランティア活動をする」は do volunteer work で表す。

チャレンジ問題！ 英語の授業で，自己紹介をすることになりました。あなたの名前と趣味について紹介しなさい。

Hello. My name is ______________.

My hobby is ______________.

英語

9 接続詞・冠詞・前置詞

◆要点整理◆

接続詞：語と語，句と句，文と文などの関係を示す役割がある。

①等位接続詞：文と文などを対等の関係で結びつける。
and「そして」，but「しかし」，or「それとも」，so「だから」，for「なぜならば，というのも」
②従属接続詞：主になる文に従属するまとまりを結びつける。
when ～「～するときに」，before ～「～する前」，after ～「～したあとに」，if ～「もし～」，because ～「～なので」，while ～「～する間に」，till(until) ～「～までずっと」，though ～「～だけれども」，that「～ということ」

等位接続詞　I like sushi and stake.
語句 ◄……► 語句　結びつける
私はスシとステーキが好きです。

従属接続詞　I was watching TV when my father came home.
主文　結びつける　従属するまとまり
父が帰宅したとき，私はテレビを見ていました。

冠詞：名詞の前につき，英語では a，an，the の３種類。あとに続く名詞によって使い分ける。

不定冠詞 a，an：単数形の名詞，不確定なものを指すときに使う。続く名詞が母音から始まる場合は an になる。
①ひとつの：a pen「(１本) のペン」，an hour「１時間」 ②～につき：twice a month「ひと月につき２回」
定冠詞 the：続く名詞が，すぐに特定できるもの，ひとつしかないものを指すときに使う。
①この世にひとつしかない：the sun「太陽」，the moon「月」，the earth「地球」 ②相手にもわかる特定の意味を持つもの：Let's go to the school.「(その) 学校へ行こう」，the same「同じ」 ③序数や最上級など：the second「第２」，the tallest「最も高い」 ④〈the＋形容詞〉～の人々：the young「若い人々」

前置詞：名詞の前に置き，時や場所，方向や手段など，さまざまな意味を表す。名詞によって同じ語句でも意味が変わる。

〈時〉を表す前置詞の例	〈場所〉を表す前置詞の例
at six「６時に」，on Sunday「日曜日に」，in July「７月に」，on July 10「７月 10 日に」，in the morning「朝に」，for five years「５年間」，before nine「９時前に」	at the station「駅で」，under the table「テーブルの下に」，near the chair「イスの近くに」，by the gate「門のそばで」，in front of the hotel「ホテルの前に」

除外を表す without ～「～なしに」，類似を表す like ～「～のような」などもある。

例題　次の日本文に合うように（　　）内に適する語を書きなさい。

(1) ここから月は見えません。
We can't see (　　　　) moon from here.

(2) 彼は日曜日に教会へ行きます。
He goes to church (　　　　) Sundays.

練習問題

正答数　問／20 問

1　（　　）内から適する語（句）を選び，○で囲みなさい。

□(1) I am rich, (so / or / but) I am not happy.

□(2) She likes Bob (because / after / if) he is very kind and honest.

ヒント
1 (1)so は「だから」の意味。

□(3) （ Before / After / While ） he was in America, he learned English.
□(4) I know （ that / what / when ） she is honest.
□(5) Be kind to （ a / an / the ） old.
□(6) I usually get up （ at / on / in ） seven.
□(7) We go skiing in Nagano （ at / on / in ） winter.
□(8) There is a picture （ in / on / under ） the wall.

ヒント
(3)While ～は「～の間」の意味。
(6)(7)時を表す前置詞。あとの語に注意する。

2 次の日本文に合うように（　　）内に適する語を書きなさい。

□(1) 私が帰宅したとき，姉は料理を作っていました。
My sister was cooking （　　　　） I came home.
□(2) もし明日晴れたら，海へ行きましょう。
Let's go to the sea （　　　　） it is sunny tomorrow.
□(3) 私はあなたがこの花を気に入ってくれたらいいなと思います。
I hope （　　　　） you will like this flower.
□(4) 私は7月10日に生まれました。
I was born （　　　　） July 10.
□(5) 彼女は1週間につき2回，赤ちゃんの世話をします。
She takes care of the baby twice （　　　　） week.
□(6) あのベンチのそばで話をしている少年はだれですか。
Who is the boy talking （　　　　） that bench?

2 (1)came は come の過去形
(2)it is sunny「晴れている」
(4)July とあるが，in ではない。特定の日付の前に置く前置詞を考える。

3 日本文に合うように（　　）内の語(句)を並べかえ，全文で書きなさい。

□(1) 雨が降っていたけれども，私は外出しました。
（ out, I, though, it, was, went ） raining.

□(2) ボブとメアリーは昨年同じクラスでした。
（ same, in, were, class, Bob and Mary, the ） last year.

□(3) 私は，日曜日の朝はいつも遅く起きます。
（ Sunday, late, mornings, get up, I, always, on ）.

□(4) 庭の前に立っている女性は人気のある芸術家です。
（ the, front, in, the, standing, woman, of, garden ） is a popular artist.

3 (1)「～だけれども」は though ～で表す。
(2)same「同じ」の前には the を置く。
(4)「～の前に」は in front of ～で表す。

英語

10 関係詞

◆要点整理◆

関係詞には，文と文をつなぐ接続詞の役割と，直前にある名詞（先行詞）を修飾する役割がある。

関係代名詞：文と文をつなぐ接続詞と，代名詞として働く役割がある。

関係代名詞は，先行詞の種類と，要素（主格・目的格・所有格）によって変化する。

	主格	目的格	所有格
先行詞が「人」	who	whom	whose
先行詞が「もの・動物」	which	which	whose
先行詞が「人・もの・動物」	that	that	—
関係代名詞のあと	動詞	主語＋動詞	名詞

目的格の関係代名詞は文中で省略されることも多いよ。

I have a friend. She can speak Japanese.

先行詞（人）　同じ　主格

↓

I have a friend who can speak Japanese.　私には日本語が話せる友人がいます。

関係代名詞　a friend を修飾する

関係副詞：文と文をつなぐ接続詞と，副詞の代わりとなる役割があり，直前の名詞を修飾する。

名詞（先行詞）によって，where（場所），when（時），why（理由），how（方法）がある。

This is the house. He was born in the house.

先行詞（場所）　副詞　同じ

↓

This is the house where he was born.　これは彼が産まれた家です。

関係副詞　the house を修飾する

- **関係副詞は〈前置詞＋関係代名詞〉で表すこともできる。上記の例文の場合は〈in which ～〉になる。**
- **how の先行詞が the way の場合，同じ並びになることができないため，どちらかを省略する。**
- **先行詞が the place など場所が明らかな場合は，the place を省略することが多い。**

例題　次の日本文に合うように（　　）内に適する語を書きなさい。

(1) 私はパリに住んでいる女の子を知っています。

I know a girl (　　　　) lives in Paris.

(2) あれは 10 時にここを出発する電車です。

That is the train (　　　　) leaves here at ten.

(3) 彼女はクロという名前のネコを飼っています。

She keeps a cat (　　　　) name is Kuro.

(4) 私はあなたが生まれた場所に行きたい。

I want to go to the place (　　　　) you were born.

(5) このようにして彼女はケーキを作りました。

This is (　　　　) she made the cake.

練習問題

正答数　　問／13問

1　（　　）内から適する語を選び，〇で囲みなさい。

□(1) I have a friend (who / whom / which) lives in Korea.
□(2) The story (whom / which / whose) she wrote is interesting.
□(3) That girl (who / whom / whose) hair is long is Kumi.
□(4) Kyoto is a city (which / that / whose) history is very long.
□(5) He has a car (whom / which / whose) was made in Japan.
□(6) This is the hotel (when / where / why) we stayed last year.
□(7) I forgot the day (when / where / why) I first met him.
□(8) This is (which / who / why) Taro married Hanako.
□(9) Tell me (which / who / how) you solved the problem.

ヒント

1 (1)～(5)関係代名詞を選ぶ問題。先行詞とあとに続く形に注意する。

(6)～(9)関係副詞を選ぶ問題。時，場所，理由，方法のどの意味を表すのか前後から判断する。

2　次の２つの英文を，関係代名詞を用いてひとつの文にまとめなさい。

□(1) The village is far from here. I visited it last year.

2 (1)The village が先行詞になる文を作る。

□(2) Do you know the smart phone? Its color is blue.

(2)所有格の関係代名詞で表す。

3　日本文に合うように（　　）内の語(句)を並べかえ，全文で書きなさい。

□(1) これはあなたがなくした腕時計ですか。
(which / lost / you / this / the watch / is)?

3 (1)the watch のあとに「あなたがなくした」の英文が続く。

□(2) 彼には科学者になった娘がいます。
(who / he / became / has / a daughter / a scientist).

(2)主格の関係代名詞で表す。先行詞が a daughter になるように英文を並べかえる。

チャレンジ問題！　次の会話の流れに合うように下線部に入る英文を書きなさい。

Kumi : I want to speak English well.

Kenji : I see. I have a friend who ＿＿＿＿＿＿＿＿.

Kumi : Will you introduce me to your friend?

Kenji : OK.

英語

11 比較

◆要点整理◆

比較とは「～よりも」「～の中で一番」など，人やものを比べるときの表し方。
形容詞・副詞の原級を，比較級（er）・最上級（est）に変化させる。

比較級：〈A ～er than B〉「A は B よりも～」と表し，２つ（２人）を比べる。

He is taller than you.　彼はあなたより背が高い。
A　原級＋er　～よりも　B

最上級：〈A＋the ～est of(in) …〉「A は…の中で一番」，３つ（３人）以上を比べる。

He is the tallest in his class.　彼はクラスの中で一番背が高い。
A　原級＋est　B

in と of の使い分け
in ➡ 場所，範囲を示す。in japan「日本で」
of ➡ 数字を示す。of all「すべての中で」 of the four「４人の中で」

原級：〈A as ～ as B〉「A は B と同じくらい～」と表し，２つ（２人）を同程度として比べる。

His brother is as tall as he.　彼の弟は彼と同じくらい背が高い。
A　as 原級 as　B

形容詞・副詞の原級を，比較級（er），最上級（est）に変える作り方。
①大部分の語 ➡ er，est をつける。old-older-oldest，tall-taller-tallest
e で終わる語は r，st をつける，子音字＋y で終わる語は y を i にかえて er，est をつける。
②長いつづりの語 ➡ more，most をつける。more difficult，most difficult
③不規則変化する語 ➡ good/well-better-best，bad-worse-worst

比較表現を
使ってみよう！
I can speak English
better than you.

比較のいろいろな表現

like A better than B 「B よりも A のほうが好き」
like A (the) best of(in) … 「A が…の中で一番好き」
A ～er than any other 単数名詞 「A は他のどの…よりも～」
～er and ～er 「だんだん～」「ますます～」
A ～ times as … as B 「A は B の～倍…」
as ～ as possible 「できるだけ～」 ＝as ～ as A can

例題 次の日本文に合うように（　　）に適する語を書きなさい。

(1) ボブはケンよりも年上です。
Bob is （　　　　）（　　　　） Ken.

(2) ケンは３人の中で一番速く走ることができます。
Ken can run the （　　　　）（　　　　） the three.

(3) この島はあの島と同じくらい大きいです。
This island is （　　　　） large （　　　　） that one.

(4) 少年はできるだけ早く寝た。
The boy went to bed as （　　　　）（　　　　） possible.

練習問題

正答数 問／14問

1 （　）内から適する語を選び，○で囲みなさい。

(1) This book is the (new / newer / newest) of the five.

(2) This doll is as (pretty / prettier / prettiest) as that one.

(3) I like apples (well / better / best) than oranges.

(4) Run as (fast / faster / fastest) as possible.

(5) It is getting (cold / colder / coldest) and colder.

2 次の日本文に合うように（　）内に適する語を書きなさい。

(1) 彼の犬は私の犬の３倍大きいです。
His dog is (　　) (　　) as big as mine.

(2) 私はあなたほど上手に泳ぐことができません。
I can't swim (　　) well (　　) you.

(3) この質問はあの質問より難しい。
This question is (　　) difficult (　　) that one.

(4) 私はできるだけたくさんの小説を書きたいです。
I want to write (　　) many novels as (　　).

(5) 彼はサッカーよりも野球のほうが好きです。
He likes baseball (　　) (　　) soccer.

3 日本文に合うように（　）内の語(句)を並べかえ，全文で書きなさい。

(1) この山はあの山よりも高いです。
(than / this / that / mountain / one / higher / is).

(2) 彼女はクラスのどの少女よりもやさしいです。
(any / in her class / girl / other / than / is / kinder / she).

(3) 父は母と同じくらい注意深く運転します。
My father (my mother / carefully / as / as / drives).

(4) これは３つの中で最も高い時計です。
This (watch / three / of / most / is / expensive / the / the).

ヒント

1 (1)前に the があり，あとに of があるので最上級の文である。

(5)〜er and 〜er で「だんだん〜，ますます〜」の意味を表す。

2 (1)原級の文。「〜倍」は times を用いて表す。

(2)原級の文。

(3)比較級の文。

(4)「できるだけ〜」は as 〜 as possible で表す。

(5)「B よりも A のほうが好き」は like A better than B で表す。

3 (1)比較級の文。

(2)「A は他のどの…よりも〜」は A 〜er than any other 単数名詞で表す。

(3)原級の文。

(4)最上級の文。「4 つの中で」は of the four で表す。

12 文型

◆要点整理◆

文型とは，文章を作るときの「語順のルール」を定めたもの。

文の要素：英語には４つの要素 SVOC があり，要素を使って語順を表すことができる。

要素	主な役割	使われる品詞
S（主語/subject）	文の主となる人やもの「～は，～が」	名詞，代名詞
V（動詞/verb）	主語の動作や状態を表す「～する，～だ」	動詞
O（目的語/object）	主語の動作や状態を受ける「～を，～に」	名詞，代名詞
C（補語/complement）	主語や目的語を補う	名詞，代名詞，形容詞

５つの文型：英文は以下の５つの文型に分類することができる。

前置詞＋名詞や，
副詞（句，節）は
文の要素にはならないよ。

第１文型　〈S＋V〉主語＋動詞

I go.　私は行く。
S V

第２文型　〈S＋V＋C〉主語＋動詞＋補語

He is tall.　彼は背が高いです。
S V C
＊S（主語）＝C（補語）

第２文型をとる動詞
become「～になる」，get「～になる」
look「～に見える」，feel「～に感じられる」
grow「成長して～になる」
turn「～になる，～に変わる」

第３文型　〈S＋V＋O〉主語＋動詞＋目的語

He likes tennis.　彼はテニスが好きです。
S V O

第４文型　〈S＋V＋O＋O〉主語＋動詞＋目的語（人）＋目的語（もの）

My uncle gave me the book.　私のおじは私にその本をくれました。
S V O O

目的語が２つ並ぶ動詞は限られる ➡ ask，give，tell など…
to や for を使って第３文型に書きかえできる ➡ My uncle gave the book to me.

第５文型　〈S＋V＋O＋C〉主語＋動詞＋目的語＋補語

He calls the cat Tama.　彼はその猫をタマと呼びます。
S V O C
＊O（目的語）＝C（補語）

第５文型をとる動詞の例 ➡ make O＋C「O を C にする」，name O＋C「O を C と名づける」

例題　次の英文と同じ文型の文を下のア～オからひとつずつ選びなさい。

(1) He came here suddenly.

(2) The pianist looked sad.

(3) Taro has a rabbit.

(4) I gave my mother some flowers.

(5) They named their dog John.

ア They are happy.　イ I like dogs.

ウ He lent me the umbrella.

エ The man made me a scientist.　オ He will go there tomorrow.

練習問題

正答数　　問／10問

1 次の日本文に合うように(　　)内に適する語を書きなさい。

□(1) この機械は古く見えます。

This machine (　　　) (　　　).

□(2) 私の妻は息子にセーターをあげました。

My wife (　　　) her son a sweater.

□(3) 葉は秋に黄色になります。

The leaves (　　　) yellow in fall.

□(4) 昨夜たくさん雨が降りました。

It (　　　) a lot last night.

□(5) トムは彼女を怒らせました。

Tom (　　　) (　　　) angry.

ヒント
1 (1)第2文型の文。
(2)第4文型の文。
(3)第2文型の文。
(4)It は「それ」と訳さない。
(5)第5文型の文。

2 次の各組の英文がほぼ同じ内容になるように，(　　)内に適する語を書きなさい。

□(1) This town has a church.

(　　　) (　　　) a church in this town.

□(2) She gave me a watch.

She gave a watch (　　　) (　　　).

□(3) My mother made me curry last night.

My mother made curry (　　　) (　　　) last night.

2 (1)「この町には教会があります。」と書きかえることができる。
(2)(3)第4文型から第3文型への書きかえ。前置詞 to か for のどちらかが入る。

3 日本文に合うように(　　)内の語(句)を並べかえ，全文で書きなさい。

□(1) 彼は先月病気になりました。

(sick / he / got) last month.

____

□(2) その知らせを聞いて私は悲しかった。

(sad / made / the news / me).

____

3 (1)第2文型の文。
(2)第5文型の文。The news が主語になる。

■チャレンジ問題！ 次の英文は母とケンの会話です。会話が自然につながるように下線部に入る適切な英文を書きなさい。

Ken's mother : Next Friday is your birthday. What do you want for your birthday?

Ken : I want a soccer ball.

Ken's mother : OK. I'll give ______________________________.

Ken : Thank you.

13 否定

◈要点整理◈

否定を表す語句にはさまざまあり，not を使わない語句などもある。

例文） I know neither boy.　私はどちらの少年も知りません。
　　　　　　　否定 単数名詞

➡ここでの neither は，単数名詞の前につけて「どちらも～ない」の意味。

全否定：「ひとつも/まったく～ない」などと，文や語句を完全に否定する。
no ～「ひとつも～ない」（＝not any ～） nothing ～「何も～ない」（＝not anything），nobody ～/no one ～「だれも～ない」（＝not anyone） neither ～「どちらも～ない」（＝not either ～） not ～ at all「まったく～ない」
部分否定：「～というわけではない」などと，文や語句を完全に否定しない。
not all ～「すべて～というわけではない」，not ～ every ...「どの…も～というわけではない」 not always ～「いつも～というわけではない」，not both ～「両方～というわけではない」
二重否定：否定の語句を２度重ねて，肯定の意味を表したり，肯定を遠回しに表す。
never ... without ～ing「…すれば必ず～する」
さまざまな否定語：no や not を使わずに否定の意味を表す。
hardly/scarcely「（程度が）ほとんど～ない」，rarely/seldom「（頻度が）めったに～ない」 few ～「（数が）ほとんど～ない」，little ～「（量が）ほとんど～ない」

例題 次の日本文に合うように（　　）内に適する語を書きなさい。

(1) 私には英語を勉強する時間がありません。
I have (　　　　) time to study English.

(2) この山には野生の動物がほとんどいません。
There are (　　　　) wild animals in this mountain.

(3) 私はいつも忙しいというわけではありません。
I am (　　　　) (　　　　) busy.

◈練習問題◈

正答数　問／18問

1 次の日本文に合うように（　　）内に適する語を書きなさい。

□(1) だれもここに来ません。
(　　　　) (　　　　) comes here.

□(2) 愛よりも大切なものは何もありません。
(　　　　) is more important than love.

□(3) 彼らは会えば必ずサッカーをします。
They (　　　　) meet (　　　　) playing soccer.

□(4) だれもこの話を信じていません。
(　　　　) believes this story.

□(5) 彼はめったに学校に遅れません。
He is (　　　　) late for school.

ヒント

1 (1)「だれも～ない」を表す語が入る。

(2)「何も～ない」を表す語が入る。

(3)「…すれば必ず～する」は never ... without ～ing で表す。

(4)「だれも～ない」を表す語が入る。

(5)「めったに～ない」を表す語が入る。

学習日　　月　　日

2 次の英文が正しければ○を，間違っていれば×を書きなさい。

□(1) I have no money with me. (　　　)

□(2) Nobody isn't proud of her. (　　　)

□(3) Any students didn't bring the textbook. (　　　)

□(4) Either of us didn't arrive at the museum. (　　　)

ヒント

2 意味や語順に注意して解く。

3 次の各組の英文がほぼ同じ内容になるように，(　　)内に適する語を書きなさい。

□(1) I had no time to make a speech.

I (　　　) have (　　　) time to make a speech.

□(2) They don't have anything to drink.

They have (　　　) (　　　) drink.

□(3) We know neither of them.

We (　　　) know (　　　) of them.

3 (1)no ～＝not any ～

(2)nothing＝not anything

(3)neither ～＝not either ～

4 日本文に合うように(　　)内の語(句)を並べかえ，全文で書きなさい。

□(1) あの犬はめったに吠えません。

(seldom / that dog / barks).

□(2) 彼女はまったく怒っていませんでした。

(at / wasn't / angry / she / all).

□(3) 私は両方のお寺を訪れるわけではありません。

(don't / visit / I / temples / both).

□(4) 彼と同じくらい速く走れる人はいません。

(fast / as / as / can / nobody / run) he.

4 (1)「めったに～ない」は seldom で表す。

(2)「まったく～ない」は not ～ at all で表す。

(3)部分否定の文。

(4)nobody を主語に置く。

5 次の英文を日本語に訳しなさい。

□(1) She rarely drives a car.

□(2) There is little water in the glass.

5 (1)rarely は「めったに～ない」の意味を表す。

(2)little は「(量が) ほとんど～ない」の意味を表す。

英語

14 命令文

◆要点整理◆

命令文は，主語（主に You）を省略し動詞（原形）から文をはじめて，命令・依頼・禁止・勧誘などの意味を表す。

肯定命令文：主語を省略し，「命令」の意味を表す。〈動詞の原形～〉「～しなさい」

Listen to me carefully.　私の言うことを注意して聞きなさい。
動詞の原形

➡be 動詞ではじまる文の場合：Be quiet.「静かにしなさい。」
be 動詞を文頭にする

命令文の答え方の例
「承諾」：All right. OK. Sure.
「断り」：I'm sorry. Sorry.

➡please「どうぞ」を文頭や文末に加えた場合：「依頼」の意味が加わる。

否定命令文：「禁止」の意味を表す。〈Don't＋動詞の原形～.〉「～するな，～してはいけない」

Don't be late for school.　学校に遅れてはいけない。
Do not＋動詞の原形

➡Don't の代わりに Never を用いた場合：「長期間の強い禁止」の意味が加わる。

Let's ではじまる命令文：「提案・勧誘」を表す。〈Let's＋動詞の原形～.〉「一緒に～しましょう」

Let's play tennis.　一緒にテニスをしましょう。
Let's＋動詞の原形

➡答え方：Yes, let's.「はい，そうしましょう。」/No, let's not.「いいえ，よしましょう。」

命令文の書きかえ
→命令文～，and you will ...「～しなさい，そうすれば…するだろう」＝If you～, you will ...
→命令文～，or you will ...「～しなさい，さもないと…するだろう」＝If you ～，you will ...

例題　次の日本文に合うように（　　）内に適する語を書きなさい。

(1)　一緒にケーキを作りましょう。
（　　　　）（　　　　）cakes together.

(2)　今，テレビゲームをしてはいけません。
（　　　　）（　　　　）a video game now.

練習問題

正答数　問／13 問

1　次の日本文に合うように（　　）内に適する語を書きなさい。

□(1)　この歌を一緒に歌いましょう。
（　　　　）（　　　　）this song together.

□(2)　ていねいな手洗いをしなさい。
（　　　　）your（　　　　）carefully.

□(3)　明日の夜，私の家に来てください。
（　　　　）（　　　　）to my house tomorrow night.

□(4)もっと運動をしなさい，さもないと太りますよ。
（　　　　）more exercise,（　　　　）you will get fat.

ヒント
1 (1)「一緒に～しましょう」と誘う表現。
(2)命令文では動詞の原形ではじめる。
(3)ていねいな命令文を表すのにつけ足す語は？
(4)「少し運動する」take some exercise

学習日　　月　　日

2 次の英文を命令文に書きかえなさい。

(1) You must get up early tomorrow.

(2) You must not play baseball in the park.

(3) You must be kind to old people.

(4) Play soccer after school.（「〜しましょう」と勧誘する命令文に）

ヒント
2 (1)「〜しなさい」という命令文。
(2)「〜してはいけない」という否定命令文。
(3)be 動詞で始まる命令文。
(4)「一緒に〜しましょう」と言って，勧誘をする。

3 日本文に合うように（　　）内の語(句)を並べかえ，全文で書きなさい。

(1) 一緒にホットケーキを作りましょう。
（ together / make / let's / pancakes ）.

(2) 廊下を走ってはいけません。
（ the hallway / don't / in / run ）.

(3) 二度と学校に遅刻するなよ。
（ late / never / school / for / be ） again.

(4) 図書館では静かにしてください。
（ the library / please / quiet / be / in ）.

3 (1)相手に「〜しましょう」と提案・勧誘を表す。
(2)「〜してはいけない」という禁止を表す命令文の形。
(3)Don't の代わりに Never で始めて「強い禁止」を表す。
(4)命令文の文頭か文末に please をつけて相手に対する依頼を表す。

チャレンジ問題！ 空所に適当な語を入れ，次の状況に合う命令文を完成させなさい。

(1) 日本語禁止の英会話の授業で。
____ ____ Japanese.

(2) 少し休憩したいときの提案。
____ ____ a tea break.

(3) 感染症対策で。
____ ____ hands carefully.

(4) 車の往来の激しい交差点で。
____ ____ . A car is coming.

英語

15 付加疑問・間接疑問

◆要点整理◆

疑問文にはさまざまな表現があり，疑問詞（?）のない疑問文もある。

付加疑問：平叙文（肯定文と否定文），命令文のあとに「～ですよね」「～しなさいね」「～しましょうね」などの意味をつけ足す「軽い疑問文」。相手に「確認・同意」を求める。

付加疑問の作り方
①肯定文には「否定の付加疑問」，否定・命令文のあとには「肯定の付加疑問」をつける。
②付加疑問の主語は代名詞にする。

肯定の平叙文	It is very hot today, isn't it?（is：be 動詞／isn't it?：否定の付加疑問）	今日はとても暑いですね。（軽い同意・確認）
否定の平叙文	Tom doesn't like sweets, does he?（doesn't：does＋not／does he?：肯定の付加疑問）	トムは甘いものは好きじゃないのだね。（軽い同意・確認）
命令文	Do your homework, will you?（Do：動詞の原形／will you?：肯定の付加疑問）	宿題をしなさいね？（軽い同意・確認）

Let's の付加疑問文
Let's で始まる付加疑問文は，文末に shall we? をつける。
A：Let's go shopping, shall we?　一緒に買い物に行きましょう。
B：Yes, let's.　はい，行きましょう。

間接疑問：疑問詞（what, who, where, when, how）ではじまる疑問文が，文のなかで名詞節として組み込まれた形。名詞節は文のなかで目的語となり，〈疑問詞＋S（主語）＋V（動詞）〉「～なのか」で表す。

疑問詞の疑問文	Where does she live?	彼女はどこに住んでいるの？
↓ 間接疑問文	I don't know where she lives.（I don't know：私は知らない／where：疑問詞／she lives：S＋V／where she lives → 名詞節（目的語））	彼女がどこに住んでいるのか私は知らない。（「～なのか」）

間接疑問で主に使われる動詞
ask「たずねる」，know「知っている」，say「言う」，understand「理解する」
wonder「～かしらと思う」，tell「話す」，learn「知る」など。

「疑問詞を使わない疑問文」を間接疑問にする場合
Did he go to the concert?　彼はコンサートへ行った？
↓ 疑問詞（what, who, where, when, how）を使っていない文
I don't know if he went to the concert.　彼がコンサートに行ったか私は知らない。
（I don't know：私は知らない／if he went to the concert → 名詞節）
➡ if「～かどうか」は，whether「～かどうか」でも表せる。

よく使われる疑問形の間接疑問の表現
〈疑問詞＋do you think＋S＋V～?〉「疑問詞＋S＋V だと思う？」
Why do you think he got angry?　なぜ彼は怒ったと思いますか？
（Why：疑問詞「なぜ」／he got angry：名詞節（S＋V））

例題 次の日本文の意味に合うように（　　）に適語を入れなさい。

(1) お疲れでしょうね。

You are tired, (　　　　) (　　　　)?

(2) 彼はあなたのメールアドレスを知らないんですね。

He doesn't know your e-mail address, (　　　　) (　　　　)?

(3) コンサートがどこで行われるのか知っていますか。

Do you know (　　　　) the concert (　　　　) held?

(4) 彼は誰だと思いますか。

(　　　　) do you think (　　　　) (　　　　)?

練習問題

正答数　　問／8問

1 次の日本文に合うように（　　）内に適する語を書きなさい。

□(1) タクシーを呼んでくれませんか。

(　　　　) a taxi for me, (　　　　) (　　　　)?

□(2) あなたはまだ宿題を終えていないんですね。

You (　　　　) finished your homework yet, (　　　　) (　　　　)?

□(3) 誰かこの問題を解けるかな。

I (　　　　) (　　　　) someone can answer this question.

□(4) 放課後はテニスでもしようか。

(　　　　) play tennis after school, (　　　　) we?

□(5) その箱の中に何が入っているか知りたいな。

I want to know (　　　　) (　　　　) (　　　　) the box.

ヒント

1 (1)命令文に続く付加疑問は will を含む。

(2)現在完了を含む否定文の付加疑問は？

(3)「～かしら」は，I wonder を用いる。

(4)「一緒に～しましょう」の英文は Let's ～を用いる。そのあとの付加疑問は？

(5)疑問詞 what を含む間接疑問。

2 日本文に合うように（　　）内の語(句)を並べかえ，全文で書きなさい。

□(1) あなたは彼女が何語を話しているかわかりますか。

Do you (what / understand / is / language / speaking / she)?

□(2) この箱は何でできていると思いますか。

(of / what / think / this / you / do / is / box / made)?

□(3) 彼がその車にいくら払ったのか私にはわかりません。

I (much / he / don't / the car / know / paid / how / for).

2 (1)what language ではじまる間接疑問が understand に続く。

(2)〈What do you think ～〉という形の間接疑問を含む文。

(3)don't know のあとに間接疑問として how much SV が続く。

16 仮定法

要点整理

仮定法は，「事実とはちがう」ことや，「可能性が低い」ことを仮定して表す。

仮定法過去：「現在」の事実とちがうことを，〈if＋過去形〉で仮定する。

〈If＋S＋過去形の動詞～，S＋助動詞の過去形＋動詞の原形…〉「もし今～なら」

➡仮定法で使われる助動詞：

would「～するだろう」	could「～できるのに」	might「～かもしれないのに」

仮定法過去完了：「過去」の事実とはちがうことを，〈if＋had＋過去分詞〉で仮定する。

〈If＋S＋had＋過去分詞～，S＋助動詞の過去形＋have＋過去分詞…〉「もしあのとき～なら」

仮定法のいろいろな表現

I wish＋S＋仮定法過去/仮定法過去完了「～ならいいのに」「～ならよかったのに」
as if＋仮定法過去/仮定法過去完了「まるで～であるかのように」「まるで～だったかのように」
It is (high/about) time＋仮定法過去「～する時間だ」＊higt time「もう～」，about time「そろそろ」
If it were not for ～/If it had not been for ～「もし今～がなければ」「もしあのとき～がなかったら」 ＊If it ～の表現はBut for ～/Without ～で表すこともできる。

例題 次の各文の（　）内の語句を適当な形にかえなさい。

(1) If I (have) enough time, I could eat lunch with you. (　　　)

(2) If you (leave) home earlier, you would have caught the first train. (　　　)(　　　)

(3) I wish I (can) speak English as fluently as you. (　　　)

(4) It is time you (prepare) for the meeting next week. (　　　)

(5) Meg speaks as if she (know) the famous singer personally. (　　　)

練習問題

正答数　問／3問

1 日本文に合うように（　　）内の語(句)を並べかえ，全文で書きなさい。

□(1) もし変化がなければ，人生は退屈であろう。

(not / changes / were / if / for / it), our life would be boring.

□(2) もしあなたの助けがなかったら，成功しなかっただろう。

(not / your help / had / been / if / for / it), I could not have succeeded.

□(3) 父の助言がなかったら，就職面接に受からなかっただろう。

(for / advice / my father's / but), I could not have passed the job interview test.

ヒント

1 (1)「もし今～がなければ」＝If it were not for ～

(2)「もしあのとき～がなかったら」＝If it had not been for ～

(3)〈But for＋名詞句〉で，「～がなかったら」という意味の慣用表現。

17 語形変化

◆要点整理◆

語形変化問題の攻略法

①直前に be 動詞がある場合，進行形か受け身なので，動詞は～ing か過去分詞にする。
②直前に have，has，had があればその直後の動詞は過去分詞。
③直前に助動詞があればその直後の動詞は原形。
④動詞の目的語が不定詞であるグループ，動名詞であるグループに注意する。※下のチェックリスト❶❷
⑤まぎらわしい形容詞や副詞に注意する。pretty，hard，hardly，late，lately
⑥うしろに過去を表す語（yesterday，last week，ago）があれば過去形。
⑦動詞は〈原形ー過去形ー過去分詞〉をチェックして覚える。不規則動詞に注意する。※下のチェックリスト❸
⑧名詞の複数形では，語尾の y を i にかえて es をつけるもの，不規則変化するものに注意する。
⑨所有代名詞には注意する。mine，yours，his，hers，ours，theirs など。
⑩不規則な比較変化はチェックする。

チェックリスト❶：動名詞だけを目的語にとる動詞の例
admit「～を認める」，deny「～を否定する」，finish「～を終える」，give up「～をあきらめる」，avoid「～を避ける」，put off「～を延ばす」 など。
チェックリスト❷：不定詞だけを目的語にとる動詞の例
decide「決める」，expect「期待する」，hope「～を望む」，offer「申し出る」，plan「計画する」，promise「約束する」 など。
チェックリスト❸：まぎらわしい不規則動詞の変化の例
buy-bought-bought「買う」，bring-brought-brought「持ってくる」，draw-drew-drawn「（絵を）かく」，drink-drank-drunk「飲む」，eat-ate-eaten「食べる」，fall-fell-fallen「落ちる」，hide-hid-hidden「隠す」，lay-laid-laid「置く」，lie-lay-lain「横たわる」，pay-paid-paid「払う」，ring-rang-rung「鳴る」，sell-sold-sold「売る」，send-sent-sent「送る」，sink-sank-sunk「沈む」，teach-taught-taught「教える」，wear-wore-worn「着る」，win-won-won「勝つ」 など。

例題 意味が通る英文になるように〈　〉内の語を適当な形にかえて（　）内に書きなさい。

(1) She (　　　) her friend a doll last week. 〈send〉
(2) What language is (　　　) in this country? 〈speak〉
(3) You may not (　　　) this window. 〈open〉

練習問題

正答数　　問／24問

1 意味が通る英文になるように〈　〉内の語を適当な形にかえて（　）内に書きなさい。

□(1) New Zealand is (　　　) than Japan. 〈small〉
□(2) I have never (　　　) a letter in English. 〈write〉
□(3) Today is Keiko's (　　　) birthday. 〈twelve〉
□(4) How many (　　　) do you have? 〈child〉
□(5) Carol is very good at (　　　). 〈swim〉
□(6) It was (　　　) than any other doll in the room. 〈pretty〉
□(7) I like her all the (　　　) for her faults. 〈good〉

ヒント

1 (1)比較級の問題。
(2)write-wrote-written
(3)-th で終わる単語。
(4)child の複数形。
(5)動名詞にする。
(6)pretty の比較級。
(7)all the 比較級 for ～「～だからいっそう」

学習日　月　日

2 次の英文の（　）内に入れるのに最も適当なものを選びなさい。

□(1) Your cat is (　　　) than mine.
ア pretty　イ prettier　ウ more pretty　エ prettiest

□(2) Tokyo is one of (　　　) cities in the world.
ア the large　イ the larger　ウ the largest　エ largest

□(3) He was (　　　) in the difficult exam.
ア success　イ successful　ウ succeed　エ successive

□(4) She is a (　　　) old lady.
ア respect　イ respectful　ウ respective　エ respectable

□(5) He is an (　　　) writer and has written many novels.
ア imaginable　イ imaginative　ウ imaginary
エ imagination

□(6) The explorer found a (　　　) treasure in the island.
ア hidden　イ hiding　ウ hide　エ hid

ヒント
2 (1)比較級を探す。
(2)one of the 最上級・形容詞＋複数名詞
(3)succeed の形容詞形。
(4)respect の形容詞形で「立派な」という意味の語。
(5)「想像力豊かな」という意味の形容詞。
(6)「隠された」という語。hide の過去分詞。

3 （　）内から適する語を選び，○で囲みなさい。

□(1) The boy (laid / lay) a new carpet on the floor yesterday.
□(2) The student (draws / drew) a picture of his house on the blackboard yesterday.
□(3) I enjoyed (to talk / talking) to you during the lunch time.
□(4) I hope (to come / coming) back here again in the future.
□(5) Lisa is (sensitive / sensible) to criticism from her classmates.

3 (1)「～を敷く」という意味は lay で過去形を選ぶ。
(2)draw の過去形。
(3)enjoy のあとは動名詞。
(4)hope のあとは不定詞。
(5)「敏感な」という意味の形容詞。

4 次の各組の英文には共通の語が入ります。下の語群から選びなさい。

□(1) I took a (　　　) for a few minutes after I worked many hours.
I never (　　　) a promise.
□(2) My apartment is (　　　) to the station. It's really convenient.
Will you (　　　) the door? It's cold in here.
□(3) You shouldn't (　　　) the last train.
I (　　　) my family because I have been away from them for a long time.
□(4) I'm sorry that I can't (　　　) so fast.
Two of my friends (　　　) nice restaurants.
□(5) He was sick yesterday, but today he looked just (　　　).
She had to pay a (　　　) for illegal parking.
□(6) I have written several novels in the (　　　) five years.
He is the (　　　) person to do such a foolish thing.

last　miss　close　break　fine　run

4 (1)「休憩」「破る」
(2)「近い」「閉める」
(3)「乗り遅れる」「いなくて寂しい」
(4)「走る」「経営する」
(5)「元気な」「罰金」
(6)「ここ5年間」「最も～しそうにない」

18 空所補充・適語選択

要点整理

空所補充・適語選択問題の攻略法

①空所の文法的な役割を見つける。熟語や構文の一部かどうかを判断する。
②空所の前後の語句からヒントを見つける。対話文形式での空所補充であれば，応答としてふさわしいものを選ぶ。
③選択肢の特徴を確認して，どのタイプの問題なのかを判断する。
④選択肢にスペルの似た単語が並んでいないかを見る。〈例〉refer，infer，confer
⑤選択肢でイコール関係の語句は除外する。

例題 次の英文の（　　）内に入れるのに最も適当なものを選びなさい。

(1) How (　　　　) will the game begin? I'd like to get something to drink.
　ア soon　イ fast　ウ long　エ early

(2) A : It's hot, isn't it?
　B : Yes, it is. Let's take a rest in the (　　　　) of a tree.
　ア shape　イ shake　ウ share　エ shade

(3) A : I hear the rock concert is going to be broadcast live.
　B : I can't (　　　　) it.
　ア fail　イ miss　ウ mistake　エ lose

(4) A : May I (　　　　) this dictionary for a while?
　B : Yes, but please return it as soon as you've done with it.
　ア borrow　イ hire　ウ lend　エ rent

(5) My car (　　　　) down, so I won't be able to get there on time.
　ア got　イ turned　ウ cut　エ broke

練習問題

正答数　　問／4問

1 次の英文の（　　）内に入れるのに最も適当なものを選びなさい。

□(1) I received a letter from Ted yesterday (　　　　) that he's leaving Japan.
　ア say　イ saying　ウ said　エ to say

□(2) We hoped the typhoon would not do any (　　　　) to the crop.
　ア pain　イ accident　ウ harm　エ loss

□(3) I was surprised to hear the news (　　　　) your sister had suddenly got married.
　ア of　イ what　ウ that　エ which

□(4) Jessica (　　　　) to hear that her daughter failed in the test.
　ア disappointed　イ had disappointed
　ウ was disappointing　エ was disappointed

ヒント
1 (1)前にある語句を修飾する分詞。
(2)「～に被害を与える」
(3)同格の働きをする接続詞。
(4)「がっかりした」という意味の受動態。

学習日　　月　　日

19 語群整序

◆要点整理◆

語群整序問題の攻略法

①並べかえの語句から問題タイプを見つける。熟語・語彙・文法・構文のどんなポイントが問われているかを発見して，時間を短縮する。
②並べかえの選択肢を減らす。「文法的にこれしかない」という選択肢を先につなげる。
③並べかえの最初と最後を埋める。「空欄の最初と最後にこれしかない」という選択肢を並べる。
④並べかえた語句を見て日本語に訳す。うまく訳せなければ，どこが問題なのかを考える。

例題　日本文に合うように（　　）内の語（句）を並べかえ，全文で書きなさい。

(1) 来週の今頃，私の弟は快適な日々を過ごしているだろう。
My brother (be / life / time / this / a / will / living / comfortable) next week.

(2) そんなにたくさんのお菓子を食べないほうがいいですよ。
You (eat / had / so many / not / snacks / better).

(3) 交通渋滞がなかったら，私はその飛行機に乗れたのに。
(it / been / if / for / had / the traffic jam / not), I would have caught the flight.

◆練習問題◆

正答数　問／3問

1　日本文に合うように（　　）内の語(句)を並べかえ,全文で書きなさい。

□(1) ヒロシは自動車の運転免許をとるのに十分な年齢ではない。
Hiroshi (get / enough / is / old / driver's / to / not / license / a).

□(2) この新しい計画は考える価値がある。
(is / plan / about / this / worth / new / thinking).

□(3) 庭は狭ければ狭いほど手入れするのが簡単です。
The smaller the garden is, (look / the / is / to / it / after / easier) it.

ヒント
1 (1)〈... enough to ～〉前にある語句を修飾する不定詞。
(2)S is worth ～ing「～する価値がある」
think about ...「…について考える」
(3)The＋比較級 ..., the＋比較級 ～「…すればするほど，ますます～」

20 正誤書きかえ

要点整理

正誤書きかえ問題の攻略法

①各文法単元の例題を復習して，基礎知識を蓄える。語法・文法の根拠を理解して覚える。
②動詞の語法，前置詞の語法，代名詞の語法（数え方，「ほとんど」の使い方），名詞の語法（可算・不可算），形容詞（few/little の使い方）と副詞の語法，時制（時・条件の未来の代用），比較，準動詞，関係詞などに気をつける。

例題 次の文の下線部の誤りを正しく直しなさい。

(1) I'm seeing my dentist this afternoon to get my bad tooth <u>to take out</u>.
〈get＋O＋過去分詞〉「O を～してもらう」
（誤り）to take out →（正）＿＿＿＿

(2) We planned to have a surprise party for him <u>in Sunday</u>.
〈on＋曜日〉
（誤り）in Sunday →（正）＿＿＿＿

(3) You have to <u>change the train</u> at the next station.
「列車乗り換え＝2つの路線の利用」
（誤り）change the train →（正）＿＿＿＿

練習問題

正答数　問／5問

1 次の文の下線部の誤りを正しく直しなさい。

□(1) <u>Every</u> of the candidates has his own plan for overcoming the problem.
（誤り）Every →（正）＿＿＿＿

□(2) When he arrived at the station, the last train had left only a few minutes <u>ago</u>.
（誤り）ago →（正）＿＿＿＿

□(3) <u>I am really interesting</u> in the ecological system of the rain forests in Brazil.
（誤り）I am really interesting →（正）＿＿＿＿

□(4) If <u>it will be</u> nice tomorrow, we may go to Sunset Beach for a picnic.
（誤り）it will be →（正）＿＿＿＿

□(5) You simply must see this movie. It's <u>the best exciting film</u> I've ever seen.
（誤り）the best exciting film →（正）＿＿＿＿

ヒント

1 (1)「～の一人一人」の意味を1語で表す単語は e で始まる4文字の語。

(2)過去完了で「～前」は ago ではなく，b で始まる副詞。

(3)〈感情を表す形容詞〉は，「人」が主語のときは過去分詞。

(4)条件節では内容が未来でも動詞は現在時制で表す。

(5)最上級を表すには -est を含む語か the most ... にする。

21 和文英訳

◆要点整理◆

和文英訳問題の攻略法

①文法・構文の知識を活用して，英訳しやすい日本文に置きかえる。
②５文型のどれかを使う日本文に直す。
③主語と動詞を選ぶ。
④長い日本文は短い日本文に分けてみる。
⑤３人称単数形に注意する。
⑥時制や単数・複数に注意する。

例題　次の日本文の英訳になるように，空所に適当な英語表現を書きなさい。

(1) 駅への行き方を教えてくれませんか。
Will you tell me ______________________ ?

(2) もし健康を維持（stay healthy）したいなら，君は運動（get exercise）をするべきだ。
If you want to stay healthy, you ______________________ .

(3) お金が一番大事だと考える人もいる。
Some ______________________ important.

◆練習問題◆　　正答数　　問／5問

1　次の日本文の英訳になるように，空所に適当な英語表現を書きなさい。

□(1) あんな高い時計を買わなければよかったなあ。
I wish ______________________ .

□(2) このバッグはまさに私が欲しかったものだ。
This bag ______________________ .

□(3) そう言ってくださって，ありがとうございます。
It's kind ______________________ .

□(4) 彼女はとてもわがまま（selfish）なので，私は一緒に働けない。
She is so ______________________ .

□(5) 日本人のほとんどは英語を６年以上学んできている。
Most Japanese ______________________ .

ヒント

1 (1)過去のことに関する願望は〈I wish I had＋過去分詞〉。
(2)「私が欲しかったもの」what I wanted
(3)「そう言ってくれるなんてあなたは親切だ。」という文にする。
(4)「とても～なので…」so＋形容詞＋that ...
(5)「これまで６年間にわたって勉強してきている」という「現在を基点とした長期にわたる経験」を意味しているため，現在完了を用いて表す。

学習日　　月　　日

★達成度確認テスト１

制限時間50分　得点　／100点

1 各組で下線部の発音が同じなら○を，異なるなら×を書きなさい。（各３点×３＝９点）

□(1) together / there　（　　　）

□(2) look / wood　（　　　）

□(3) needed / watched　（　　　）

2 次の日本文に合うように（　　）内に適する語を書きなさい。（各３点×５＝15点）

□(1) 彼は去年からずっとアメリカに住んでいます。

He has (　　　　) in America since last year.

□(2) 彼女が英語を勉強することは大切です。

It is important (　　　　) her (　　　　) study English.

□(3) あなたは何冊の本を持っていますか。

How many (　　　　) do you have?

□(4) お年寄りには親切にしなさい。

(　　　　) kind to old people.

□(5) 公園で走っている少年は私のいとこです。

The boy (　　　　) in the park is my cousin.

3 （　　）内から適する語（句）を選び，○で囲みなさい。（各４点×５＝20点）

□(1) He (is / was / did) not washing his car last week.

□(2) (May / Can / Shall) I bring the newspaper? — Yes, please.

□(3) She (told / spoke / said) me to take care of her son.

□(4) Bob finished (to do / doing / done) his homework just now.

□(5) I have a friend (who / whom / whose) lives in Osaka.

4 次の日本語を英語で書きなさい。（各１点×６＝６点）

□(1) 山　（　　　　）

□(2) おば　（　　　　）

□(3) バスケットボール　（　　　　）

□(4) 水曜日　（　　　　）

□(5) おもしろい　（　　　　）

□(6) 黄色　（　　　　）

英語

5 日本文に合うように（　　）内の語を並べかえて，英文を完成させなさい。（各 5 点×5=25 点）

□(1) 彼は 19 歳になります。

（ years, be, he, old, will, nineteen ）.

□(2) 彼がカバンに何を持っているかあなたは知っていますか。

（ in, has, bag, know, he, you, his, what, do ）?

□(3) 寒すぎて私たちは泳げなかった。

（ us, for, swim, cold, was, too, to, it ）.

□(4) 彼は７人の中で最も背が高い。

（ the, of, tallest, the, he, is, seven ）.

□(5) だれがとても注意深く車を運転しますか。

（ car, very, drives, carefully, who, a ）?

6 次の英文を（　　）内の指示に従って書きかえなさい。（各 5 点×5=25 点）

□(1) He used the pencil.（受け身の文に）

□(2) Kenji <u>watched the baseball game on TV</u> yesterday.（下線部をたずねる文に）

□(3) <u>This</u> is a new car.（下線部を複数形に）

□(4) Look at the boy. He is playing baseball over there.（関係代名詞を用いてひとつの文に）

□(5) Mike has already eaten lunch.（否定文に）

★達成度確認テスト2

制限時間50分　得点　／100点

1 各組で下線部の発音が同じなら○を，異なるなら×を書きなさい。(各 3 点×3=9 点)

□(1) great / bread (　　　)　□(2) foot / would (　　　)　□(3) watches / goes (　　　)

2 次の日本文に合うように(　　)内に適する語を書きなさい。(各 3 点×5=15 点)

□(1) あなたは明日とても忙しいでしょう。

You (　　　　) be very busy tomorrow.

□(2) 彼女はみんなに愛されています。

She (　　　　) (　　　　) by everyone.

□(3) 兄は，野球をするために公園に行きました。

My brother went to the park (　　　　) (　　　　) baseball.

□(4) 私は昨日，海で泳いで楽しかった。

I enjoyed (　　　　) in the sea yesterday.

□(5) 父が帰宅したとき，私はテレビを見ていました。

(　　　　) my father came home, I was (　　　　) TV.

3 (　　)内から適する語を選び，○で囲みなさい。(各 4 点×5=20 点)

□(1) Was he (run / running) in the park then?

□(2) Mr. Yamada (goes / went) to Tokyo last year.

□(3) (Shall / Will) you open the window? ― Sure.

□(4) The boy (who / which) is swimming in the pool is my brother.

□(5) (Have / Has) you ever visited New York?

4 次の日本語を英語で書きなさい。(各 1 点×6=6 点)

□(1) 湖 (　　　　)

□(2) おじ (　　　　)

□(3) 野球 (　　　　)

□(4) 木曜日 (　　　　)

□(5) 重要な (　　　　)

□(6) 青色 (　　　　)

5 日本文に合うように（　）内の語（句）を並べかえ，全文で書きなさい。（各 5 点×5＝25 点）

(1) あなたはどの教科が好きですか。
（ subject, you, which, do, like ）?

(2) 私は彼女がどこに住んでいるか知りません。
（ I , she, lives, don't, where, know ）.

(3) 私たちはその少年をケンと呼んでいます。
（ the boy, we, Ken, call ）.

(4) これは私が昨日読んだ本です。
（ read, this, I, is, which, the book, yesterday ）.

(5) もし私が金持ちなら，その車を買えるのに。
（ I, rich, if, were ）,（ buy, could, I, the car ）.

6 次の英文を（　）内の指示に従って書きかえなさい。（各 5 点×5＝25 点）

(1) Playing tennis is a lot of fun.（Itで始めてほぼ同じ意味の文に）

(2) Taro helped the girl yesterday.（下線部をたずねる文に）

(3) Chinese is more difficult than English.（＿＿と〰〰の語を入れかえてほぼ同じ意味の文に）

(4) The dog is Pochi. It is running in the park.（関係代名詞を用いてひとつの文に）

(5) I have something to do today.（否定文に）

差し出されたまま柄を握った。持ってみると、ずしりと重いのに手にひたっとなじんだ。

「⑤お祝いです」

お祝いという言葉の意味を計りかねて、怪訝（けげん）そうな顔をしていたのだろう。

「ハンマーは要りませんか」

聞かれて、思わず、要ります、と答えていた。森は深い。それでも引き返すつもりはないのだとはっきり気づいた。

「すごく使いやすそうです」

「すごく使いやすそうなだけでなく、実はすごく使いやすいのです。よかったらどうぞ。私からのお祝いです」

板鳥さんは穏やかに言った。

「何のお祝いですか」

こんな日に。記憶にある限り、僕の人生でいちばんだめだった日に。

「なんとなく、外村くんの顔を見ていたらね。きっとここから始まるんですよ。お祝いしてもいいでしょう」

「ありがとうございます」

お礼の語尾が震えた。板鳥さんは僕を励まそうとしてくれているのだ。森の入口に立った僕に、そこから歩いてくれればいいと言ってくれているのだ。

〈宮下奈都（みやしたなつ）「羊と鋼の森」〉

＊板鳥さん＝同じ店で働く「僕」の憧れの調律師。

(4) ——線⑤「お祝いです」とありますが、板鳥さんは「僕」に向けてどうしたいという思いから「お祝い」と言っていると思われますか。「〜という思い。」に続くように、「失敗」の言葉を使って、三十字以内で書きなさい。〈20点〉

という思い。

(5) 本文の主題として適切なものを次から一つ選び、記号で答えなさい。〈15点〉

ア 能力の限界を感じ、調律師の夢を諦めそうになっている「僕」の弱さと、「僕」の才能を信じ続ける板鳥さんの強さ。

イ たとえ間違っていても自分のやり方を曲げない「僕」の頑固さと、それをたしなめようとする板鳥さんの誠実さ。

ウ 将来、自分がどうすればいいかわからない「僕」の心細さと、不思議な雰囲気でそれを和らげる板鳥さんという人物の魅力。

エ 不安を感じながらも、自分の求めるものを目指そうとする「僕」の決意と、それをさりげなく見守る板鳥さんの優しさ。

2 次の文章を読んで、あとの問いに答えなさい。

（ピアノの調律師見習いである僕（外村）は、先輩のいないところで調律を引き受けたが失敗し、落ち込んだまま店に戻ってきた。）

「調律って、どうしたらうまくできるようになるんですか」

聞いてから、ばかな質問だと思った。うまくどころか、調律の基本さえできなかった。半年間は先輩について見て覚える。そういう決まりなのに、勝手に①ヤブったのは自分だ。もう少しのところでふりかえって、亡き妻が冥界へ戻ってしまったオルフェウスの神話を思い出した。ほんとうにもう少しだったんだろうか。近くに見えて、きっとほんとうは果てしなく遠かったのだろうと思う。

「そうですねえ」

＊板鳥さんは考え込むような顔をしてみせたが、実際に考えていたのかどうかはわからない。板鳥さんのつくる音が、ふっと②脳裏を掠めた。初めて聴いたピアノの音。僕はそれを求めてここへきた。あれから少しも近づいてはいない。もしかしたら、これからもずっと近づくことはできないのかもしれない。③初めて、怖いと思った。鬱蒼とした森へ足を踏み入れてしまった怖さだった。

「いったいどうしたら」

僕が言いかけると、

「もしよかったら」

板鳥さんがチューニングハンマーを差し出した。チューニングピンを締めたり④緩めたりするときに使うハンマーだ。

「これ、使ってみませんか」

(1) ――線①のカタカナを漢字に直し、――線④の漢字の読みを平仮名で書きなさい。〈4点×2＝8点〉

① [　　]った　④（　　）めたり

(2) ――線②「脳裏を掠めた」とありますが、「脳裏を掠める」の意味を次から一つ選び、記号で答えなさい。〈8点〉

ア 頭に浮かんですぐに消える。　イ 心に強く残る。

ウ 途切れ途切れに思い出す。　エ 深いところで響く。

[　　]

(3) ――線③「初めて、怖いと思った」とありますが、「僕」はなぜ怖いと思ったのですか。次の文の a ・ b に入る言葉を、本文中からaは五字、bは九字で抜き出しなさい。〈8点×2＝16点〉

・ a も守れない自分の未熟さを自覚し、一人前の調律師への道が、自分にはたどり着けるかわからないほど b ということを実感したから。

a [　　]

b [　　]

★達成度確認テスト(2)

制限時間50分　得点　／100点

1 次の詩を読んで、あとの問いに答えなさい。

練習問題　　阪田寛夫（さかたひろお）

「ぼく」は主語です
「つよい」は述語です
ぼくは　つよい
ぼくは　すばらしい
そうじゃないからつらい

「ぼく」は主語です
「好き」は述語です
「だれそれ」は補語です
ぼくは　だれそれが　好き
ぼくは　だれそれを　好き
どの言い方でもかまいません
でもそのひとの名は
言えない

(1) この詩の種類を次から一つ選び、記号で答えなさい。〈5点〉

ア 文語定型詩　イ 文語自由詩
ウ 口語定型詩　エ 口語自由詩

(2) この詩に使われている表現技法を次から一つ選び、記号で答えなさい。〈5点〉

ア 隠喩　イ 倒置
ウ 対句　エ 擬人法

(3) 次の詩の鑑賞文を読んで、あとの問いに答えなさい。

・この詩を読んで、自分は［a］のだと自信を持てない「ぼく」が、「そのひと」への［b］を表に出せないまま秘めている様子が思い浮かびました。

① ［a］に入る言葉を、詩の中の言葉を使って、十五字以内で書きなさい。〈15点〉

② ［b］に入る言葉として適切なものを次から一つ選び、記号で答えなさい。〈8点〉

ア 強い執着　イ 淡い恋心
ウ 深い恩義　エ 厚い友情

れる。幼いころのことをもとにして書かれた、幼年物語、少年物語、そういう名はついていなくても、そういう性格の作品が、すぐれていない作家は凡庸であるとしてよい。

6 ⑤なぜ、作家の幼年、少年物語にすぐれたものが多いのか。素材が充分、寝させてあるからだろう。結晶になっているからである。余計なものは時の流れに洗われて風化してしまっている。長い間、心の中であたためられていたものには不思議な力がある。寝させていたテーマは、目をさますと、たいへんな活動をする。なにごともむやみと急いではいけない。人間には意志の力だけではどうにもならないことがある。それは時間が自然のうちに、意識を超えたところで、おちつくところへおちつかせてくれるのである。

7 努力をすれば、どんなことでも成就(じょうじゅ)するように考えるのは思い上がりである。努力しても、できないことがある。それには、時間をかけるしか手がない。幸運は寝て待つのが賢明である。ときとして、一夜漬(いちやづけ)のようにさっとでき上がることもあれば、何十年という沈潜*ののちに、はじめて、形をととのえるということもある。いずれにしても、こういう無意識の時間を使って、考えを生み出すということに、われわれはもっと関心をいだくべきである。

〈外山滋比古(とやましげひこ)「思考の整理学」〉

*篤学＝学問に熱心な様子。
*沈潜＝考えなどを深め、その世界に没頭すること。
*1〜6は問題作成上加えた段落番号です。

(5) ――線⑤「なぜ、作家の幼年、少年物語にすぐれたものが多いのか」とありますが、この理由をまとめた次の文の□に入る言葉を、「結晶」「風化」の言葉を使って、三十字以内で書きなさい。〈15点〉

・幼少年時代の経験という素材は、□。

(6) 本文の要旨として適切なものを次から一つ選び、記号で答えなさい。〈10点〉

ア 研究者や作家は、ずっと努力し続ける人よりも怠けている人の方が、あとになって成功するという傾向があるようだ。

イ 煮えるナベを見つめたり寝させたりして思考を整理すれば、人間の意識を超えた力が働いてよい考えが浮かぶものだ。

ウ 思考を生み出すには、人間の意志や努力だけではどうにもならないこともあるので、しばらく時間を置くことも必要である。

エ なにごとも、一夜漬で作り上げてしまうのではなく、長い時間あたためて寝かせてから作り上げるようにするべきである。

5 次の文章を読んで、あとの問いに答えなさい。

1 W・W・ロストウはアメリカの経済学者で、ケネディ大統領の経済顧問として世界的に知られた人で、その『経済伸長論』は画期的な学説として高く①ヒョウカされた。その序論を読むとこの問題にはじめて関心をいだいたのは、ハーバードの学生としてであったと、書いてある。それから何十年もの②歳月が流れている。忙しかったから、まとめるのが遅れたなどということではない。いつも、心にはあった。あたためていたのである。それがようやく、卵からかえったのである。こういうように、大問題はヒナにかえるまでに、長い歳月のかかることがある。

2 ロストウにしても、この理論にだけかかわっていたのではなかろう。ほかのことを考えることもあったに違いない。③それは、怠けていたのではない。時間を与えていたのである。〝見つめるナベ〟にしていたら、案外、途中で興味を失ってしまっていたかもしれない。

3 このごろはすくなくなったが、昔は、ひとつの小さな特殊問題を専心研究するという篤*学の人がよくいたものである。わき目もふらず、ひとつのことに打ち込む。研究者にとって④王道を歩んでいるようだが、その割には効果のあがらないことがしばしばである。

4 やはり、ナベを見つめすぎるからであろう。ナベにも煮えるのに自由な時間を与えなくてはいけない。あたため、寝させる必要がある。思考の整理法としては、寝させるほど大切なことはない。思考を生み出すのにも、寝させるのが必須である。

5 作家にとってもっともよい素材は幼少年時代の経験であると言わ

(1) ——線①のカタカナを漢字に直し、——線②の漢字の読みを平仮名で書きなさい。〈5点×2＝10点〉

①

② （　　）

(2) 1段落に挙げられた具体例と、対照的な具体例が挙げられている段落を、段落番号で答えなさい。〈5点〉

□段落

(3) ——線③「それ」が指し示す内容をまとめた次の文の□に入る言葉を、本文中から十一字で抜き出しなさい。〈5点〉

・『経済伸長論』の問題とは□。

(4) ——線④「王道」の意味を次から一つ選び、記号で答えなさい。〈5点〉

ア 不正を許さない厳しい教え。　イ 最も正統な方法。

ウ 権力者への忠誠。　エ 派手で目立つ生き方。

★達成度確認テスト(1)

制限時間50分　得点　／100点

1 次の文章を読んで、あとの問いに答えなさい。〈4点×4＝16点〉

・美術館で一枚の美しい絵画を見て、①とても感動した。□、その絵の作者について②詳しく知りた③いと思った。

(1) ――線①～③の品詞名を、それぞれ（　）に書きなさい。

① （　　　）　② （　　　）

③ （　　　）

(2) □に入る接続語を次から一つ選び、記号で答えなさい。

ア　しかし　イ　たとえば

ウ　つまり　エ　それで

2 次の――線の言葉を、〈　〉の敬語に直しなさい。〈5点×2＝10点〉

(1) 作曲家の先生がピアノを弾く。〈尊敬語〉

（　　　）

(2) 私の町のよさを紹介します。〈謙譲語〉

（　　　）

3 次の短歌を読んで、あとの問いに答えなさい。〈4点×3＝12点〉

やはらかに柳（やなぎ）あをめる

北上（きたかみ）の岸辺目に見ゆ

泣けとごとくに

石川啄木（いしかわたくぼく）

(1) この短歌の句切れを次から一つ選び、記号で答えなさい。

ア　初句切れ　イ　二句切れ　ウ　三句切れ

エ　四句切れ　オ　句切れなし

(2) この短歌に使われている表現技法を次から二つ選び、記号で答えなさい。

ア　直喩　イ　擬人法

ウ　倒置　エ　対句

オ　体言止め

□・□

4 次の俳句を読んで、あとの問いに答えなさい。〈4点×3＝12点〉

閑（しづか）さや岩にしみ入る蟬（せみ）の声　松尾芭蕉（まつおばしょう）

(1) この俳句の季語とその季節を答えなさい。

季語 □　季節 □

(2) この俳句から切れ字を抜き出しなさい。

◆解法のポイント◆

短歌　**形式**…五・七・五・七・七の三十一音。
※句切れ（意味上で句点の付く部分）を押さえる。
表現技法…枕詞などの短歌特有のものもある。

俳句　**形式**…五・七・五の十七音。
※切れ字（「や」「かな」「けり」など）を押さえる。
季語…原則、必ず一つ入る。旧暦に従うので、今の季節とずれるものに注意。（例 朝顔＝×夏の季語　○秋の季語）

詩と同様、情景や心情を想像しながら鑑賞する。

2 **次の短歌と俳句を読んで、あとの問いに答えなさい。**

A　清水へ祇園をよぎる桜月夜こよひ逢ふ人みなうつくしき　　与謝野晶子

B　月ひと夜ふた夜満ちつつ厨房にむりッむりッとたまねぎ芽吹く　　小島ゆかり

C　菜の花や月は東に日は西に　　与謝蕪村

D　みちのくの星入り氷柱われに呉れよ　　鷹羽狩行

□ (1) A・Bの短歌の句切れを次から一つずつ選び、記号で答えなさい。

ア　初句切れ　　イ　二句切れ　　ウ　三句切れ
エ　四句切れ　　オ　句切れなし

□ A ［　　］　□ B ［　　］

□ (2) Cの俳句から切れ字を抜き出しなさい。

［　　］

(3) C・Dの俳句の季語とその季節を書きなさい。

C…□ 季語 ［　　］　□ 季節 ［　　］
D…□ 季語 ［　　］　□ 季節 ［　　］

□ (4) 次の鑑賞文は、A〜Dのどの作品について書かれたものか。適切なものを一つ選び、記号で答えなさい。

・夕方のわずかな時間の風景を、地平線まで見えるような大きな空間として切り取って描いている。

［　　］

「月」「日」「星」などの時間を表す言葉に着目しよう。

33 詩・短歌・俳句

正答数　　問／12問

解法のポイント

詩

種類…現代の言葉遣い（口語詩）／昔の言葉遣い（文語詩）
　音数や行数に決まりがある（定型詩）／ない（自由詩）

表現技法…比喩・倒置・体言止め・対句などがある。

鑑賞…作品の主題を考えつつ、情景や心情などを想像する。

1 **次の詩を読んで、あとの問いに答えなさい。**

鉄棒　　村野四郎（むらのしろう）

①僕は地平線に飛びつく
僅（わづか）に指さきが引つかかつた
僕は世界にぶら下（さが）つた
筋肉だけが僕の頼みだ
僕は赤くなる　僕は収縮する
足が上（あが）つてゆく
おお　僕は何処（どこ）へ行く
②大きく世界が一回転して
僕が上になる
③高くからの俯瞰（ふかん）*
ああ　両肩に柔軟な雲

*俯瞰…高い所から見渡すこと。

(1) 上の詩の種類を次から一つ選び、記号で答えなさい。

ア 文語定型詩　**イ** 文語自由詩
ウ 口語定型詩　**エ** 口語自由詩

(2) ——線①「僕は地平線に飛びつく」、③「高くからの俯瞰」に使われている表現技法を次から一つずつ選び、記号で答えなさい。

ヒント　歴史的仮名遣いを使っていても、口語で書かれているものもあるので注意。

ア 直喩　**イ** 隠喩
ウ 倒置　**エ** 体言止め

①　③

(3) ——線②「大きく世界が一回転して」という表現の説明として適切なものを次から一つ選び、記号で答えなさい。

ア 「僕」が鉄棒の上で動けずにいる間に、世の中の流れだけが変わっていく様子を表している。

イ 「僕」の体が鉄棒の上で逆さまになったときに、気持ちも今までとは逆になった様子を表している。

ウ 「僕」が勢いよく鉄棒を回るにつれて、「僕」の見ている景色も動いていく様子を表している。

エ 「僕」が鉄棒を離れて、もっと大きな広い場所へと移動しようとしている様子を表している。

りとか。昨日も道路でコケたんだ。ほら、歩道って少し高くなってるだろ。十センチくらいだけど。交差点渡るときにちょっとズルしてさ、車が来てなかったから真ん中を横切って、それで歩道の高くなってるところに乗ろうとしたら、足が上がらないんだよ。爪先が引っかかって、頭から突っ込む感じで転んだ。まるでギャグみたいだったよ。近くにいたお姉さんに笑われて、すごく恥ずかしかった。いつまでたっても全然慣れなくて困るよ。リハビリしてれば、そのうち普通に動くようになるらしいからいいんだけどさ」

「だけど、②もうサッカーはできないんだよね」

「まあね。でも、そっちは諦めついてる。サッカーしてると、たまにあるから。怪我(けが)で引退とかって。プロ選手が同じような怪我で駄目になってるのも知ってるしね。そういうのに比べたら、僕なんてちょっと引退が早くなったくらいだよ。どうせ高校でサッカーはやめちゃうんだし」

③言葉は切れたけど、思いが切れていなかった。それがわかったので、わたしは黙っていた。やがて健一君は話の続きを口にした。

「でもさ、変なのな。僕より、周りのほうが諦めついてないんだ。母さんとか、今でもずっと気にしてるし。サッカー部の先生とか、チームメイトとかも」

そういうのが参るよなあ。健一君は繰り返した。④ほんと参るよなあ。彼の声は確かに参っていて、なのに少し笑っていた。

〈橋本(はしもと)　紡(つむぐ)「地獄の詰まった箱」〉

イ　言葉では言い終えたが、まだ態度で思いを伝えている様子。

ウ　伝えたい思いが強すぎて、まくし立てている様子。

エ　話したい思いはあるが、疲れて言葉が出ない様子。

(4)　――線④「ほんと参るよなあ」と言ったとき、健一君が自分の周りの人々に抱いていた感情として適切なものを次から一つ選び、記号で答えなさい。

ア　尊敬と罪悪感　　**イ**　怒りと嫉妬

ウ　不信感とうっとうしさ　　**エ**　感謝と戸惑い

(5)　本文の主題として適切なものを次から一つ選び、記号で答えなさい。

ア　スポーツ選手が必ず通らなければならない挫折を味わった健一君を励ます周りの人々の温かさ。

イ　自分と違い、どんな困難にも立ち向かおうとしている健一君への「わたし」の憧れや好意。

ウ　自分の意志ではどうにもならない理不尽な出来事に向き合う健一君や「わたし」の複雑な感情。

エ　つらい出来事が起きたときには、共に慰め合うことができる「わたし」と健一君の強い心の絆(きずな)。

ヒント　「わたし」と健一君が「意味もわけも知らないまま呑み込んだもの」について話していることに着目。

32 小説の読解(2) 主題

正答数　　問／6問

解法のポイント

主題…その作品を通して作者が伝えたい思いや考え。
↓物語のクライマックス（山場）
登場人物の気持ちの盛り上がりや変化 ｝に着目する。

● **次の文章を読んで、あとの問いに答えなさい。**

「理屈で覚えたものよりさ。意味もわけも知らないまま呑み込んだもののほうがさ、しっかりわかってるよな。どういうわけかさ」

ああ、その通りだ。

なにもかもが①突然やってくる。こちらの都合などおかまいなし。通り雨のように、わたしたちをいきなりずぶ濡れにしていく。お父さんたちがいなくなったときも、お母さんが家出したときも、わたしはそういうことを意味もわけも知らないまま呑み込んできた。決して理屈などではなかった。

夜風が吹いて、前髪を揺らしていった。

「健一君にもそういうことってあるの」

「もちろんあるよ」

「足のこと？」

それはまだ無理なんだ、と健一君は言った。

「今でも足が動くような気がする。朝起きたとき、左足でベッドから下りようとしちゃったりとか、なにか落として拾おうとしたらコケた

□ (1) ——線①「突然やってくる」という状況は、何にたとえて表現されていますか。本文中から一語で抜き出しなさい。

□ (2) ——線②「もうサッカーはできない」について、次の各問いに答えなさい。

□ ① 健一君が、サッカーができなくなったのはなぜですか。本文の言葉を使って、二十字以内で書きなさい。

□ ② この出来事に対して健一君が感じている思いと似た思いを感じるような出来事を、「わたし」も体験しています。その出来事がわかる一文を本文中から探し、最初の五字を抜き出しなさい。

□ (3) ——線③「言葉は切れたけど、思いが切れていなかった」とは、どのような様子を表していますか。適切なものを次から一つ選び、記号で答えなさい。

ア　言葉にはならないが、吐き出したい思いがまだある様子。

木々の間を、出荷のためのトロッコの線路が走っている。今、濃い緑に実った果実は、やがて一斉に熟していくのだろう。

祖父の長い人生は、みかんとともにあった。祖父が続けてきたことは、評価や疑問を挟めるようなことではない。

「……守ってきただけだ」

呟くように祖父が言った。

「③昭和四十七年の災害は……、大変だった。谷間の木は、全部流されてしまった」

和樹の生まれる前のことだった。和樹が物心ついてからも、台風や集中豪雨のたびに、祖父や両親は畑を守るために、必死に作業をしていた。

「だが、わたしは守ってきただけだ」

祖父は祖父自身に話しかけているのかもしれない。果樹園を見下ろす祖父の横顔を、和樹はじっと見つめた。

「けど、それって凄いことなんじゃない？　じいちゃんは、何十年もここで頑張ってきたんでしょ？」

「……ああ。そうかもしれん」

祖父は④うなずくこともなく、じっと前方を見つめている。

果樹園労働の過酷さや、きめ細かさを和樹は知っている。創意工夫を織り交ぜながら何十年も同じことを続ける大変さや、尊さや、それでも天候に打ちのめされたりする理不尽さも知っている。だけど知っているだけで、本当のところは何も理解できていないのだろう。

〈中村航「世界中の青空をあつめて」〉

(4)　――線③「昭和四十七年の災害」とありますが、この出来事についての祖父の思いを説明した次の文の［a］・［b］に入る言葉を、本文中からaは六字、bは三字で抜き出しなさい。

・今まで育て上げたものが、突然に［a］しまうという［b］な思いをした。

a

b

(5)　――線④「うなずくこともなく、じっと前方を見つめている」という様子から想像できる祖父の心情として適切なものを次から一つ選び、記号で答えなさい。

ア　自分の今まで行ってきたことがすべて間違いだったと気づいて、深い後悔を感じている。

イ　自分の努力が報われてうれしいが、それを素直に表に出すことに恥ずかしさを感じている。

ウ　自分がこっそりと続けてきたことが他人に知られてしまったため、不快に感じている。

エ　自分の行ってきたことに誇りを持ってはいるが、同時に何か心残りのようなものも感じている。

ヒント　「うなずく」は相手の発言への肯定を示す動作。ここで、祖父はうなずいていないことを押さえる。

31 小説の読解⑴　場面・情景・心情

正答数　　問／6問

解法のポイント

場面…時間（季節）・場所を表す言葉を探す。
情景…風景などの描写→それを見ている人物との関連を考える。
心情…直接気持ちを表す言葉（うれしい・悲しいなど）
　　人物の表情・態度などの描写　｝に注目。

次の文章を読んで、あとの問いに答えなさい。

（藤川和樹は、失業中で生活のあてもないまま、両親や祖父のいる愛媛の実家に戻ってきていた。ある日、祖母が亡くなって以来元気をなくしていた祖父に運転を頼まれ、和樹は車で出かけることになった。）

　じいちゃんはどうして、みかん農園で働いてきたの？　他にやりたいことはあったの？　何十年もここでみかんを作り続けて、今はどんな気持ちなの？

　もしそれを実際に言葉にして尋ねても、返事はないだろうという気がした。きっと、どうしてもこうしてもない、というようなことか、あるいは、運命というようなことだろうか。

「……①じいちゃんは、凄いよ」

　和樹は座席の祖父を見上げた。

「これだけの畑を作って……ずっと、守ってきたんだもんな」

　見渡す限り藤川家のみかん畑だった。②燦々とふりそそぐ陽を受ける

(1)　この場面の季節がわかる描写を本文中から一文で探し、最初の五字を抜き出しなさい。

(2)　――線①「じいちゃんは、凄いよ」とありますが、和樹は祖父のどんなところが「凄い」と言っているのですか。本文の言葉を使って、二十字以内で書きなさい。

(3)　――線②「燦々とふりそそぐ陽を受ける木々の間を、出荷のためのトロッコの線路が走っている」という情景からわかることとして適切なものを次から一つ選び、記号で答えなさい。

ア　祖父が、みかん畑を自分の理想通りに作れなかったこと。
イ　祖父が和樹のことを、ひそかに大事に思っていること。
ウ　祖父の作ってきたみかん畑が、今も豊かで続いていること。
エ　祖父とみかん畑にこれから困難が訪れるかもしれないこと。

等な関係を持てるのです。おカネやコトバをつなぎ役として、人間は「世界の物理的構造」、「生物としての遺伝的本能」から、ある意味において自由な存在になることができました。そして生物学的な意味ではなく、普遍的人間の本性をつくったのです。

[4] では、人間は誰でも等しくハッピーになれるのかというと、残念ながらそうではありません。おカネとコトバ、法律は人間に自由を与えますが、同時にさまざまな問題ももたらします。人間が「世界の物理的構造」「生物としての遺伝的本能」から自由であるということは、不安定な状態に置かれるということでもあるのです。

[5] 一万円札には、皆が②<u>そう思っている</u>から一万円の価値がある。ところがみんなが疑いを持ち始めたら、日本政府は大丈夫かとなる。みんなが「価値がある」と思わないと、価値は失われてしまう。コトバも同じです。多くの人がコトバの意味を疑い出すと、コトバの意味が消えていく。皆さんが日本語を大事にしないと日本語はやがて消え、英語にとって代わられる可能性があるわけです。つまり、おカネとコトバを使う社会というのは非常に不安定で、社会がグローバル*化すればするほど不安定さは増します。そういう問題が実際に今、世界中で起きているのです。

〈岩井克人（いわいかつひと）「おカネとコトバと人間社会」〉

＊イソップ＝「イソップ物語」を書いたとされる古代ギリシャの作家。
＊グローバル化＝世界規模に広がること。
＊[1]〜[5]は問題作成上加えた段落番号です。

(4) ——線②「そう思っている」とは、具体的にどう思っているということですか。「〜と思っている。」に続くように、本文の言葉を使って、十五字以内で書きなさい。

（　　　　　　　　　　　　　　　）と思っている。

(5) この文章の要旨として適切なものを次から一つ選び、記号で答えなさい。

ア　法律は人間を平等にするので使うべきだが、おカネやコトバは人間を不安定な状態にしてしまうので使うべきではない。

イ　人間は、おカネやコトバ、法律によって、昔の不平等な社会から自由になれたが、昔の社会の方が優れている面もある。

ウ　おカネやコトバは、今、人々に疑いを持たれることが多くなったため、消えてしまわないように保護していく必要がある。

エ　おカネやコトバ、法律は、人間を自由にするよさもあるが、社会を不安定にする面もあるため、世界で今、問題になっている。

文章の結論は、最後の段落に書かれていることが多いよ。

30 説明文の読解⑵ 段落・要点・要旨

正答数 　問／7問

◆解法のポイント◆

段落…段落ごとの働き（問題提起・結論など）
　文章全体の段落構成 ｝を押さえる。
要点…段落ごとに捉え、文脈・文章構成の把握につなげる。
要旨…結論を述べている段落を中心に、筆者の主張を捉える。

● **次の文章を読んで、あとの問いに答えなさい。**

1　文字によるコミュニケーションが行われるインターネットでは、見知らぬ人とどんどん交流できます。ネットの世界には危険な側面も大きいのですが、意思①疎通の範囲は大きく広げられる。おカネも同じで、流通していれば、見知らぬ人と交換ができる。昔、内と外があった時代は、外の人とは物々交換をしませんでした。また、身分が違う相手とも交易しなかった。古代ギリシャには奴隷がいましたが、普通の人は奴隷とは交換をしませんでした。

2　でも、おカネさえ持っていれば奴隷でも交換できた。ギリシャの一番有名な奴隷はイソップ*。彼は物語を書いて稼いだおカネで自由になることができました。法律がしっかりしていれば、土地を取引することもできます。法律がないと、相手の腕力が強そうだから交渉をやめようと思ったり、権力のある人に土地を取られたりしてしまう。

3　おカネやコトバ、それから法律などによって、人間は同じ人間になる。生命科学的な意味ではなく、抽象的な意味で人間はお互いに平

⑴ ——線①「疎通」の意味を次から一つ選び、記号で答えなさい。

ア　関係が薄いこと。　イ　相手に伝わること。
ウ　理解が異なること。　エ　深く信じること。

⑵ 1段落の要点をまとめた次の文の a ～ c に入る言葉を、本文中からaは二字、bは三字、cは五字で抜き出しなさい。

・インターネットなどで使う a や流通した b があることで、 c ともやりとりができる。

a
b
c

⑶ 4段落の働きの説明として適切なものを次から一つ選び、記号で答えなさい。

ア　前の段落の内容を発展させて、新しい話題を提示している。
イ　前の段落で述べた考えの根拠となる事例を説明している。
ウ　前の段落で紹介した説に反論する意見を述べている。
エ　前の段落までに述べられた事柄を簡潔にまとめている。

ヒント　段落初めの「では」という接続語の働きに着目。

用され利益を生むものでなければならず、「いつまでも基礎研究だといって甘えていては困る」と念を押すのです。

基礎研究とは、モノになるかどうかわからない野心的なテーマに研究者が果敢に挑戦する研究で、そこからノーベル賞級の大きな成果が得られて成功することもあるけれど、何ら目ぼしい成果が得られず不成功に終わることもあります。というより、成功するよりも不成功である（あるいはごく小さな成功でしかない）方が圧倒的に多いでしょう。実際、多くの研究者がノーベル賞を目指して研究に勤しんでいますが、ほんの少数しか成功せず、ほとんどはたいした業績を残せずにいます。では、③そんな研究はムダで無意味であり、研究者が多くいる必要はないのでしょうか？

そんなことはありません。研究において不成功であった場合も、大きな仕事に繋がらなかった場合も、やはり意味があるのです。次の世代の研究者が同じ失敗をせずに済むからであり、次の研究が成功するためのヒントを与えることになるからです。研究とは、いわば、④まだ誰も通ったことがない荒野に道をつけて、なんとか目的地に辿りつこうとする行為のようなものです。その過程で研究者は、雑草を刈り取り、倒木を片付け、岩や石を取り除き、川があれば橋をかけ、というふうな作業を行っているのです。そのようにして、数多くの研究者がけもの道から徐々に人が通る道へと整備した結果、険しい断崖を越えて目的の豊穣の地に行き着いた最後の研究者がノーベル賞を獲得していると言えるのです。

〈池内了「なぜ科学を学ぶのか」〉

□ ①「そんな研究」が指し示す内容を、「成功」「不成功」という言葉を使って、二十五字以内で書きなさい。

ヒント　同じ段落の、これより前の部分の内容に着目。

□ ② この問いかけに対する筆者の考えをまとめた次の文の a ・ b に入る言葉を、本文中から a は二字、 b は三字で抜き出しなさい。

・次の世代の研究者が、同じ a を繰り返さず、研究成功の b を得られるようになるため、研究には意味があり、多くの研究者も必要である。

□ a

□ b

ヒント　筆者の答えとなるのは、直後の「そんなことは……なるからです。」の部分。

□ (5) ——線④「まだ誰も通ったことがない荒野」は、たとえを使った表現ですが、研究におけるどんなことをたとえていますか。本文中から二十一字で探し、最初と最後の五字を抜き出しなさい。

〜

29 説明文の読解(1) 接続語・指示語・要点

正答数 問／7問

◆解法のポイント◆

接続語…働きを押さえ、文と文、言葉と言葉のつながりをつかむ。

接続語の例　だから（順接）・しかし（逆接）・また（並列）・あるいは（対比・選択）・では（転換）など

指示語…指し示す内容を、指示語の前の部分を中心に探す。

→指示語に代入して意味が通る部分が、指し示す内容。

要点…重要な言葉を見つけ、それを使って内容を短くまとめる。

● **次の文章を読んで、あとの問いに答えなさい。**

21世紀に入って「役に立つ科学」①ということがしきりに強調されるようになりました。通常、「役に立つ」とはイノベーション（技術革新とそれに伴う生産・経営形態の更新）に大きく寄与するという意味であり、単純に言えば、経済の活性化に役立ち、金儲けにつながる革新的技術への貢献と言えるでしょうか。企業が新規事業を起こすことに力を尽くすとか、企業が売り上げを伸ばして成長するのに役立つというふうに、科学が実利的な意味で役に立たねば意味がない、とまで言う人もいます。[　　]、「我々は霞を食べて生きているのではない」とか「誇りや倫理ではお腹が膨れない」と言い、実際の経済的な価値が生み出せない科学を否定する人もいます。むろん、そのような人でも、問われれば「基礎的な研究が必要」とは言うのですが、②それはすぐに応

(1) ——線①「役に立つ科学」についての説明として適切なものを次から一つ選び、記号で答えなさい。

ア 経済を活性化させたり、企業が利益を得たりすることに貢献する技術を生み出せる科学。

イ 新しい野心的なテーマで行われ、研究者がノーベル賞級の栄誉を得ることのできる科学。

ウ 人間が生きるために必要な、食べるということに関する分野について研究を深めていく科学。

エ 目ぼしい成果が得られることが予想でき、研究者がムダや無意味さを感じずに行える科学。

(2) [　　]に入る接続語として適切なものを次から一つ選び、記号で答えなさい。

ア だから　イ しかし

ウ なぜなら　エ あるいは

(3) ——線②「それ」が指し示すものを、本文中から六字で抜き出しなさい。

(4) ——線③「そんな研究はムダで無意味であり、研究者が多くいる必要はないのでしょうか?」について、次の各問いに答えなさい。

28 言葉の意味(2)

正答数　　問／11問

1 次の言葉の意味として正しい方に○を付けなさい。

(1) 役不足
- 力量に対して役目が軽すぎること。
- 力量に対して役目が重すぎること。

(2) 破天荒
- 豪快でときに荒々しい様子。
- 誰も成し得なかったことを初めて行うこと。

(3) 煮詰まる
- 議論を十分にして結論の出る状態になる。
- 議論が行き詰まり結論の出ない状態になる。

2 次の〈　〉の意味を表す言葉として上の表現が正しければ○を書き、誤っていれば——線の言葉を正しく直して書きなさい。

(1) 汚名挽回（ばんかい）〈成果を挙げることで、悪い評判を打ち消すこと。〉

ヒント もともと、悪い評判があったということ。

(2) 二の舞を踏む〈思い切ることができずに実行をためらう。〉

(3) 熱に浮かされる〈分別を忘れて、一つのことに夢中になる。〉

(4) 心血を傾ける〈精神や肉体の力を尽くして物事を行う。〉

3 次の（　）に入る言葉をあとから選び、解答欄に書きなさい。

(1) プロ選手が自身の引退を（　）するコメントを出した。

(2) 時間の都合で、細かい説明は（　）する。

(3) 前回の会議で（　）となっていた事項を検討する。

(4) 友人は絵が好きで、美術史にも（　）が深い。

ア 割愛　イ 齟齬（そご）　ウ 妥当　エ 懸案
オ 看過　カ 造詣　キ 乖離（かいり）　ク 示唆

各語の意味を考えながら、文にあてはめてみよう。

(1)

(2)

(3)

(4)

チャレンジ問題！ 次のそれぞれの言葉を正しく使い、二十字以内で文を作りなさい。

・おざなり

・プライオリティ

27 言葉の意味(1)

正答数　問／12問

◆解法のポイント◆

●文章を書く場合には言葉を正しく使用することが大前提となる。特に注意するべき点は、以下の三種類。
・よく目や耳にする言葉で、意味があやふやなもの
…例 一概、踏襲、端的、鑑みる
・意味や結びつく言葉を誤って覚えられていることが多いもの
…例 煮詰まる、愛嬌（あいきょう）を振りまく（×愛想を振りまく）
・よく目や耳にするカタカナ語で、意味があやふやなもの
…例 エビデンス、リテラシー、インフルエンサー

1 次の意味を表す言葉をあとから選び、解答欄に書きなさい。

(1) まじめで熱心に物事に取り組むこと。
(2) 相手がある行動をするように仕向ける。
(3) 他のものと比べてはるかに優れていること。
(4) 高いところから広い範囲を眺めること。

ア 鑑（かんが）みる　イ 圧巻　ウ 真摯（しんし）　エ 範疇（はんちゅう）
オ 俯瞰（ふかん）　カ 堪能（たんのう）　キ 殊勝　ク あおる

(1)	(2)	(3)	(4)

2 次の――線の言葉の意味をあとから選び、解答欄に書きなさい。

(1) 個人差があるので、一概にそうだとは言えない。
(2) 部下にミスを指摘され、課長としての矜持（きょうじ）が傷ついた。
(3) 将来のためにも汎用性（はんようせい）のある資格を取得したい。
(4) 広告により、商品のセールスポイントを端的に伝える。
(5) やりたい仕事と安定した収入との間で葛藤（かっとう）する。

ア 一つだけではなく、さまざまな用途に利用できること。
イ 他人の気持ちや考えを推し量り、配慮すること。
ウ 細かい違いを問題にしないで、同じように扱うこと。
エ 心の中にある相反する感情の、どちらをとるか迷うこと。
オ 自分の能力を優れたものとして誇ること。
カ 手っ取り早く要点だけを捉えていること。

ヒント 言葉に意味をあてはめて考えてみるとよい。

(1)	(2)	(3)	(4)	(5)

3 次の――線の言葉の意味をあとから選び、解答欄に書きなさい。

(1) 自身の課題を解決することを周囲にコミットする。
(2) 多くのエビデンスに基づいた調査結果を報告する。
(3) 商品開発に学生が参加することにより、シナジーを生み出す。

ア 根拠　イ 世話をすること　ウ 潜在的な力
エ 約束すること　オ 方法　カ 相乗作用

(1)	(2)	(3)

26 敬語(2)

正答数　　問／7問

解法のポイント

●尊敬語・謙譲語の特別な言い方（よく出る十選）

基本の言い方	尊敬語	謙譲語
行く・来る	いらっしゃる・おいでになる	うかがう・参る
言う・話す	おっしゃる	申す・申し上げる
見る	ご覧になる	拝見する
食べる	召し上がる	いただく
知る	ご存知だ	存じ上げる
する	なさる	いたす
聞く		拝聴する
会う		お目にかかる
もらう		いただく
くれる	くださる	

1 次の――線の敬語が正しければ○を書き、誤っていれば正しい敬語に直して書きなさい。

(1) 展覧会で先生の作品をご覧になる。

(2) 私はその話をご存知ありません。

(3) 明後日にご自宅にうかがいます。

2 次の――線の言葉を、正しい敬語に直して書きなさい。

ヒント 主語を見極めて、尊敬語を用いるか、謙譲語を用いるかを判断する。

(1) ぜひ、あの研究者の方による講演を聞きたいです。

(2) おいしそうなりんごをくれて、ありがとうございます。

(3) 祖母が言ったことをそのまま先生にお伝えしています。

(4) いらっしゃいませ。ご注文は何にしますか。

チャレンジ問題！ 次の文を、正しい敬語を使って、三十字以内で書き直しなさい。

・皆様、拙宅に参って、夕食をいただいてください。

25 敬語(1)

正答数　　問／11問

◆解法のポイント◆

●敬語には、尊敬語、謙譲語、丁寧語の三種類がある。

・**尊敬語**…話し手が、相手や第三者を直接的に高める言い方。
〈基本形〉動詞…「お〜になる」「ご（御）〜になる」とする。
　　　　　助動詞「れる・られる」を付ける。
　　　　名詞…「お・ご（御）・貴」などの接頭語を付ける。

・**謙譲語**…話し手が、自分や、身内の行動をへりくだることで間接的に相手を高める言い方。
〈基本形〉動詞…「お〜する」「ご（御）〜する」とする。
　　　　名詞…「弊・愚・粗」などの接頭語を付ける。

・**丁寧語**…話し手が、相手に敬意を表して丁寧に言う言い方。
〈基本形〉「〜だ」という語句に「です・ます」を付ける。

1 次の――線の言葉が尊敬語であればア、謙譲語であればイ、丁寧語であればウの記号を、解答欄に書きなさい。

□(1) 先生に母からの手紙をお渡しした。

□(2) これから皆さんに、練習の成果を披露します。

□(3) 地域のお年寄りが話される言葉を一言一言かみしめた。

ヒント 主語が誰かを考える。

(1)	(2)	(3)

2 次の――線の言葉を、〈　〉の敬語に直しなさい。

□(1) 校長先生が教室に入る。
〈尊敬語〉（　　　　）

□(2) 僕が荷物を持ちます。
〈謙譲語〉（　　　　）

□(3) お客様を応接室に案内する。
〈謙譲語〉（　　　　）

□(4) ここが、私の通う学校だ。
〈丁寧語〉（　　　　）

3 次の――線の言葉の敬語として正しい方をそれぞれ選び、解答欄に記号を書きなさい。

□(1) お客様の人数を先生に知らせた。
ア お知らせになった　イ お知らせした

□(2) 校長先生が父を待っている。
ア お待ちになって　イ お待ちして

□(3) 先生に進路を決定した経緯を説明する。
ア ご説明になる　イ ご説明する

□(4) 来週、企業の人事担当者が我が校を訪問する予定だ。
ア ご訪問になる　イ ご訪問する

(1)	(2)	(3)	(4)

24 文法(2)

正答数　　問／5問

◆解法のポイント◆

●正確な文章・わかりやすい文章の書き方

・副詞や接続詞に加え、助詞などの品詞を正しく用いる。
・語の順序や読点の位置に注意して、あいまいな表現を避ける。
・複数の主語と述語を含む文は、それらの関係を正しく書く。

1 次の文は、助詞の使い方が誤っています。誤っているところに斜線（／）を引き、正しい助詞を（　）に書きなさい。

□ ●昨日は学校で大勢の見学者がやってきた。

2 次の文は、あいまいな表現になっています。〈　〉の指示に従って、全文を（　）に書き直しなさい。

□ (1) 白いバラとカーネーションの花束を作った。
〈読点を打って、白いのはバラだけであることを明確にする。〉

□ (2) 弟が先生と相談したことを母に伝えた。
〈語順を入れ換えて、母に伝えたのは弟であることを明確にする。〉

3 次の文は、主語と述語の関係にねじれがあります。〈　〉の指示に従って、全文を（　）に書き直しなさい。

□ (1) 母の趣味は、毎週日曜日にテニスをしています。
〈「母の趣味は」に続くように、あとの語句を直す。〉

□ (2) 私がこの作品を読んで印象に残ったことは、主人公の考え方に個性があることが印象に残りました。
〈「印象に残りました」が文末に来るように、前の語句を直す。〉

ヒント　“印象に残った”という意味の語句が重複している。文末の表現を残すと、わかりやすい文になる。

チャレンジ問題！　あなたの学校の音楽室は二階にあり、職員室のちょうど真上となります。職員室の前で会ったお客さんに、三十字以内で、音楽室への行き方をわかりやすく説明しなさい。

23 文法(1)

正答数　問／14問

◆解法のポイント◆

●品詞の識別…日本語の単語には、次の十種類の品詞がある。

- 自立語
  - 活用する―述語になる―用言
    - ウ段で終わる―動詞
    - 「い」で終わる―形容詞
    - 「だ」で終わる―形容動詞
  - 活用しない
    - 主語になる―体言―物事の名を表す―名詞
    - 修飾語になる
      - 主に用言を修飾―副詞
      - 体言を修飾―連体詞
    - 接続語になる―接続詞
    - 独立語になる―感動詞
- 付属語
  - 活用する―助動詞
  - 活用しない―助詞

●副詞…主に用言を修飾して、文の内容を詳しくする働きを持つ。状態の副詞、程度の副詞、呼応の副詞の三種類がある。

●接続詞…文と文をつなぐ働きを持つ。順接、逆接、並列・添加、対比・選択、説明・補足、転換の六種類がある。

1 次の文章の(1)〜(4)の品詞名を、それぞれ（　）に書きなさい。

夜中に(1)突然、(2)大きな物音がした。部屋を(3)明るくして音のした方を見ると、壁にかけてあっ(4)たカレンダーが落ちていた。

(1)（　　）　(2)（　　）
(3)（　　）　(4)（　　）

2 次の（　）に入る呼応の副詞をあとから一つずつ選び、解答欄に記号を書きなさい。（同じものは一度しか選べません。）

(1) 約束の時刻を過ぎたが、（　）彼は来ないのか。
(2) 練習不足なので、（　）うまくできないだろう。
(3) 空から舞い降りる雪が、（　）白い妖精のようだ。
(4) （　）雨が降ったとしても、マラソン大会は決行される。
(5) 離れ離れになっても、（　）君のことは忘れないよ。

ア まるで　イ たとえ　ウ 決して
エ どうぞ　オ おそらく　カ どうして

(1)	(2)	(3)	(4)	(5)

ヒント 呼応の副詞とは、下に受ける語に決まった言い回しを要求する副詞のこと。

3 次の（　）に入る接続詞をあとから一つずつ選び、解答欄に記号を書きなさい。（同じものは一度しか選べません。）

(1) おもしろい映画だったね。（　）、このあとどうするかい。
(2) 準備は万全だった。（　）、天候が悪く、出発を断念した。
(3) ペットを飼うなら犬がいいですか。（　）、猫がいいですか。
(4) 明日は早朝から出かける。（　）、今日は早めに寝よう。
(5) 将来は海外勤務を経験したい。（　）、英語が得意だからだ。

ア しかも　イ しかし　ウ だから
エ それとも　オ ところで　カ なぜなら

(1)	(2)	(3)	(4)	(5)

22 ことわざ・慣用句・故事成語(2)

正答数　　問／14問

1 次のことわざ・故事成語と似た意味を表すものをあとから一つずつ選び、記号で答えなさい。

(1) 弘法にも筆の誤り（　　）
(2) 塵も積もれば山となる（　　）
(3) 二兎を追う者は一兎も得ず（　　）
(4) 李下に冠を正さず（　　）
(5) 弱り目にたたり目（　　）
(6) 月とすっぽん（　　）
(7) 捕らぬ狸の皮算用（　　）

(4)は、「誤解を招くような行動は慎むべきだ」という意味の故事成語だよ。

ア 雨だれ石を穿つ　　イ 泣き面に蜂
ウ 提灯に釣り鐘　　エ 絵にかいた餅
オ 瓜田に履を納れず　　カ 猫に小判
キ 河童の川流れ　　ク 虻蜂取らず

2 次のことわざ・故事成語と反対の意味を表すものをあとから一つずつ選び、記号で答えなさい。

(1) 瓜の蔓に茄子はならぬ（　　）
(2) 急いては事を仕損じる（　　）
(3) 虎穴に入らずんば虎子を得ず（　　）

ア 善は急げ　　イ 鳶が鷹を生む
ウ 急がば回れ　　エ 君子危うきに近寄らず

3 次の（　）に入る語句を入れてことわざ・故事成語を完成させ、その意味をあとから一つずつ選んで（　）に記号で答えなさい。

(1) 魚心あれば（　　）（　　）
(2) （　　）は人のためならず（　　）
(3) 五十歩（　　）（　　）
(4) 鶏口となるも（　　）となるなかれ（　　）

ア 大集団の配下よりも、小集団の長の方がよいということ。
イ 相手の出方次第でこちらの態度が決まるということ。
ウ 子どもの頃の習慣は年を取っても改めにくいということ。
エ 似たり寄ったりで、ほとんど差がないこと。
オ 善行は自分にも返ってくるので、人に親切にせよということ。

チャレンジ問題！ 「背水の陣」という故事成語を正しく使い、二十字以内で文を作りなさい。

21 ことわざ・慣用句・故事成語(1)

正答数　問／20問

1 次のことわざの意味をあとから一つずつ選び、記号で答えなさい。

(1) 棚からぼたもち　(　)
(2) 馬の耳に念仏　(　)
(3) 医者の不養生　(　)
(4) 花より団子　(　)

ア 好きになってしまえば欠点も美点に見えること。
イ 正しいことを説きながらも、実行が伴わないこと。
ウ 意見などを聞き入れようとせず、無駄であること。
エ 風流よりも実益の方を重んじること。
オ 思いがけない幸運にめぐりあうこと。

2 次の故事成語の意味をあとから一つずつ選び、記号で答えなさい。

(1) 漁夫の利　(　)
(2) 烏合（うごう）の衆　(　)
(3) 朝三暮四　(　)
(4) 四面楚歌（そか）　(　)

ア 規律や統制がなく、まとまりのない集団のこと。
イ 価値のあるものとないものが入り混じっていること。
ウ 当事者が争うすきに、第三者が利益をさらうこと。
エ 目先の違いに気を取られ、結果が同じだと気づかないこと。
オ 周囲を敵に囲まれて、孤立していること。

3 次の――線の慣用句の□に入る漢字一字を、解答欄に書きなさい。

(1) A社の業績の伸びはすさまじく、飛ぶ□を落とす勢いだ。
(2) 彼女のふるまいは完璧で、□の打ち所がない。
(3) 突然の揺れに、□を食って家を飛び出した。
(4) 決勝戦の攻防を手に□を握って見守った。
(5) けんか直後の兄は無愛想で、取りつく□もない。
(6) 県知事は目から□へ抜けるような才知あふれる人物だ。
(7) サッカーに関する妹の知識に、心の中で□を巻いた。
(8) 長年の計画を実行に移すための□が熟した。

(1)	(2)	(3)	(4)	(5)	(6)	(7)	(8)

4 次の――線のことわざ・故事成語の□に入る漢字一字を、解答欄に書きなさい。

ヒント (1)は、「立ち去る者はきれいに後始末をしていくべきだ」という意味。

(1) 卒業に際し、立つ□跡を濁さずで、部室の整理をする。
(2) 卒業試験に際し、一夜漬けの勉強では焼け石に□だ。
(3) 蛍雪の□を積み、ついには世界的な学者へと上りつめた。
(4) 彼女の失敗を他山の□として、自らを正す。

(1)	(2)	(3)	(4)

20 四字熟語(2)

正答数　　問／14問

1 次の意味を表す四字熟語をあとから選び、記号で答えなさい。

(1) 逃れることのできない危険な状況にあること。（　）
(2) 他人を思いのままに支配すること。（　）
(3) 大人物は世に出るのに時間がかかるということ。（　）
(4) やや違うところはあるが似たり寄ったりなこと。（　）

ア 大胆不敵　イ 大同小異　ウ 絶体絶命
エ 大器晩成　オ 因果応報　カ 生殺与奪

2 次の――線の四字熟語のカタカナを漢字に直しなさい。

(1) 新しい職場でシンキ一転して仕事に打ち込む。
(2) 危機イッパツのところで難を逃れた。
(3) 先生の問いかけに対し、イク同音に答えた。
(4) タントウ直入に疑問を問いただした。
(5) 有事にはリンキ応変に対処する。
(6) キュウタイ依然としたルールを見直す。

3 次の四字熟語の意味をあとから選んで□に書き、その読み方を（　）に書きなさい。

(1) 言語道断　□（　）
(2) 熟慮断行　□（　）
(3) 当意即妙　□（　）
(4) 我田引水　□（　）

ア 考え抜いた上で思い切って行動に移すこと。
イ 自分の都合のよいように物事を行うこと。
ウ 人の意見や批評を聞き流すこと。
エ 言い表すことができないほどひどいこと。
オ 機転を利かせて適切な対応をすること。

チャレンジ問題！ 「疑心暗鬼」という四字熟語を正しく使い、文を作りなさい。

ヒント 「暗鬼」とは暗い場所にいると思われる亡霊のこと。

19 四字熟語(1)

正答数　問／24問

1 次の四字熟語の意味をあとから選び、（　）に記号で答えなさい。

(1) 美辞麗句（　）
(2) 天衣無縫（　）
(3) 公平無私（　）
(4) 率先垂範（　）

ア　無邪気な性格で飾り気がないこと。
イ　外見が整っていて美しいこと。
ウ　自ら前に立って手本を示すこと。
エ　うわべだけをきれいに飾り立てた言葉。
オ　個人的な感情や利益を絡ませないこと。

2 次の――線の四字熟語のカタカナを漢字に直し、解答欄に書きなさい。

(1) 友人の優柔不ダンな態度に腹を立てる。
(2) 科学技術は日シン月歩の発展を遂げている。
(3) 晴コウ雨読の生活に憧れる。
(4) 事実無コンのうわさ話が拡散する。
(5) 難コウ不落と言われた城がそびえる。
(6) あの人の話は首尾一カンしている。

(1)
(2)
(3)
(4)
(5)
(6)

3 あとの□の中の平仮名を漢字に直し、四字熟語を作りなさい。（同じものは一度しか使えません。）

(1) 一心□□
(2) □□転結
(3) 意味□□
(4) 本末□□
(5) 温故□□
(6) 明鏡□□

しすい　どうたい　ちしん
てんとう　しんちょう　きしょう

4 次の四字熟語の読みを、（　）に書きなさい。

(1) 一日千秋（　）
(2) 順風満帆（　）
(3) 同床異夢（　）
(4) 雲散霧消（　）
(5) 談論風発（　）
ヒント「盛んに議論をすること」という意味。
(6) 自暴自棄（　）
(7) 千変万化（　）
(8) 面従腹背（　）
ヒント「従うふりをしながら心の中で歯向かうこと」。

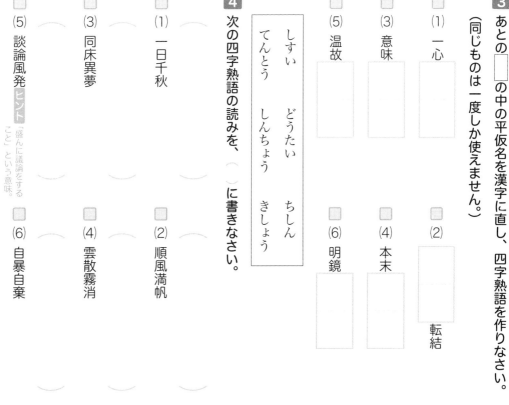

18 対義語⑵

正答数　　問／26問

1 次の□に入る漢字を書き、対義語を作りなさい。

□ ⑴ 寒冷 ― □暖
□ ⑵ 点在 ― □集
□ ⑶ 垂直 ― 水□
□ ⑷ 緯度 ― □度
□ ⑸ 親切 ― □淡
□ ⑹ 進展 ― 停□
□ ⑺ 優遇 ― □遇
□ ⑻ 誕生 ― □去
□ ⑼ 束縛 ― □放
□ ⑽ 創造 ― □倣
□ ⑾ 賞賛 ― □難
□ ⑿ 末尾 ― □頭
□ ⒀ 統一 ― 分□
□ ⒁ 上昇 ― □下

ヒント ⑼「束縛」は、「行動の自由を奪うこと」という意味。

2 次の対義語を書きなさい。

□ ⑴ 需要 ― □
□ ⑵ 延長 ― □
□ ⑶ 権利 ― □
□ ⑷ 自然 ― □
□ ⑸ 生産 ― □
□ ⑹ 勝利 ― □
□ ⑺ 偶然 ― □
□ ⑻ 就寝 ― □
□ ⑼ 浪費 ― □
□ ⑽ 具体 ― □
□ ⑾ 地獄 ― □
□ ⑿ 概略 ― □

ヒント ⑴「需」には「必要とする」という意味がある。

ヒント ⑿「概略」は、「おおよその内容」という意味。

□ チャレンジ問題！「安」という漢字を使って熟語を一つ作りなさい。また、その熟語の対義語を書きなさい。

熟語（　　　）　対義語（　　　）

17 対義語(1)

正答数　問／24問

1 あとの□の中の漢字を一度だけ使い、対義語を作りなさい。

(1) 質疑 ― 応□
(2) 増進 ― 減□
(3) 革新 ― □守
(4) 踏襲 ― 改□
(5) 質素 ― □美
(6) 敏速 ― □慢
(7) 潤沢 ― 欠□
(8) 削減 ― □加
(9) 優雅 ― 粗□
(10) 新鮮 ― 陳□
(11) 遵守 ― □反
(12) 隆起 ― □下

退　之　沈　華　違　革
緩　保　腐　添　答　野

2 あとの□の中の平仮名を漢字に直し、対義語を作りなさい。(同じものは一度しか使えません。)

(1) 悪意 ― □意
(2) 拡大 ― □小
(3) 複雑 ― □純
(4) 悲報 ― □報
(5) 豊作 ― □作
(6) 利益 ― □失
(7) 勤勉 ― □慢
(8) 促進 ― □制
(9) 慎重 ― 軽□
(10) 発生 ― 消□
(11) 近接 ― 遠□
(12) 卑下 ― 自□

ヒント (8)「促進」は、「物事が早く進むようにすること」という意味。

ヒント (12)「卑下」は、「人より劣っていると謙遜すること」という意味。

ろう　かく　まん　ぜん　そつ　きょう
たん　めつ　しゅく　よく　そん　たい

16 類義語(2)

正答数　　問／26問

1 次の□に入る漢字を書き、類義語を作りなさい。

(1) 重要―□心
(2) 危篤―□体
(3) 陳列―展□
(4) 功績―手□
(5) 邪魔―阻□
(6) 屈服―□参
(7) 専有―独□
(8) 光栄―名□
(9) 免職―□雇
(10) 釈明―□解
(11) 欠乏―不□
(12) 負債―□金
(13) 高慢―□大
(14) 音信―消□

2 次の類義語を書きなさい。

ヒント それぞれの語の意味を考えて、似た意味の言葉を探してみよう。

(1) 使命―
(2) 見事―
(3) 簡単―
(4) 互角―
(5) 思慮―
(6) 辛抱―
(7) 倹約―
(8) 遺品―
(9) 方法―
(10) 落胆―
(11) 負担―
(12) 冷淡―

チャレンジ問題！ 「警」という漢字を使って熟語を一つ作りなさい。また、その熟語の類義語を書きなさい。

熟語（　　　）

類義語（　　　）

15 類義語(1)

正答数　問／24問

1 あとの□の中の漢字を一度だけ使い、類義語を作りなさい。

(1) 賛成―□意
(2) 未来―□来
(3) 格別―□別
(4) 指揮―指□
(5) 胸中―内□
(6) 冷静―□着
(7) 承認―□可
(8) 黙殺―無□
(9) 露見―□覚
(10) 承知―□解
(11) 潤沢―豊□
(12) 虚構―架□

沈　発　富　将　図　許
空　視　了　心　同　特

2 あとの□の中の平仮名を漢字に直し、類義語を作りなさい。(同じものは一度しか使えません。)

(1) 自立―□立
(2) 真心―□意
(3) 至急―□急
(4) 改良―改□
(5) 守備―防□
(6) 集中―専□
(7) 傾向―風□
(8) 奥地―□境
(9) 大要―概□
(10) 辛酸―困□
(11) 魂胆―意□
(12) 鼓舞―□励

ヒント ⑽辛酸は「つらい目」という意味。

ヒント ⑿「鼓舞」は「勢いづけること」という意味。

ぎょ　げき　せい　へん　りゃく　ぜん
と　そう　ねん　どく　ちょう　く

14 同訓異字(2)

正答数　問／20問

1 次の――線のカタカナの漢字をそれぞれ選び、記号で答えなさい。

(1) 日本チームにアツい声援を送る。
(2) 部屋の間はアツい壁板で仕切られている。
ア 篤　イ 熱　ウ 厚　エ 暑

(3) すばらしい成果をオサめる。
(4) 注文された品物をオサめる。
ア 納　イ 修　ウ 収　エ 治

(5) 不良グループが悪事をハカる。
(6) 国の審議会で意見をハカる。
ア 図　イ 諮　ウ 測　エ 謀

(7) 長く経営してきた店をシめる。
(8) 新たな気持ちでネクタイをシめる。
ア 締　イ 占　ウ 絞　エ 閉

(9) リーダーのモトに仲間が集結する。
(10) 調査資料をモトに説明を行う。
ア 下　イ 基　ウ 元　エ 本

2 次の各組のカタカナを、漢字に直して（　）に書きなさい。

(1) 相手チームにヤブれる。・幼い頃の夢がヤブれる。
ヒント 同様の意味を表す熟語を考えると、ヒントになる。

(2) 大臣が方針をカえる。・円をドルにカえる。

(3) 何度も念をオす。・彼を候補者にオす。

(4) 正義のため危険をオカす。・表現の自由をオカす。

(5) 営業の仕事にツく。・核心をツく意見を言う。

チャレンジ問題！ 次の文の①～③のカタカナを、漢字に直して書き分けなさい。

・父が務めてきた社長に①ツぐ地位を、この春から自分が②ツぐことになったと、社員に③ツげる。

①（　）　②（　）　③（　）

13 同訓異字(1)

正答数　問／26問

1 次の――線のカタカナの漢字をそれぞれ選び、記号で答えなさい。

(1) ラッシュの時間をサけて通学する。
(2) 趣味の手芸に時間をサく。
(3) 肩からカメラをサげて観光する。

ア 割　イ 裂　ウ 提　エ 咲　オ 避

(4) 春野菜の天ぷらをアげる。
(5) パン食ばかりが続いてアきる。
(6) 国をアげて復興に取り組む。

ア 遭　イ 飽　ウ 揚　エ 挙　オ 空

(7) 打撃不振のウめ合わせに練習を頑張る。
(8) 武士のウち入りが行われた場所。
(9) 彼は優勝ウけ負い人と呼ばれている名監督だ。

ア 浮　イ 埋　ウ 請　エ 打　オ 討

(10) 期限内に提出するには人手がイる。
(11) 職人が鉄の鐘をイる。
(12) 放たれた矢が見事に的をイる。

ア 要　イ 入　ウ 居　エ 射　オ 鋳

2 次の各組のカタカナを、漢字に直して（　）に書きなさい。

(1) 視線を感じて顔をフせる。・人生を棒にフる。
(2) 大切な使命をオびる。・親友との別れをオしむ。
(3) 不安をカり立てる。・服のボタンをカける。
(4) 晴天が続いて空がスむ。・ガラスをスかして見る。
(5) 絵に思いをコめる。・友情は利害をコえる。
(6) 自らの行動をクやむ。・本のページをクる。
(7) 母が包丁をトぐ。・苦労して目的をトげる。

ヒント (6)「クる」は「ページをめくる」という意味。

12 同音異義語(2)

正答数　問／22問

1 次の――線のカタカナの漢字をそれぞれ選び、記号で答えなさい。

(1) 好きな音楽をカンショウする。
(2) 幼い日を思い出してカンショウにひたる。
(3) 国境にカンショウ地帯を設ける。

ア 緩衝　イ 管掌　ウ 鑑賞　エ 感傷　オ 観賞

(4) ロケットがセイソウ圏を脱出する。
(5) 室内をセイソウする。
(6) 式典にセイソウで出席する。

ア 盛装　イ 政争　ウ 清掃　エ 正装　オ 成層

(7) 観光事業のシンコウを図る。
(8) 宗教のシンコウは個人の自由だ。
(9) 地域の人々とのシンコウを深める。

ア 進行　イ 親交　ウ 振興　エ 新興　オ 信仰

(10) 地域の祭りに校庭をカイホウする。
(11) 事態がカイホウに向かう。
(12) 具合の悪い人をカイホウする。

ア 快方　イ 解放　ウ 解法　エ 開放　オ 介抱

2 次の各組のカタカナを、漢字に直して（　）に書きなさい。

(1) 会社のキカン部門に勤める。（　）・胃は消化キカンだ。（　）
(2) タイショウ的な性格の二人。（　）・学生タイショウの調査。（　）
(3) 高名な先生にシジする。（　）・現市長をシジする。（　）
(4) 新法令がシコウされる。（　）・上昇シコウが強い人。（　）
(5) よい結果を得てカンキする。（　）・注意をカンキする。（　）

チャレンジ問題！ 次の文の――線の読みを書き、その同音異義語を二つ書きなさい。

・彼女の穏やかな人柄に好意を寄せる。

読み（　）　同音異義語 □・□

ヒント 角度を変えて、いろいろな同音異義語を考えてみよう。

11 同音異義語(1)

正答数　　問／26問

1 次の――線のカタカナの漢字をそれぞれ選び、記号で答えなさい。

ヒント 組み合わさる漢字や部首などをヒントに、各漢字の意味を考えてみよう。

(1) 有事にケン明な判断を下す。（　）
(2) 二つの委員会をケン務する。（　）
(3) こづかいのケン約に努める。（　）

ア 剣　イ 倹　ウ 賢　エ 兼　オ 憲

(4) 必要な箇所を抜スイする。（　）
(5) 好きなアーティストに心スイする。（　）
(6) 日本固有の文化のスイ退を防ぐ。（　）

ア 衰　イ 吹　ウ 酔　エ 推　オ 粋

(7) 社会福シの充実に力を入れる。（　）
(8) 報告書の要シをまとめる。（　）
(9) 教育の専門委員会にシ問する。（　）

ア 旨　イ 諮　ウ 刺　エ 祉　オ 資

(10) けがにより試合の途中でキ権する。（　）
(11) 高速道路が途中で分キする。（　）
(12) 彼のふるまいは常キを逸している。（　）

ア 起　イ 岐　ウ 棄　エ 機　オ 軌

2 次の各組のカタカナを、漢字に直して（　）に書きなさい。

(1) 顔の輪カクを描く。（　）・遠カク地をつなぐ。（　）
(2) 双方のジョウ歩を求める。（　）・ジョウ長表現を改める。（　）
(3) ホウ人留学生が増加する。（　）・都市の人口がホウ和する。（　）
(4) 早起きをレイ行する。（　）・レイ細企業を援助する。（　）
(5) セイ鋭チームを結成する。（　）・申セイ書を提出する。（　）
(6) ハク真の演技を見せる。（　）・船が港に停ハクする。（　）
(7) 武道の神ズイを極める。（　）・ズイ筆を読む。（　）

学習日　月　日

10 熟字訓(2)

正答数　問／30問

1 次の植物に関する熟字訓の読みを、（　）に書きなさい。

(1) 山茶花（　）
(2) 無花果（　）
(3) 土筆（　）
(4) 百合（　）
(5) 女郎花（　）
(6) 南瓜（　）
(7) 胡瓜（　）
(8) 小豆（　）
(9) 枇杷（　）

2 次の生き物に関する熟字訓の読みを、（　）に書きなさい。

(1) 海月（　）
(2) 海豚（　）
(3) 海老（　）
(4) 雑魚（　）
(5) 河豚（　）
(6) 秋刀魚（　）
(7) 朱鷺（　）
(8) 百舌（　）
(9) 百足（　）

3 次の自然に関する熟字訓の読みを、（　）に書きなさい。

(1) 五月雨（　）
(2) 吹雪（　）
(3) 雪崩（　）
(4) 息吹（　）
(5) 陽炎（　）
(6) 十六夜（　）

4 次の生活や文化に関する熟字訓の読みを、（　）に書きなさい。

(1) 竹刀（　）
(2) 足袋（　）
(3) 松明（　）
(4) 神楽（　）
(5) 寄席（　）
(6) 祝詞（　）

チャレンジ問題！ 次の文から熟字訓を二つ抜き出し、読みを書きなさい。

・昼食後に、従兄弟と井戸で冷やした西瓜を仲良く折半した。

熟字訓［　　］　読み（　）
熟字訓［　　］　読み（　）

学習日　　月　　日

9 熟字訓(1)

正答数　　問／26問

1 次のカタカナの熟字訓を、漢字に直して□に書きなさい。

□ (1) □（ケシキ）を眺める。

□ (2) □（クダモノ）を食べる。

□ (3) □（タナバタ）の飾りつけ。

□ (4) □（メガネ）をかける。

□ (5) □（シミズ）が湧く。

□ (6) □（マイゴ）になる。

□ (7) □（ココチ）よい響き。

□ (8) □（ツユ）が始まる。

□ (9) □（ナゴリ）惜しい。

□ (10) □（ユクエ）をくらます。

□ (11) □（ユカタ）を着る。

□ (12) □（ミヤゲ）を買う。

2 次の――線の熟字訓の読みを、（　）に書きなさい。

ヒント (1)は「田や家（舎）があるところ」など、熟語全体の意味を考えてみるのもよい。

□ (1) 田舎で暮らす。（　　）

□ (2) 砂利を敷き詰める。（　　）

□ (3) 読経の声が聞こえる。（　　）

□ (4) 山車が練り歩く。（　　）

□ (5) 三味線の音色。（　　）

□ (6) 師走は慌ただしい。（　　）

□ (7) 煮物の灰汁を取る。（　　）

□ (8) 野良仕事に精を出す。（　　）

□ (9) 若人の集いに参加する。（　　）

□ (10) 冷たい時雨が降る。（　　）

□ (11) 為替レートが変動する。（　　）

□ (12) 昔からある老舗。（　　）

□ (13) 暖かくて日和がよい。（　　）

□ (14) 試合展開に固唾をのむ。（　　）

8 誤りやすい漢字⑵

正答数　　問／14問

1 次の文中には、誤って使われている漢字が一字あります。その漢字を探し、正しい漢字に直しなさい。

⑴ 結婚式に紹待する両家の客をリストアップして、一覧で印刷して確認する。（　　）→（　　）

⑵ 県の措置の成果はなく、以然として人口の減少傾向に歯止めがかからない。（　　）→（　　）

⑶ 正月などの繁忙期の混雑の緩和に向け、国土交通省が新システムの動入を図る。（　　）→（　　）

⑷ 栄養や休息をしっかりとり、体調管理に努めて、最後の試合に臨む体勢を整えた。（　　）→（　　）

⑸ 店頭に並ぶ商品に表示された食品添化物に違反がないか、綿密な調査が行われる。（　　）→（　　）

⑹ 製造課程の不備から、想定外の副産物が派生し、処理方法を検討している。（　　）→（　　）

2 次の――線の漢字を、形の似ている字に注意して（　）に書き分けなさい。

⑴ 事故の要イン（　　）を探る。・コン（　　）難に立ち向かう。

⑵ 神経がスイ（　　）弱する。・人生の悲アイ（　　）が漂う。

⑶ クッ（　　）伸運動をする。・宝物を発クツ（　　）する。

⑷ 配グウ（　　）者の名前を書く。・実力者を優グウ（　　）する。

チャレンジ問題！　次の文章には、誤って使われている熟語が複数あります。その熟語すべてに線を引き、正しい漢字に直しなさい。

・最新の技術を駆使した整巧な新製品が発表された。早速、取材合戦が始まり、テレビ局が大挙して押し寄せたが、開発者と縁のあった一社のみが撮映の権利を獲特した。

（　　）（　　）（　　）

国語

7 誤りやすい漢字(1)

正答数　問／22問

1 次の——線の漢字の読みを、形の似ている字に注意して（　）に書きなさい。

(1) □ 微妙な違いを調べる。（　）・□ 平和を象徴する建物。（　）

(2) □ 軽率な言動を慎む。（　）・□ 意識を失い卒倒する。（　）

(3) □ 鉄壁の守り。（　）・□ 特殊な性癖。（　）

(4) □ 皆既月食の観察。（　）・□ 感慨にふける。（　）

(5) □ 事業の要綱を見る。（　）・□ 網の目のような模様。（　）

(6) □ 残虐な史実。（　）・□ 空虚な気持ちになる。（　）

2 次の文の——線の漢字が正しければ○を書き、誤っていれば正しい漢字を書きなさい。

個々の漢字の部首と意味をヒントに考えよう。

□ (1) 学校に市の職員を派遣する。（　）

□ (2) 新しい政作が発令される。（　）

□ (3) 友人の家で行義よくふるまう。（　）

□ (4) 今までの経維を明らかにする。（　）

□ (5) 激しい争いを傍観する。（　）

□ (6) 所属するクラブに歓誘する。（　）

□ (7) 一人だけ強硬に反対する。（　）

□ (8) 敵に囲まれて弧立する。（　）

□ (9) 無駄な金銭を朗費する。（　）

□ (10) ボランティアを公慕する。（　）

6 送り仮名(2)

正答数　　問／20問

1 次の――線のカタカナを、漢字一字と送り仮名で書きなさい。

(1) カロヤカな足取り。（　　）

(2) 思わず目をソムケル。（　　）

(3) 欠員をオギナウ。（　　）

(4) つり糸をタラス。（　　）

(5) 危険をトモナウ。（　　）

(6) ワザワイから身を守る。（　　）

(7) 準備にアワタダシイ。（　　）

(8) ウタガワシイ人物。（　　）

(9) 事実にモトヅク意見。（　　）

(10) かばんをタズサエル。（　　）

(11) アヤシイ物音を聞く。（　　）

(12) ホガラカに笑う。（　　）

2 次の――線のカタカナは、同じ漢字を使います。送り仮名の違いに気をつけて、漢字で書きなさい。

(1) 妹をツレテ出かける。（　　）・美しい山がツラナル。（　　）

(2) 自分の未来をウラナウ。（　　）・若者が八割をシメル。（　　）

(3) キビシイ意見を述べる。（　　）・オゴソカな雰囲気の場所。（　　）

(4) 壊れた時計をナオス。（　　）・タダチに出動する。（　　）

チャレンジ問題！ 次の文の中で、送り仮名が誤っている語句の記号を答え、漢字と送り仮名を正しく書き直しなさい。

・作業が㋐滞おらないように、目標を㋑絞り、㋒賢い行動を取ろう。

送り仮名が誤っている語句…［　　］

正しい表記…（　　）

5 送り仮名(1)

正答数　　問／24問

1 次の送り仮名の違いに気をつけて、――線の漢字の読みを（　）に書きなさい。

(1) 火事から逃げる。（　）・責任を逃れる。（　）

(2) 優しい性格の人。（　）・彼は理解力が優れている。（　）

(3) 気持ちが焦る。（　）・胸を焦がす。（　）

2 次のうち、送り仮名が正しい方に○を付けなさい。

(1) トトノエル ｛調える／調る｝

(2) アキナウ ｛商なう／商う｝

(3) アヤウイ ｛危うい／危い｝

(4) シイル ｛強いる／強る｝

3 次の――線のカタカナを、漢字一字と送り仮名で書きなさい。

(1) 恩にムクイル。（　）

(2) ココロヨイ返事をもらう。（　）

(3) 机の上をチラカス。（　）

(4) シャワーをアビル。（　）

(5) 医師をココロザス。（　）

(6) オサナイ子どもを守る。（　）

(7) 大勢の人がムラガル。（　）

(8) スコヤカな成長を願う。（　）

(9) 挑戦をココロミル。（　）

(10) イチジルシイ進歩を遂げる。（　）

(11) 支払いをスマス。（　）

(12) 目上の人をウヤマウ。（　）

(13) ライバルをシリゾケル。（　）

(14) 畑をタガヤス。（　）

4 漢字の書きと読み(4)

正答数　　問／20問

1 次のカタカナを、漢字に直して□に書きなさい。

(1) 主張を［ハイセキ］する。

(2) 時間に［コウソク］される。

(3) 友人を［ハゲ］ます。

(4) ［コドク］を愛する。

(5) 一般的な［ガイネン］。

(6) 感情を［オサ］える。

(7) 政界の［ジュウチン］。

(8) 工夫を［コ］らす。

(9) 送別の会を［モヨオ］す。

(10) ［ゴウカ］な装飾品。

(11) ［カカン］に挑戦する。

(12) 空気が［ボウチョウ］する。

2 次の――線の漢字の読みを、（　）に書きなさい。

(1) 潤沢な資金を有する。（　）

(2) 怠ることなく努力する。（　）

(3) 物語が佳境に入る。（　）

(4) 部下の心を掌握する。（　）

(5) 花の香りが漂う。（　）

(6) 財産を秘匿する。（　）

(7) 悔恨の情にかられる。（　）

(8) 個々の事情を勘案する。（　）

チャレンジ問題！ □に共通して入る、〈 〉の読みを持つ漢字を書きなさい。

〈ショウ〉□進・□降・□格 →（　）

〈ヨウ〉□力・掲□・高□ →（　）

3 漢字の書きと読み(3)

正答数　　問／26問

1 次のカタカナを、漢字に直して□に書きなさい。

(1) 病気を［コクフク］する。

(2) 政策の［シュジク］。

(3) 映画を［ト］る。

(4) 水分を［セッシュ］する。

(5) ［キドウ］に乗る。

(6) データを［チュウシュツ］する。

(7) お株を［ウバ］う。

(8) りんごの［シュウカク］。

(9) 英語を［ホンヤク］する。

(10) 本物と［マギ］らわしい。

(11) 食費を［ケズ］る。

(12) 自己［ケイハツ］を図る。

2 次の――線の漢字の読みを、（　）に書きなさい。

(1) 調査に赴く。（　　）

(2) 条件に該当する。（　　）

(3) 利害関係の折衝を行う。（　　）

(4) 物陰に潜む。（　　）

(5) 権威が失墜する。（　　）

(6) 将来を嘱望される人物。（　　）

(7) 災害の脅威を除く。（　　）

(8) 暫定的な予算。（　　）

(9) 他業種と提携する。（　　）

(10) 決勝で惜敗する。（　　）

(11) さりげなく目で促す。（　　）

(12) ライバルの追随を許さない。（　　）

(13) 自らの任務を完遂する。（　　）

(14) 物事を穏便に済ます。（　　）

学習日　　月　　日

2 漢字の書きと読み(2)

正答数　　問／20問

1 次のカタカナを、漢字に直して□に書きなさい。

(1) □（センモン）分野の研究。

(2) 赤い色が□（ハ）える。

(3) □（ケワ）しい顔をする。

(4) □（ケイシャ）が急だ。

(5) 友人を□（ショウカイ）する。

(6) プリントを□（ス）る。

(7) 道に□（ソ）って歩く。

(8) 平和を□（キネン）する。

(9) □（カジョウ）書きにする。

(10) □（モケイ）の飛行機。

(11) □（ギネン）が晴れる。

(12) 美しい□（ヒメ）。

2 次の――線の漢字の読みを、（　）に書きなさい。

(1) 生涯の夢をかなえる。（　）

(2) 廉価な商品を提供する。（　）

(3) 漢字を変換する。（　）

(4) 書類を破棄する。（　）

(5) ひどい目に遭う。（　）

(6) 雌雄を決する。（　）

(7) 目標を掲げる。（　）

(8) サッカー部に勧誘する。（　）

チャレンジ問題！　「抱」の読みを、（　）に書きなさい。

(1) 今年の抱負を述べる。（　）

(2) 人形を抱く。（　）

(3) 悩みを抱える。（　）

(4) 心に希望を抱く。（　）

国語

1 漢字の書きと読み(1)

正答数　問/26問

1 次のカタカナを、漢字に直して□に書きなさい。

(1) 計画を□(ネ)る。
(2) □(キリ)が晴れる。
(3) 心が□(サワ)ぐ。
(4) □(ハバ)が広い。
(5) □(カブ)が上がる。
(6) コップの□(フチ)。
(7) 友達を□(ムカ)える。
(8) □(オク)にこもる。
(9) なべが□(ニ)える。
(10) 時を□(キザ)む。
(11) □(ウデ)をまくる。
(12) 水が□(コオ)る。

2 次の——線の漢字の読みを、(　)に書きなさい。

(1) 獣のさけび声。(　)
(2) 絹を織る。(　)
(3) 穏やかに笑う。(　)
(4) 出足が鈍る。(　)
(5) 両手を握る。(　)
(6) 鬼の形相。(　)
(7) 墨を使って書く。(　)
(8) 遠くに湾が広がる。(　)
(9) 既に知られた事実。(　)
(10) 席を人に譲る。(　)
(11) 隣の芝生は青い。(　)
(12) 畳に座る。(　)
(13) 胸を焦がす。(　)
(14) 亡き祖父の幻を見る。(　)

高校生の基礎力養成ワーク　国語編　目次

■本書の使い方

国語の基礎的な力が身につけられるよう編修しました。漢字や文法などの知識を身につけたあと，読解問題に取り組みましょう。問題のチェックボックスは反復練習などにご活用ください。

■本書の構成

▶難しい問題には，ヒント を掲載しました。問題が解けない場合は，参考にしてください。

▶言語分野に，思考力・判断力・表現力が身につくようなチャレンジ問題を掲載しています。各単元に関連する内容で作問していますので，ぜひ取り組んでみてください。

▶編末に達成度確認テストを掲載しています。最後に取り組み，本書での学習の成果を確認してみましょう。

＊英語編の解答・解説は25ページから，国語編の解答・解説は裏表紙から始まります。

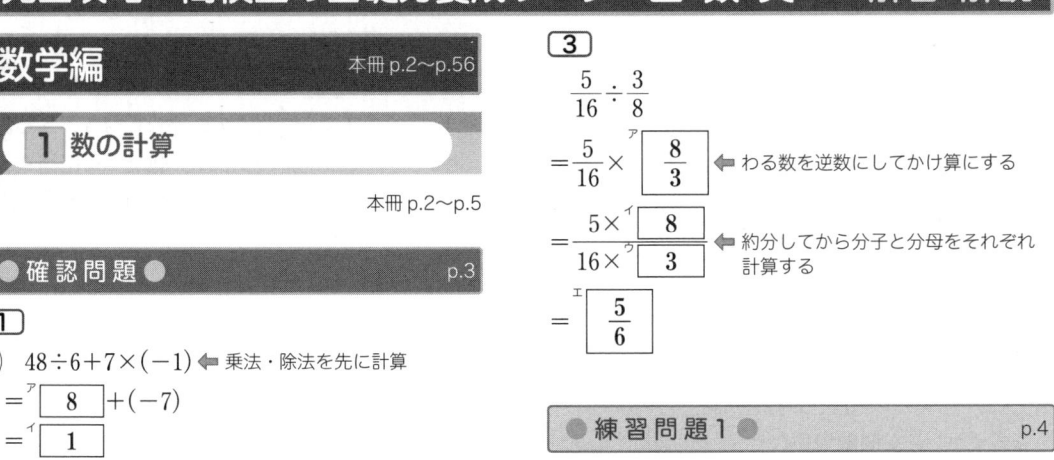

完全攻略　高校生の基礎力養成ワーク―国・数・英―　解答・解説

数学編　本冊 p.2～p.56

1 数の計算

本冊 p.2～p.5

●確認問題●　p.3

1

(1) $48\div6+7\times(-1)$ ⇐ 乗法・除法を先に計算

$=^{ア}\boxed{8}+(-7)$

$=^{イ}\boxed{1}$

(2) $3\times(11-4)-6$ ⇐ (　) の中を先に計算

$=3\times^{ア}\boxed{7}-6$

$=^{イ}\boxed{21}-6$

$=^{ウ}\boxed{15}$

(3) $-12\div(3+12\div2^2)$ ⇐ 累乗を先に計算

$=-12\div(3+12\div^{ア}\boxed{4})$

$=-12\div(3+^{イ}\boxed{3})$

$=-12\div^{ウ}\boxed{6}$

$=^{エ}\boxed{-2}$

(4) $\{10\div(2^3-3)+(-4)^2\}\times7$ ⇐ 累乗を先に計算

$=\{10\div(^{ア}\boxed{8}-3)+^{イ}\boxed{16}\}\times7$

$=(10\div5+^{ウ}\boxed{16})\times7$

$=(2+^{エ}\boxed{16})\times7$ ⇐ (　) の中を計算する

$=18\times7$

$=^{オ}\boxed{126}$

ポイント

累乗→かっこ→乗除→加減の順番に計算する。

2

```
       4 3
×    [a][b]
----------
   [c][d] 1
  [あ] 6
----------
[e][f][い] 1
```

$3\times\boxed{b}=\boxed{\ }1$ なので，

$\boxed{b}$ には $^{ア}\boxed{7}$ が入る。

よって，$\boxed{d}$ には $^{イ}\boxed{0}$，

$\boxed{c}$ には $^{ウ}\boxed{3}$ が入る。

$3\times\boxed{a}=\boxed{\ }6$ なので，

$\boxed{a}$ には $^{エ}\boxed{2}$ が入る。

したがって，

$\boxed{あ}$ には $^{オ}\boxed{8}$，

$\boxed{い}$ には $^{カ}\boxed{6}$ が入る。

3

$\dfrac{5}{16}\div\dfrac{3}{8}$

$=\dfrac{5}{16}\times^{ア}\boxed{\dfrac{8}{3}}$ ⇐ わる数を逆数にしてかけ算にする

$=\dfrac{5\times^{イ}\boxed{8}}{16\times^{ウ}\boxed{3}}$ ⇐ 約分してから分子と分母をそれぞれ計算する

$=^{エ}\boxed{\dfrac{5}{6}}$

●練習問題1●　p.4

1

(1) $8\times(-2)+54\div3$

$=-16+18$

$=2$　**答** 2

(2) $7\times(8-6^2\div9)$

$=7\times(8-36\div9)$

$=7\times(8-4)$

$=7\times4$

$=28$　**答** 28

2

(1)
```
    3 7 [ア][a] 4
-       9  3 [b]
----------------
  2 [イ] 1  8  8
        ⇓
  2 [イ] 1  8  8
+       9  3 [b]
----------------
    3 7 [ア][a] 4
```

$\boxed{\ }$ を $\boxed{a}$，$\boxed{b}$ として，たし算に直して考える。

$8+\boxed{b}=\boxed{\ }4$ なので，

$\boxed{b}$ には6が入る。

よって，$\boxed{a}$ には1が入り，

$\boxed{ア}$ には**5**が入る。

さらに，$2\boxed{イ}+9=37$ なので

$\boxed{イ}$ には**8**が入る。

答 ア：**5**，イ：**8**

(2)
```
      2 [ア] 6
×        3 [a]
--------------
      [ ] 6 4
   [ ][ ] 8
--------------
[ ][イ][ ][ ]
       ⇓
      2 [1] 6
×        3 [4]
--------------
     [8] 6 4
  [6][4] 8
--------------
[7][3][4][4]
```

$3\boxed{\ }$ の $\boxed{\ }$ を $\boxed{a}$ とすると，

$6\times\boxed{a}=\boxed{\ }4$ なので，

$\boxed{a}$ には，4か9が入ることになるが，9の場合は $2\boxed{ア}6\times9$ の積が4けたになるので，$\boxed{a}$ には4が入る。

よって，$\boxed{ア}$ には1か6が入ることになるが，6の場合は 266×4 の積が4けたになるので，$\boxed{ア}$ には**1**が入る。

計算していくと，$\boxed{イ}$ には**3**が入る。　**答** ア：**1**，イ：**3**

3

(1) 5.38−3.592=**1.788**

```
   5.3 8
− 3.5 9 2
   1.7 8 8
```

答 **1.788**

(2) $\frac{11}{4}-\frac{8}{5}$

$=\frac{55}{20}-\frac{32}{20}$

$=\frac{23}{20}$

$=1\frac{3}{20}$

答 $1\frac{3}{20}$

チャレンジ問題 SPI 四則計算

$(-4)^2-3\times(1-8)$

$=16-3\times(-7)$

$=16+21$

$=37$

答 C

練習問題2 p.5

1

(1) $56\div8+2\times(-3)$

$=7+(-6)$

$=1$

答 **1**

(2) $\{(-5)^2-10\div(4^2-6)\}\div8$

$=\{25-10\div(16-6)\}\div8$

$=(25-10\div10)\div8$

$=(25-1)\div8$

$=24\div8$

$=3$

答 **3**

2

(1)

```
      3 [ア] 8
×        5 [a]
   [ ][b] 4
[ ][ ] 4 0
[ ][イ] 3 8 [ ]
      ⇓
      3 [2] 8
×        5 [3]
    [9][8] 4
[1][6] 4 0
[1][7] 3 8 [4]
```

5□の□を[a]，□□4のまん中の□を[b]とすると，8×[a]=□4なので，[a]には，3か8が入ることになるが，8の場合は3[ア]8×8の積が4けたになるので，[a]には3が入る。また，[b]には8が入るので，[ア]には**2**が入る。よって，計算していくと，[イ]には**7**が入る。

答 ア：**2**，イ：**7**

(2)

```
            5 [ア]
[イ] 8 ) 2 7 3 6
         [2][4][0]
            [3][3][6]
            [3][3][6]
                    0
```

商の十の位が5なので，273の下の□□□には，[イ]8×5の値で273を超えないものが入る。よって，[イ]には**4**が入る。わる数が48と判明したので，計算していくと[ア]には**7**が入る。

答 ア：**7**，イ：**4**

3

(1) 3.5×0.74=**2.59**

```
     3.5  ⇐ 右はしにそろえて計算する
×   0.7 4
     1 4 0
   2 4 5
   2.5 9 0̸
```

答 **2.59**

(2) $\frac{10}{7}+2\frac{2}{3}$

$=1\frac{3}{7}+2\frac{2}{3}$

$=(1+2)+\left(\frac{9}{21}+\frac{14}{21}\right)$

$=3+\frac{23}{21}$

$=3+1\frac{2}{21}$

$=4\frac{2}{21}$

答 $4\frac{2}{21}$

チャレンジ問題 SPI 小数の計算

2.75+1.194=3.944

```
     1
   2.7 5
+ 1.1 9 4
   3.9 4 4
```

答 D

2 比率と割合・比例と反比例

本冊 p.6〜p.9

確認問題 p.7

1

(りんごジュースの量)：(みかんジュースの量)
$=7:8$ なので，
求めるみかんジュースの量を x mL とすると，
$7:8=$ ア $\boxed{210}$ $:x$
$7x=$ イ $\boxed{1680}$ ⇐ 外項の積＝内項の積
$x=$ ウ $\boxed{240}$ (mL)

ポイント
$a:b=c:d$
$\rightarrow ad=bc$ (外項の積)＝(内項の積)

みかんジュースはりんごジュースに対して $\frac{8}{7}$ の量だから，
$210\times\frac{8}{7}=\mathbf{240}$ (mL)
と考えてもよい。

2

昨年度の生徒数を 1 とする。
今年度の生徒数の昨年度の生徒数に対する割合は，
$1-$ ア $\boxed{0.05}$ $=$ イ $\boxed{0.95}$
(基準とする量)＝(比較する量)÷(割合) より，
昨年度の生徒数は，$760\div$ ウ $\boxed{0.95}$ $=$ エ $\boxed{800}$ (人)

3

仕入れ値を 1 とする。
定価の仕入れ値に対する割合は，
$1+$ ア $\boxed{0.15}$ $=$ イ $\boxed{1.15}$
(基準とする量)＝(比較する量)÷(割合) より，
仕入れ値は，$3220\div$ ウ $\boxed{1.15}$ $=$ エ $\boxed{2800}$ (円)

4

(1) ア $\boxed{-12}$ $=a\times$ イ $\boxed{6}$ だから ⇐ $y=ax$ に代入
$a=$ ウ $\boxed{-2}$
よって，$y=$ エ $\boxed{-2}$ x

(2) ア $\boxed{-4}$ $=\frac{a}{\text{イ}\ \boxed{2}}$ だから ⇐ $y=\frac{a}{x}$ に代入
$a=$ ウ $\boxed{-8}$
よって，$y=\frac{\text{エ}\ \boxed{-8}}{x}$

練習問題 1 p.8

1

(弟が出した金額)：(合計金額)
$=3:(5+3)=3:8$ なので，
弟が出した金額を x 円とすると，
$3:8=x:2000$
$8x=6000$
$x=\mathbf{750}$ (円)　　答 **750(円)**

2

T シャツの在庫全体の枚数を 1 とする。
L サイズの枚数の在庫全体の枚数に対する割合は
$1-(0.25+0.5)=1-0.75$
$=0.25$
(基準とする量)＝(比較する量)÷(割合)より，
在庫全体の枚数は
$12\div0.25=\mathbf{48}$ (枚)　　答 **48 枚**

3

(1) y は x に比例するので，$y=ax$ に $x=2$，
$y=-8$ を代入すると，
$-8=a\times2$ だから
$a=-4$
よって，$\boldsymbol{y=-4x}$　　答 $\boldsymbol{y=-4x}$

(2) y は x に反比例するので，$y=\frac{a}{x}$ に $x=3$，
$y=-4$ を代入すると，
$-4=\frac{a}{3}$ だから
$a=-12$
よって，$\boldsymbol{y=-\frac{12}{x}}$　　答 $\boldsymbol{y=-\frac{12}{x}}$

チャレンジ問題 ―― SPI 割合

はじめのお茶の量を 1 とする。
昨日，$\frac{1}{3}$ を飲んだから，今日残っているお茶の量は
$1-\frac{1}{3}=\frac{2}{3}$
今日飲んだお茶の量は，この $\frac{2}{3}$ のうちの $\frac{1}{4}$ だから，
$\frac{2}{3}\times\frac{1}{4}=\frac{1}{6}$
残っているお茶の量は，$1-\frac{1}{3}-\frac{1}{6}=\frac{1}{2}$
よって，正解は D　　答 D

練習問題2 p.9

1

(B市)：(C市)＝7：4 より，
(B市)＝200×7÷4＝350(km^2)
よって，(A市)：(B市)＝8：5 より，
(A市)＝350×8÷5＝560(km^2)
これより，(A市)＋(B市)＝560＋350
＝**910(km^2)**

答 **910(km^2)**

2

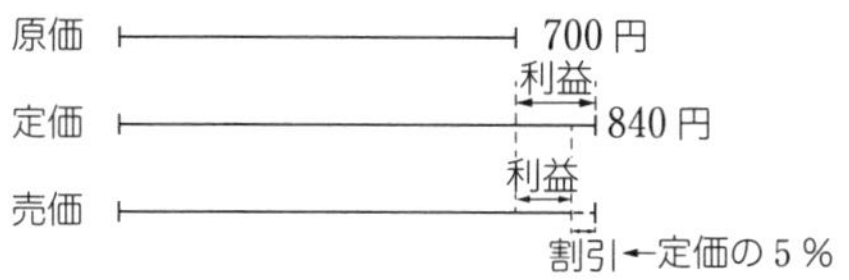

定価は，700×(1＋0.2)＝840(円)
売価は，840×(1−0.05)＝798(円)

$\frac{売価}{原価}=\frac{798}{700}=1.14$

つまり，原価の **14％**増しとなる。　答 **14％**

［別解］
原価を1と考える方法もある。

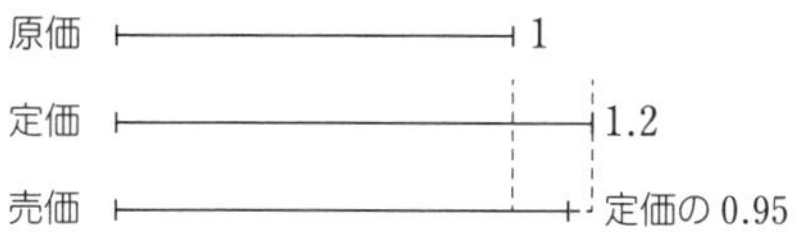

つまり，売値は原価を1としたとき
1.2×0.95＝1.14
つまり，原価に対して **14％**増しとなる。　答 **14％**

3

(1) y は x に比例するので，$y=ax$ に
$x=-3$，$y=9$ を代入すると，
$9=a\times(-3)$ だから
$a=-3$
よって，$\boldsymbol{y=-3x}$　答 $\boldsymbol{y=-3x}$

(2) y は x に反比例するので，$y=\frac{a}{x}$ に
$x=-2$，$y=5$ を代入すると，
$5=\frac{a}{-2}$ だから
$a=-10$
よって，$\boldsymbol{y=-\frac{10}{x}}$　答 $\boldsymbol{y=-\frac{10}{x}}$

チャレンジ問題 ―― SPI 比

(コーヒーの量)：(カフェオレの量)
＝7：(7＋5)＝7：12 なので，
コーヒーの量を x mL とすると
7：12＝x：240
$12x=1680$
$x=140$(mL)
よって，正解は C　答 C

7＋5＝12 のうち，コーヒーの量が7だから，
$240\times\frac{7}{12}=140$(mL)と考えてもよい。

3 文字式・式の計算

本冊 p.10〜p.13

確認問題 p.11

1

(1) $a\times b\times 3\times b$

$=$ ア $\boxed{3}$ ab イ $\boxed{2}$ ⇐ 文字の積はアルファベット順にかく

(2) $x\times y\times x\times(-1)$

$=$ ア $\boxed{-}$ x イ $\boxed{2}$ y ⇐ 1は省略する

(3) $y\div x\times 5$

$=$ ア $\boxed{\dfrac{5y}{x}}$

(4) $(3\times x+y)\div 2$

$=\dfrac{ア\boxed{3x}+y}{イ\boxed{2}}$

2

(1) $5a+4a$

$=($ア $\boxed{5}+4)a$

$=$ イ $\boxed{9a}$

(2) $5y-3y+y$

$=($ア $\boxed{5}-3+$イ $\boxed{1})y$

$=$ ウ $\boxed{3y}$

(3) $3x+6y-2x+4y$

$=(3-$ア $\boxed{2})x+($イ $\boxed{6}+4)y$

$=$ ウ $\boxed{x+10y}$

(4) $x^2+5x-3x^2-2x$

$=($ア $\boxed{1}-3)x^2+(5-$イ $\boxed{2})x$

$=$ ウ $\boxed{-2x^2+3x}$

3

(1) $2A+B$

$=2(3x^2-x+4)+(x^2+5x-2)$

$=$ ア $\boxed{6}x^2-$イ $\boxed{2}x+$ウ $\boxed{8}+x^2+5x-2$

$=(6x^2+x^2)+(-2x+5x)+(8-2)$

$=$ エ $\boxed{7}x^2+$オ $\boxed{3}x+$カ $\boxed{6}$

(2) $A-2B$

$=(3x^2-x+4)-2(x^2+5x-2)$

$=3x^2-x+4-$ア $\boxed{-2}x^2$ イ $\boxed{10}x+$ウ $\boxed{4}$

$=(3x^2-2x^2)+(-x-10x)+(4+4)$

$=$ エ $\boxed{x^2-11x+8}$

練習問題1 p.12

1

(1) $x\times y\times 5\times x$

$=5x^2y$ 　答 $5x^2y$

(2) $y\div x\times 3\times y$

$=\dfrac{3y^2}{x}$ 　答 $\dfrac{3y^2}{x}$

(3) $x\times x\times(-1)\times y\times y\times y$

$=-x^2y^3$ 　答 $-x^2y^3$

(4) $a\div b\times(-3)\times c$

$=-\dfrac{3ac}{b}$ 　答 $-\dfrac{3ac}{b}$

2

(1) $7x+x$

$=(7+1)x$

$=8x$ 　答 $8x$

(2) $3a-4a-2a$

$=(3-4-2)a$

$=-3a$ 　答 $-3a$

(3) $2x-5y-3x+4y$

$=(2-3)x+(-5+4)y$

$=-x-y$ 　答 $-x-y$

(4) $-x^2+6x+2x^2-8x$

$=(-1+2)x^2+(6-8)x$

$=x^2-2x$ 　答 x^2-2x

3

$2A-3B$

$=2(4x^2+x-3)-3(3x^2-2x+1)$

$=8x^2+2x-6-9x^2+6x-3$

$=(8x^2-9x^2)+(2x+6x)+(-6-3)$

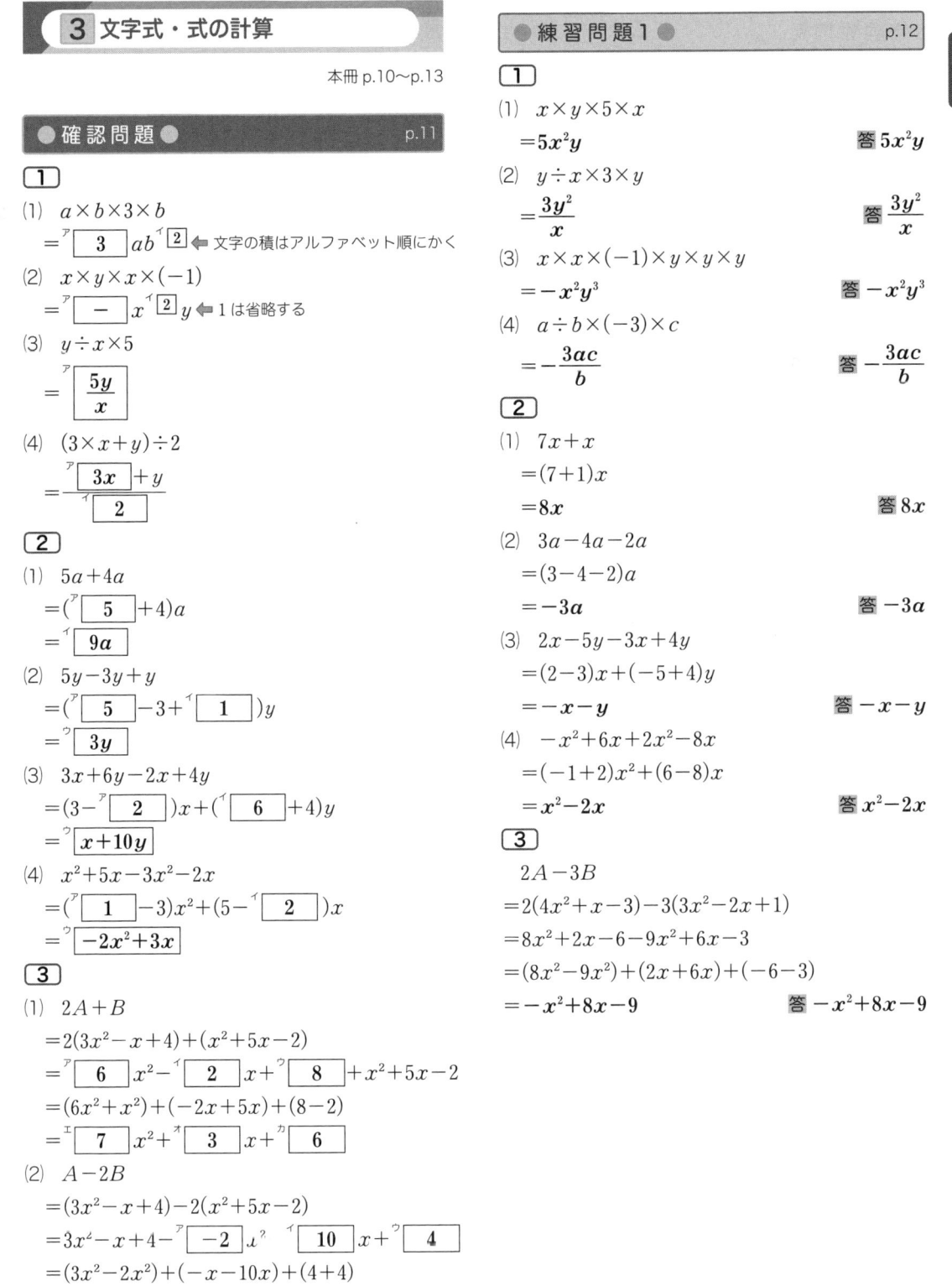

$=-x^2+8x-9$ 　答 $-x^2+8x-9$

練習問題2　p.13

1

(1) $b\times b\times 1\times a$

$=\boldsymbol{ab^2}$　答 $\boldsymbol{ab^2}$

(2) $a+b\times 3\div 3$

$=\boldsymbol{a+b}$　答 $\boldsymbol{a+b}$

(3) $(a+b)\div(c-d)$

$=\boldsymbol{\frac{a+b}{c-d}}$　答 $\boldsymbol{\frac{a+b}{c-d}}$

(4) $(x\times 4\times x+y)\div x$

$=\boldsymbol{4x+\frac{y}{x}}$　答 $\boldsymbol{4x+\frac{y}{x}}$

2

(1) $-3x+5x$

$=(-3+5)x$

$=\boldsymbol{2x}$　答 $\boldsymbol{2x}$

(2) $4y+y-6y$

$=(4+1-6)y$

$=\boldsymbol{-y}$　答 $\boldsymbol{-y}$

(3) $-2a+5b-3a-3b$

$=(-2-3)a+(5-3)b$

$=\boldsymbol{-5a+2b}$　答 $\boldsymbol{-5a+2b}$

(4) $-2x^2-5x+2x+4x^2$

$=(-2+4)x^2+(-5+2)x$

$=\boldsymbol{2x^2-3x}$　答 $\boldsymbol{2x^2-3x}$

3

$2A+B$

$=2(-x^2+3x+2)+(2x^2+5x-3)$

$=-2x^2+6x+4+2x^2+5x-3$

$=(-2x^2+2x^2)+(6x+5x)+(4-3)$

$=\boldsymbol{11x+1}$　答 $\boldsymbol{11x+1}$

4 乗法公式による展開と因数分解

本冊 p.14～p.17

確認問題　p.15

1

(1) $(x+5)(x-5)$

$=$ ア $\boxed{x}^2-$ イ $\boxed{5}^2$ ⇐ 乗法公式①を利用

$=$ ウ $\boxed{x^2-25}$

(2) $(4x+1)(4x-1)$

$=($ ア $\boxed{4x})^2-$ イ $\boxed{1}^2$ ⇐ 乗法公式①を利用

$=$ ウ $\boxed{16x^2-1}$

(3) $(x+4)^2$

$=x^2+2\times x\times$ ア $\boxed{4}+$ イ $\boxed{4}^2$ ⇐ 乗法公式②を利用

$=$ ウ $\boxed{x^2+8x+16}$

(4) $(2x-5)^2$

$=($ ア $\boxed{2x})^2-2\times($ イ $\boxed{2x})\times 5+5^2$ ⇐ 乗法公式②を利用

$=$ ウ $\boxed{4x^2-20x+25}$

(5) $(x-2)(x+6)$

$=x^2+\{(-2)+$ ア $\boxed{6}\}x+(-2)\times$ イ $\boxed{6}$

$=$ ウ $\boxed{x^2+4x-12}$

⇑ 乗法公式③を利用

2

(1) $2x^2y-4xy$

$=$ ア $\boxed{2xy}\times x-$ イ $\boxed{2xy}\times 2$ ⇐ 共通因数である $2xy$ を取り出す

$=$ ウ $\boxed{2xy}(x-2)$

(2) $9x^2-16$

$=($ ア $\boxed{3x})^2-4^2$ ⇐ 因数分解の公式②を利用

$=($ イ $\boxed{3x}+4)($ ウ $\boxed{3x}-4)$

(3) $x^2+10x+25$

$=x^2+2\times x\times$ ア $\boxed{5}+$ イ $\boxed{5}^2$ ⇐ 因数分解の公式③を利用

$=$ ウ $\boxed{(x+5)^2}$

(4) x^2-2x+1

$=x^2-2\times x\times$ ア $\boxed{1}+$ イ $\boxed{1}^2$ ⇐ 因数分解の公式③を利用

$=$ ウ $\boxed{(x-1)^2}$

(5) $x^2-7x+12$　⇓ 因数分解の公式④を利用

$=x^2+\{(-3)+($ ア $\boxed{-4})\}x+(-3)\times($ イ $\boxed{-4})$

$=$ ウ $\boxed{(x-3)(x-4)}$

練習問題1 p.16

1

(1) $(x+1)(x-1)$

$=x^2-1^2$

$=\boldsymbol{x^2-1}$ 答 $\boldsymbol{x^2-1}$

(2) $(3x+2)(3x-2)$

$=(3x)^2-2^2$

$=\boldsymbol{9x^2-4}$ 答 $\boldsymbol{9x^2-4}$

(3) $(2x-3)^2$

$=(2x)^2-2\times(2x)\times3+3^2$

$=\boldsymbol{4x^2-12x+9}$ 答 $\boldsymbol{4x^2-12x+9}$

(4) $(x+3)(x+2)$

$=x^2+(3+2)x+3\times2$

$=\boldsymbol{x^2+5x+6}$ 答 $\boldsymbol{x^2+5x+6}$

(5) $(x-7)(x+3)$

$=x^2+\{(-7)+3\}x+(-7)\times3$

$=\boldsymbol{x^2-4x-21}$ 答 $\boldsymbol{x^2-4x-21}$

(6) $(x-5)(x-4)$

$=x^2+\{(-5)+(-4)\}x+(-5)\times(-4)$

$=\boldsymbol{x^2-9x+20}$ 答 $\boldsymbol{x^2-9x+20}$

2

(1) $12a^2b^2-6ab^2$

$=6ab^2\times2a-6ab^2\times1$

$=\boldsymbol{6ab^2(2a-1)}$ 答 $\boldsymbol{6ab^2(2a-1)}$

(2) $4x^2-25$

$=(2x)^2-5^2$

$=\boldsymbol{(2x+5)(2x-5)}$ 答 $\boldsymbol{(2x+5)(2x-5)}$

(3) $x^2+16x+64$

$=x^2+2\times x\times8+8^2$

$=\boldsymbol{(x+8)^2}$ 答 $\boldsymbol{(x+8)^2}$

(4) $x^2+8x+15$

$=x^2+(3+5)x+3\times5$

$=\boldsymbol{(x+3)(x+5)}$ 答 $\boldsymbol{(x+3)(x+5)}$

(5) x^2+2x-8

$=x^2+\{4+(-2)\}x+4\times(-2)$

$=\boldsymbol{(x+4)(x-2)}$ 答 $\boldsymbol{(x+4)(x-2)}$

(6) $x^2-6x-16$

$=x^2+\{2+(-8)\}x+2\times(-8)$

$=\boldsymbol{(x+2)(x-8)}$ 答 $\boldsymbol{(x+2)(x-8)}$

練習問題2 p.17

1

(1) $(2x+3)(2x-3)$

$=(2x)^2-3^2$

$=\boldsymbol{4x^2-9}$ 答 $\boldsymbol{4x^2-9}$

(2) $(5x+1)^2$

$=(5x)^2+2\times(5x)\times1+1^2$

$=\boldsymbol{25x^2+10x+1}$ 答 $\boldsymbol{25x^2+10x+1}$

(3) $(4x-3)^2$

$=(4x)^2-2\times(4x)\times3+3^2$

$=\boldsymbol{16x^2-24x+9}$ 答 $\boldsymbol{16x^2-24x+9}$

(4) $(x-9)(x+7)$

$=x^2+\{(-9)+7\}x+(-9)\times7$

$=\boldsymbol{x^2-2x-63}$ 答 $\boldsymbol{x^2-2x-63}$

(5) $(x-1)(x-8)$

$=x^2+\{(-1)+(-8)\}x+(-1)\times(-8)$

$=\boldsymbol{x^2-9x+8}$ 答 $\boldsymbol{x^2-9x+8}$

(6) $(x+5)(x-6)$

$=x^2+\{5+(-6)\}x+5\times(-6)$

$=\boldsymbol{x^2-x-30}$ 答 $\boldsymbol{x^2-x-30}$

2

(1) $5x^2y+20xy^2$

$=5xy\times x+5xy\times4y$

$=\boldsymbol{5xy(x+4y)}$ 答 $\boldsymbol{5xy(x+4y)}$

(2) $16x^2-9$

$=(4x)^2-3^2$

$=\boldsymbol{(4x+3)(4x-3)}$ 答 $\boldsymbol{(4x+3)(4x-3)}$

(3) $x^2-10x+25$

$=x^2-2\times x\times5+5^2$

$=\boldsymbol{(x-5)^2}$ 答 $\boldsymbol{(x-5)^2}$

(4) x^2+7x+6

$=x^2+(1+6)x+1\times6$

$=\boldsymbol{(x+1)(x+6)}$ 答 $\boldsymbol{(x+1)(x+6)}$

(5) $x^2-8x+15$

$=x^2+\{(-3)+(-5)\}x+(-3)\times(-5)$

$=\boldsymbol{(x-3)(x-5)}$ 答 $\boldsymbol{(x-3)(x-5)}$

(6) $x^2+5x-24$

$=x^2+\{8+(-3)\}x+8\times(-3)$

$=\boldsymbol{(x+8)(x-3)}$ 答 $\boldsymbol{(x+8)(x-3)}$

5 無理数の計算

本冊 p.18～p.21

確認問題 p.19

1

(1) $\sqrt{6}\times\sqrt{2}$

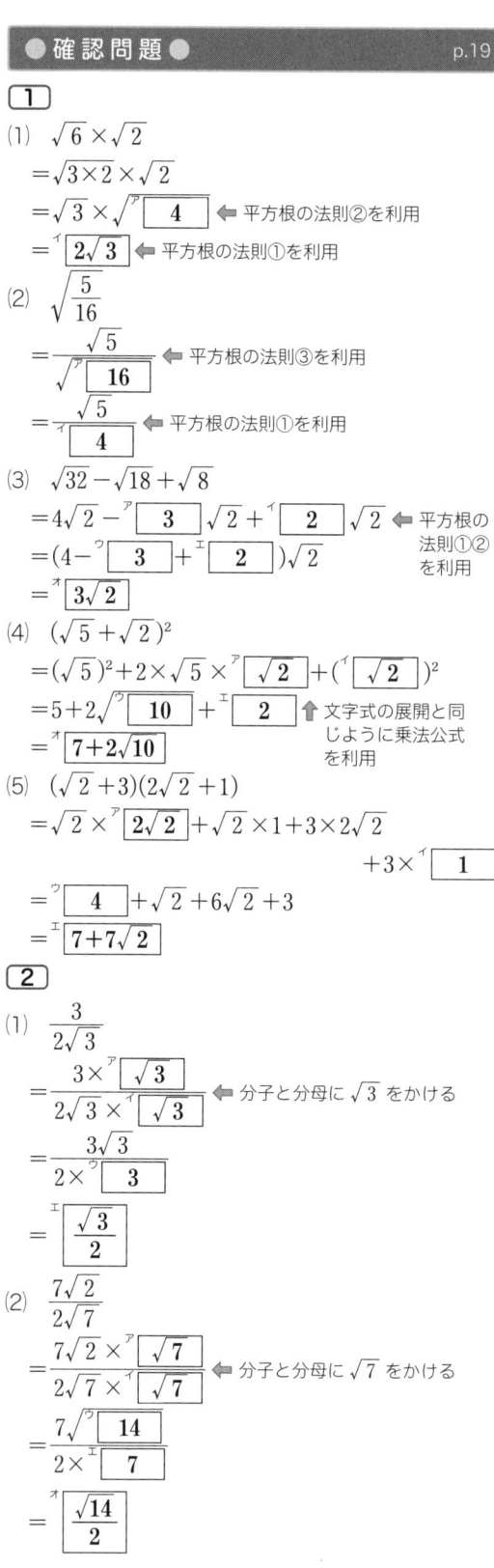

$=\sqrt{3\times2}\times\sqrt{2}$

$=\sqrt{3}\times\sqrt{^{ア}\boxed{4}}$ ⇦ 平方根の法則②を利用

$={}^{イ}\boxed{2\sqrt{3}}$ ⇦ 平方根の法則①を利用

(2) $\sqrt{\dfrac{5}{16}}$

$=\dfrac{\sqrt{5}}{\sqrt{^{ア}\boxed{16}}}$ ⇦ 平方根の法則③を利用

$=\dfrac{\sqrt{5}}{{}^{イ}\boxed{4}}$ ⇦ 平方根の法則①を利用

(3) $\sqrt{32}-\sqrt{18}+\sqrt{8}$

$=4\sqrt{2}-{}^{ア}\boxed{3}\sqrt{2}+{}^{イ}\boxed{2}\sqrt{2}$ ⇦ 平方根の法則①②を利用

$=(4-{}^{ウ}\boxed{3}+{}^{エ}\boxed{2})\sqrt{2}$

$={}^{オ}\boxed{3\sqrt{2}}$

(4) $(\sqrt{5}+\sqrt{2})^2$

$=(\sqrt{5})^2+2\times\sqrt{5}\times{}^{ア}\boxed{\sqrt{2}}+({}^{イ}\boxed{\sqrt{2}})^2$

$=5+2\sqrt{^{ウ}\boxed{10}}+{}^{エ}\boxed{2}$ ⇧ 文字式の展開と同じように乗法公式を利用

$={}^{オ}\boxed{7+2\sqrt{10}}$

(5) $(\sqrt{2}+3)(2\sqrt{2}+1)$

$=\sqrt{2}\times{}^{ア}\boxed{2\sqrt{2}}+\sqrt{2}\times1+3\times2\sqrt{2}+3\times{}^{イ}\boxed{1}$

$={}^{ウ}\boxed{4}+\sqrt{2}+6\sqrt{2}+3$

$={}^{エ}\boxed{7+7\sqrt{2}}$

2

(1) $\dfrac{3}{2\sqrt{3}}$

$=\dfrac{3\times{}^{ア}\boxed{\sqrt{3}}}{2\sqrt{3}\times{}^{イ}\boxed{\sqrt{3}}}$ ⇦ 分子と分母に $\sqrt{3}$ をかける

$=\dfrac{3\sqrt{3}}{2\times{}^{ウ}\boxed{3}}$

$={}^{エ}\boxed{\dfrac{\sqrt{3}}{2}}$

(2) $\dfrac{7\sqrt{2}}{2\sqrt{7}}$

$=\dfrac{7\sqrt{2}\times{}^{ア}\boxed{\sqrt{7}}}{2\sqrt{7}\times{}^{イ}\boxed{\sqrt{7}}}$ ⇦ 分子と分母に $\sqrt{7}$ をかける

$=\dfrac{7\sqrt{^{ウ}\boxed{14}}}{2\times{}^{エ}\boxed{7}}$

$={}^{オ}\boxed{\dfrac{\sqrt{14}}{2}}$

練習問題1 p.20

1

(1) $\sqrt{10}\times\sqrt{2}$

$=\sqrt{5\times2}\times\sqrt{2}$

$=\sqrt{5}\times\sqrt{4}$

$=\mathbf{2\sqrt{5}}$　　答 $\mathbf{2\sqrt{5}}$

(2) $\sqrt{\dfrac{3}{25}}$

$=\dfrac{\sqrt{3}}{\sqrt{25}}$

$=\dfrac{\sqrt{3}}{5}$　　答 $\dfrac{\sqrt{3}}{5}$

(3) $\sqrt{24}+\sqrt{3}+\sqrt{54}-\sqrt{27}$

$=2\sqrt{6}+\sqrt{3}+3\sqrt{6}-3\sqrt{3}$

$=(2+3)\sqrt{6}+(1-3)\sqrt{3}$

$=\mathbf{5\sqrt{6}-2\sqrt{3}}$　　答 $\mathbf{5\sqrt{6}-2\sqrt{3}}$

(4) $(\sqrt{6}-2)^2$

$=(\sqrt{6})^2-2\times\sqrt{6}\times2+2^2$

$=6-4\sqrt{6}+4$

$=\mathbf{10-4\sqrt{6}}$　　答 $\mathbf{10-4\sqrt{6}}$

(5) $(\sqrt{3}+2)(2\sqrt{3}-1)$

$=\sqrt{3}\times2\sqrt{3}+\sqrt{3}\times(-1)+2\times2\sqrt{3}+2\times(-1)$

$=6-\sqrt{3}+4\sqrt{3}-2$

$=\mathbf{4+3\sqrt{3}}$　　答 $\mathbf{4+3\sqrt{3}}$

2

(1) $\dfrac{5}{2\sqrt{5}}$

$=\dfrac{5\times\sqrt{5}}{2\sqrt{5}\times\sqrt{5}}$

$=\dfrac{5\sqrt{5}}{2\times5}$

$=\dfrac{\sqrt{5}}{2}$　　答 $\dfrac{\sqrt{5}}{2}$

(2) $\dfrac{4\sqrt{7}}{5\sqrt{2}}$

$=\dfrac{4\sqrt{7}\times\sqrt{2}}{5\sqrt{2}\times\sqrt{2}}$

$=\dfrac{4\sqrt{14}}{5\times2}$

$=\dfrac{2\sqrt{14}}{5}$　　答 $\dfrac{2\sqrt{14}}{5}$

練習問題2 p.21

1

(1) $\sqrt{5}\times\sqrt{15}$

$=\sqrt{5}\times\sqrt{5\times3}$

$=\sqrt{25}\times\sqrt{3}$

$=\mathbf{5\sqrt{3}}$　　答 $\mathbf{5\sqrt{3}}$

(2) $\sqrt{\dfrac{8}{9}}$

$=\dfrac{\sqrt{8}}{\sqrt{9}}$

$=\dfrac{2\sqrt{2}}{3}$　　答 $\dfrac{2\sqrt{2}}{3}$

(3) $\sqrt{28}+\sqrt{45}-\sqrt{7}-\sqrt{80}$

$=2\sqrt{7}+3\sqrt{5}-\sqrt{7}-4\sqrt{5}$

$=(2-1)\sqrt{7}+(3-4)\sqrt{5}$

$=\mathbf{\sqrt{7}-\sqrt{5}}$　　答 $\mathbf{\sqrt{7}-\sqrt{5}}$

(4) $(\sqrt{7}+5)(\sqrt{7}-3)$

$=(\sqrt{7})^2+\{5+(-3)\}\sqrt{7}+5\times(-3)$

$=7+2\sqrt{7}-15$

$=\mathbf{-8+2\sqrt{7}}$　　答 $\mathbf{-8+2\sqrt{7}}$

(5) $(3\sqrt{5}+5)(\sqrt{5}-5)$

$=3\sqrt{5}\times\sqrt{5}+3\sqrt{5}\times(-5)+5\times\sqrt{5}+5\times(-5)$

$=15-15\sqrt{5}+5\sqrt{5}-25$

$=\mathbf{-10-10\sqrt{5}}$　　答 $\mathbf{-10-10\sqrt{5}}$

2

(1) $\dfrac{7\sqrt{3}}{2\sqrt{7}}$

$=\dfrac{7\sqrt{3}\times\sqrt{7}}{2\sqrt{7}\times\sqrt{7}}$

$=\dfrac{7\sqrt{21}}{2\times7}$

$=\dfrac{\sqrt{21}}{2}$　　答 $\dfrac{\sqrt{21}}{2}$

(2) $\dfrac{10\sqrt{2}}{3\sqrt{5}}$

$=\dfrac{10\sqrt{2}\times\sqrt{5}}{3\sqrt{5}\times\sqrt{5}}$

$=\dfrac{10\sqrt{10}}{3\times5}$

$=\dfrac{2\sqrt{10}}{3}$　　答 $\dfrac{2\sqrt{10}}{3}$

6 1次方程式

本冊 p.22〜p.25

確認問題 p.23

1

(1) $2x-8=6$

$2x=6+$ ア **8** ⇐ −8 を右辺に移項

$2x=14$

$x=$ イ **7** ⇐ 両辺を 2 でわる

(2) $3x-5=10$

$3x=10+$ ア **5** ⇐ −5 を右辺に移項

$3x=15$

$x=$ イ **5** ⇐ 両辺を 3 でわる

(3) $-2x+4=10$

$-2x=10-$ ア **4** ⇐ 4 を右辺に移項

$-2x=6$

$x=$ イ **−3** ⇐ 両辺を −2 でわる

(4) $-4x-5=-9$

$-4x=-9+$ ア **5** ⇐ −5 を右辺に移項

$-4x=-4$

$x=$ イ **1** ⇐ 両辺を −4 でわる

2

りんご 3 個と，みかん 1 個の合計金額が 500 円なので，りんご 1 個の値段を x 円とすると，次の方程式が成り立つ。

$3x+$ ア **110** $=500$

$3x=500-$ イ **110** ⇐ 110 を右辺に移項

$3x=390$

$x=$ ウ **130** ⇐ 両辺を 3 でわる

よって，りんご 1 個の値段は エ **130** 円である。

3

$\begin{cases} x+y=3 & \cdots\cdots① \\ y=2x-12 & \cdots\cdots② \end{cases}$

②を①に代入すると，

$x+2x-12=3$

$3x=3+$ ア **12** ⇐ −12 を右辺に移項

$3x=$ イ **15**

$x=$ ウ **5** ……③ ⇐ 両辺を 3 でわる

③を②に代入して，

$y=2\times$ エ **5** -12

$y=$ オ **10** -12

$y=$ カ **−2**　　$x=$ キ **5**，$y=$ ク **−2**

練習問題1　p.24

1

(1) $2x+3=5$

$2x=5-3$

$2x=2$

$\boldsymbol{x=1}$　　答 $\boldsymbol{x=1}$

(2) $\frac{1}{4}x=2$

$x=2\times4$

$\boldsymbol{x=8}$　　答 $\boldsymbol{x=8}$

2

鉛筆 10 本と，赤ペン 5 本の合計金額が 1600 円なので，鉛筆 1 本の値段を x 円とすると，次の方程式が成り立つ。

$10x+120\times5=1600$

$10x+600=1600$

$10x=1600-600$

$10x=1000$

$x=100$

よって，鉛筆 1 本の値段は **100 円**である。

答 **100 円**

3

(1) $\begin{cases} 2x+y=1 & \cdots\cdots① \\ 3x-2y=5 & \cdots\cdots② \end{cases}$

①×2 より

$4x+2y=2$ ……③

②＋③より

$3x+4x=5+2$

$7x=7$

$\boldsymbol{x=1}$ ……④

④を①に代入して

$2\times1+y=1$

$y=1-2$

$\boldsymbol{y=-1}$　　答 $\boldsymbol{x=1,\ y=-1}$

(2) $\begin{cases} x=2y & \cdots\cdots① \\ 2x+y=10 & \cdots\cdots② \end{cases}$

①を②に代入すると

$2\times2y+y=10$

$5y=10$

$\boldsymbol{y=2}$ ……③

③を①に代入して

$x=2\times2$

$\boldsymbol{x=4}$　　答 $\boldsymbol{x=4,\ y=2}$

チャレンジ問題　SPI 鶴亀算

りんごの個数を x 個とすると，柿は $(13-x)$ 個あることになる。

合計金額が 2200 円なので，次の方程式が成り立つ。

$200(13-x)+120x=2200$

柿の合計金額＋りんごの合計金額＝総額

$2600-200x+120x=2200$

$-80x=-400$

$x=5$

よって，正解はC。　　答 C

[別解]

ポイント

方程式を使わずに，すべてどちらか 1 種類だと仮定する解法が，一般に鶴亀算の解法として知られている。次のように解いていく。

すべて柿だとすると，合計は

200(円)×13(個)＝2600(円)

実際の合計との差は，

2600(円)－2200(円)＝400(円)

柿とりんごの 1 個あたりの値段の差は，

200(円)－120(円)＝80(円)なので

400(円)÷80(円)＝5(個)

よって，正解はC。　　答 C

練習問題2　p.25

1

(1) $3x-6=15$

$3x=15+6$

$3x=21$

$\boldsymbol{x=7}$　　答 $\boldsymbol{x=7}$

(2) $0.5x+5.5=6.5$

両辺に 10 をかけて式を簡単にする。

$5x+55=65$

$5x=10$

$\boldsymbol{x=2}$　　答 $\boldsymbol{x=2}$

(3) $\frac{3}{2}x-1=\frac{2x+2}{3}$

両辺に 6 をかけて分母を払う。

$9x-6=4x+4$

$5x=10$

$\boldsymbol{x=2}$　　答 $\boldsymbol{x=2}$

(4) $2(3-2x)+5=x+1$

$6-4x+5=x+1$

$-5x=-10$

$\boldsymbol{x=2}$　　答 $\boldsymbol{x=2}$

2

ストラップ1個の値段を x 円とすると,

$4x+700\times6=5000$

$4x+4200=5000$

$4x=800$

$\boldsymbol{x=200}$　　答 **200円**

3

りんご1個の値段を x 円, みかん1個の値段を y 円とすると

$$\begin{cases} x+2y=260 & \cdots\cdots① \\ 4x+6y=920 & \cdots\cdots② \end{cases}$$

①×3より

$3x+6y=780$ ……③

②−③より

$4x-3x=920-780$

$\boldsymbol{x=140}$ ……④

④を①に代入して

$140+2y=260$

$2y=120$

$\boldsymbol{y=60}$　　答 **りんご140円, みかん60円**

●●●チャレンジ問題●●● ―― SPI 年齢算

現在の子の年齢を x 歳とすると, 父の年齢は $9x$ 歳となり, 4年後の子の年齢は $x+4$(歳), 父の年齢は $9x+4$(歳)となる。

$9x+4=5(x+4)$

$9x+4=5x+20$

$4x=16$

$x=4$

よって, 正解はB。　　答 B

7 2次方程式

本冊 p.26〜p.29

●確認問題●　p.27

1

(1) $x^2-8x+12=0$

$(x-2)(x-{}^{ア}\boxed{6})=0$ ⇐ ○×△=12となる2数の組から考える

$x={}^{イ}\boxed{2}$, 6

ポイント

$AB=0$ のとき, $A=0$ または $B=0$

(2) $x^2+x-42=0$

$(x+{}^{ア}\boxed{7})(x-{}^{イ}\boxed{6})=0$ ⇐ ○×△=−42となる2数の組から考える

$x=-{}^{ウ}\boxed{7}$, ${}^{エ}\boxed{6}$

(3) $x^2+10x+25=0$ ⇐ $x^2+2\times x\times5+5^2=0$ となる

$(x+{}^{ア}\boxed{5})^2=0$

$x={}^{イ}\boxed{-5}$

(4) $x^2-9=0$

$(x+{}^{ア}\boxed{3})(x-{}^{イ}\boxed{3})=0$ ⇐ $x^2-3^2=0$ となる

$x=-{}^{ウ}\boxed{3}$, ${}^{エ}\boxed{3}$

2

(1) $x^2+3x+1=0$ ⇐ 解の公式で $a=1$, $b=3$, $c=1$ とする

$$x=\frac{-3\pm\sqrt{{}^{ア}\boxed{3}^2-4\times1\times{}^{イ}\boxed{1}}}{2\times{}^{ウ}\boxed{1}}$$

$$=\frac{-3\pm\sqrt{9-{}^{エ}\boxed{4}}}{2}$$

$$=\frac{-3\pm\sqrt{{}^{オ}\boxed{5}}}{2}$$

(2) $3x^2+3x-2=0$ ⇐ 解の公式で $a=3, b=3, c=-2$ とする

$$x=\frac{-{}^{ア}\boxed{3}\pm\sqrt{{}^{イ}\boxed{3}^2-4\times{}^{ウ}\boxed{3}\times(-2)}}{2\times3}$$

$$=\frac{-{}^{エ}\boxed{3}\pm\sqrt{9+{}^{オ}\boxed{24}}}{6}$$

$$=\frac{-{}^{カ}\boxed{3}\pm\sqrt{{}^{キ}\boxed{33}}}{6}$$

練習問題1 p.28

1

(1) $x^2-5x-36=0$

$(x+4)(x-9)=0$

$\boldsymbol{x=-4,\ 9}$　　答 $\boldsymbol{x=-4,\ 9}$

(2) $x^2+14x+48=0$

$(x+6)(x+8)=0$

$\boldsymbol{x=-6,\ -8}$　　答 $\boldsymbol{x=-6,\ -8}$

(3) $x^2-12x+36=0$

$(x-6)^2=0$

$\boldsymbol{x=6}$　　答 $\boldsymbol{x=6}$

(4) $x^2-25=0$

$(x+5)(x-5)=0$

$\boldsymbol{x=-5,\ 5}$　　答 $\boldsymbol{x=-5,\ 5}$

2

(1) $x^2-5x-2=0$

$$x=\frac{-(-5)\pm\sqrt{(-5)^2-4\times1\times(-2)}}{2\times1}=\frac{5\pm\sqrt{25+8}}{2}=\boldsymbol{\frac{5\pm\sqrt{33}}{2}}$$

答 $\boldsymbol{x=\frac{5\pm\sqrt{33}}{2}}$

(2) $x^2+7x+5=0$

$$x=\frac{-7\pm\sqrt{7^2-4\times1\times5}}{2\times1}=\frac{-7\pm\sqrt{49-20}}{2}=\boldsymbol{\frac{-7\pm\sqrt{29}}{2}}$$

答 $\boldsymbol{x=\frac{-7\pm\sqrt{29}}{2}}$

(3) $2x^2-5x+1=0$

$$x=\frac{-(-5)\pm\sqrt{(-5)^2-4\times2\times1}}{2\times2}=\frac{5\pm\sqrt{25-8}}{4}=\boldsymbol{\frac{5\pm\sqrt{17}}{4}}$$

答 $\boldsymbol{x=\frac{5\pm\sqrt{17}}{4}}$

(4) $x^2+6x+3=0$

$$x=\frac{-6\pm\sqrt{6^2-4\times1\times3}}{2\times1}=\frac{-6\pm\sqrt{36-12}}{2}=\frac{-6\pm\sqrt{24}}{2}=\frac{-6\pm2\sqrt{6}}{2}=\boldsymbol{-3\pm\sqrt{6}}$$

答 $\boldsymbol{x=-3\pm\sqrt{6}}$

練習問題2 p.29

1

(1) $x^2-7x-30=0$

$(x+3)(x-10)=0$

$\boldsymbol{x=-3,\ 10}$　　答 $\boldsymbol{x=-3,\ 10}$

(2) $x^2=4x+32$

$x^2-4x-32=0$

$(x+4)(x-8)=0$

$\boldsymbol{x=-4,\ 8}$　　答 $\boldsymbol{x=-4,\ 8}$

(3) $4x^2+4x+1=0$

$(2x+1)^2=0$

$\boldsymbol{x=-\frac{1}{2}}$　　答 $\boldsymbol{x=-\frac{1}{2}}$

(4) $x^2-144=0$

$(x+12)(x-12)=0$

$\boldsymbol{x=-12,\ 12}$　　答 $\boldsymbol{x=-12,\ 12}$

2

(1) $x^2-3x-2=0$

$$x=\frac{-(-3)\pm\sqrt{(-3)^2-4\times1\times(-2)}}{2\times1}=\frac{3\pm\sqrt{9+8}}{2}=\boldsymbol{\frac{3\pm\sqrt{17}}{2}}$$

答 $\boldsymbol{x=\frac{3\pm\sqrt{17}}{2}}$

(2) $2x^2+10x+2=0$

$x^2+5x+1=0$

$$x=\frac{-5\pm\sqrt{5^2-4\times1\times1}}{2\times1}=\frac{-5\pm\sqrt{25-4}}{2}=\boldsymbol{\frac{-5\pm\sqrt{21}}{2}}$$

答 $\boldsymbol{x=\frac{-5\pm\sqrt{21}}{2}}$

(3) $2x^2-3x-3=0$

$$x=\frac{-(-3)\pm\sqrt{(-3)^2-4\times2\times(-3)}}{2\times2}=\frac{3\pm\sqrt{9+24}}{4}=\boldsymbol{\frac{3\pm\sqrt{33}}{4}}$$

答 $\boldsymbol{x=\frac{3\pm\sqrt{33}}{4}}$

(4) $3x^2-2x-4=0$

$$x=\frac{-(-2)\pm\sqrt{(-2)^2-4\times3\times(-4)}}{2\times3}=\frac{2\pm\sqrt{4+48}}{6}=\frac{2\pm\sqrt{52}}{6}=\frac{2\pm2\sqrt{13}}{6}=\boldsymbol{\frac{1\pm\sqrt{13}}{3}}$$

答 $\boldsymbol{x=\frac{1\pm\sqrt{13}}{3}}$

8 1次関数とグラフ

本冊 p.30〜p.33

確認問題 p.31

1

(1) 傾きが 4 なので，

$y=$ ア $\boxed{4}$ $x+b$ と表せる。

$x=2$，$y=-4$ を代入すると，

イ $\boxed{-4}$ $=4\times$ ウ $\boxed{2}$ $+b$

$b=$ エ $\boxed{-12}$

よって，$y=$ オ $\boxed{4}$ $x-$ カ $\boxed{12}$

(2) 傾きは，$\dfrac{ア\boxed{-3}-3}{2-(イ\boxed{-1})}=$ ウ $\boxed{-2}$ なので，

$y=$ エ $\boxed{-2}$ $x+b$ と表せる。

$x=2$，$y=-3$ を代入すると，

オ $\boxed{-3}$ $=-2\times$ カ $\boxed{2}$ $+b$

$b=$ キ $\boxed{1}$

よって，$y=$ ク $\boxed{-2}$ $x+$ ケ $\boxed{1}$

(3) 求める直線の傾きは，ア $\boxed{-2}$ なので，

$y=$ イ $\boxed{-2}$ $x+b$ と表せる。

$x=2$，$y=1$ を代入すると，

ウ $\boxed{1}$ $=-2\times$ エ $\boxed{2}$ $+b$

$b=$ オ $\boxed{5}$

よって，$y=$ カ $\boxed{-2}$ $x+$ キ $\boxed{5}$

2

$y=x-1$ ……① $y=-2x+5$ ……②

①，②より

$x-1=-2x+5$ ⇦ y を消去する

$x+$ ア $\boxed{2}$ $x=5+$ イ $\boxed{1}$

ウ $\boxed{3}$ $x=$ エ $\boxed{6}$

$x=$ オ $\boxed{2}$

これを①に代入すると，

$y=$ カ $\boxed{2}$ -1

$=$ キ $\boxed{1}$

よって，交点の座標は（ク $\boxed{2}$，ケ $\boxed{1}$）

練習問題1 p.32

1

(1) 傾きが -2 なので，

$y=-2x+b$ と表せる。

$x=-2$，$y=3$ を代入すると，

$3=-2\times(-2)+b$

$b=-1$

よって，$\boldsymbol{y=-2x-1}$ 　　答 $\boldsymbol{y=-2x-1}$

(2) 傾きは，$\dfrac{-1-(-3)}{2-(-2)}=\dfrac{1}{2}$ なので，

$y=\dfrac{1}{2}x+b$ と表せる。

$x=2$，$y=-1$ を代入すると，

$-1=\dfrac{1}{2}\times2+b$

$b=-2$

よって，$\boldsymbol{y=\dfrac{1}{2}x-2}$ 　　答 $\boldsymbol{y=\dfrac{1}{2}x-2}$

(3) 求める直線の傾きは，3 なので，

$y=3x+b$ と表せる。

$x=2$，$y=3$ を代入すると，

$3=3\times2+b$

$b=-3$

よって，$\boldsymbol{y=3x-3}$ 　　答 $\boldsymbol{y=3x-3}$

2

$y=4x-3$ ……① $y=-2x+6$ ……②とおく。

①，②より

$4x-3=-2x+6$

$4x+2x=6+3$

$6x=9$

$x=\dfrac{3}{2}$

これを①に代入すると，

$y=4\times\dfrac{3}{2}-3$

$=6-3$

$=3$

よって，交点の座標は $\left(\dfrac{3}{2},\ 3\right)$ 　　答 $\left(\dfrac{3}{2},\ 3\right)$

練習問題2 p.33

1

(1) 傾きが $-\frac{1}{2}$ なので,

$y=-\frac{1}{2}x+b$ と表せる。

$x=4$, $y=1$ を代入すると,

$1=-\frac{1}{2}\times 4+b$

$b=3$

よって, $\boldsymbol{y=-\frac{1}{2}x+3}$　　答 $\boldsymbol{y=-\frac{1}{2}x+3}$

(2) 傾きは, $\frac{4-(-2)}{3-(-1)}=\frac{3}{2}$ なので,

$y=\frac{3}{2}x+b$ と表せる。

$x=3$, $y=4$ を代入すると,

$4=\frac{3}{2}\times 3+b$

$b=\frac{8}{2}-\frac{9}{2}=-\frac{1}{2}$

よって, $\boldsymbol{y=\frac{3}{2}x-\frac{1}{2}}$　　答 $\boldsymbol{y=\frac{3}{2}x-\frac{1}{2}}$

(3) 求める直線の傾きは, $-\frac{1}{3}$ なので,

$y=-\frac{1}{3}x+b$ と表せる。

$x=6$, $y=3$ を代入すると,

$3=-\frac{1}{3}\times 6+b$

$b=5$

よって, $\boldsymbol{y=-\frac{1}{3}x+5}$　　答 $\boldsymbol{y=-\frac{1}{3}x+5}$

2

$y=3x-1$ ……①　$y=-x+1$ ……②とおく。

①, ②より

$3x-1=-x+1$

$3x+x=1+1$

$4x=2$

$x=\frac{1}{2}$

これを②に代入すると,

$y=-\frac{1}{2}+1$

$=\frac{1}{2}$

よって, 交点の座標は $\left(\frac{1}{2},\ \frac{1}{2}\right)$　　答 $\boldsymbol{\left(\frac{1}{2},\ \frac{1}{2}\right)}$

9 関数 $y=ax^2$

本冊 p.34～p.35

確認問題 p.34

1

(1) 関数の式は $y=ax^2$ と表せる。

$x=-3$, $y=27$ を代入すると,

ア[**27**] $=a\times($イ[**−3**] $)^2$

$a=$ ウ[**3**]

よって, $y=$ エ[**3**] x^2

(2) $x=-1$ のとき, $y=2\times(-1)^2=2$

$x=4$ のとき, $y=2\times 4^2=32$

よって, 変化の割合は

$\frac{y\text{の増加量}}{x\text{の増加量}}$

$=\frac{\text{ア}[\,\mathbf{32}\,]-\text{イ}[\,\mathbf{2}\,]}{\text{ウ}[\,\mathbf{4}\,]-(\text{エ}[\,\mathbf{-1}\,])}$

$=$ オ[**6**]

練習問題 p.35

1

(1) 関数の式は $y=ax^2$ と表せる。

$x=3$, $y=36$ を代入すると,

$36=a\times3^2$

$a=4$

よって, $\boldsymbol{y=4x^2}$　　答 $\boldsymbol{y=4x^2}$

(2) 関数の式は $y=ax^2$ と表せる。

$x=-3$, $y=3$ を代入すると,

$3=a\times(-3)^2$

$a=\frac{1}{3}$

よって, $\boldsymbol{y=\frac{1}{3}x^2}$　　答 $\boldsymbol{y=\frac{1}{3}x^2}$

2

(1) $x=-2$ のとき, $y=2\times(-2)^2=8$

$x=3$ のとき, $y=2\times3^2=18$

よって, 変化の割合は

$\frac{y\text{の増加量}}{x\text{の増加量}}=\frac{18-8}{3-(-2)}=\frac{10}{5}=\mathbf{2}$　　答 **2**

(2) $x=-3$ のとき, $y=2\times(-3)^2=18$

$x=-1$ のとき, $y=2\times(-1)^2=2$

よって, 変化の割合は

$\frac{y\text{の増加量}}{x\text{の増加量}}=\frac{2-18}{-1-(-3)}=\frac{-16}{2}=\mathbf{-8}$

答 **−8**

3

(1) 関数の式は $y=ax^2$ と表せる。

$x=-3$, $y=-9$ を代入すると,

$-9=a\times(-3)^2$

$a=-1$

よって, $\boldsymbol{y=-x^2}$　　答 $\boldsymbol{y=-x^2}$

(2) $x=-2$ のとき, $y=-(-2)^2=-4$

$x=0$ のとき, $y=-0^2=0$

よって, 変化の割合は

$\frac{y\text{の増加量}}{x\text{の増加量}}=\frac{0-(-4)}{0-(-2)}=\frac{4}{2}=\mathbf{2}$　　答 **2**

10 図形と角・合同な図形・平行線と線分の比

本冊 p.36〜p.39

確認問題 p.37

1

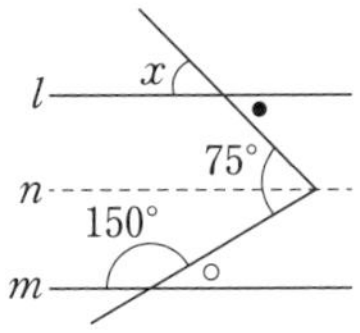

$\circ=180°-150°=$ ア **30** °

l と m に平行な直線 n を引くと, 錯角から,

$\bullet+30°=$ イ **75** °

$\bullet=$ ウ **75** $°-30°$

$=$ エ **45** °

対頂角より,

$\angle x=\bullet$ なので,

$\angle x=$ オ **45** °

2

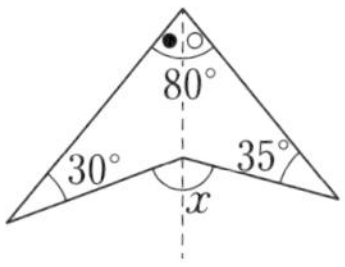

図のように補助線を引くと, 外角の性質から,

$\angle x=(\bullet+30°)+(\circ+$ ア **35** °)

$=(\bullet+\circ)+$ イ **65** °

$=$ ウ **80** $°+65°$

$=$ エ **145** °

3

x : ア **20** = イ **6** : $(6+9)$

x : ウ **20** = エ **6** : 15

$15x=$ オ **120**

$x=$ カ **8**

4

△ACM と △BDM において,

仮定より, CM= ア **DM** ……①

対頂角より, ∠AMC=∠ イ **BMD** ……②

また, AC∥DB より, ウ **錯角** が等しいので,

∠ACM=∠BDM ……③

①, ②, ③より

エ **1 組の辺とその両端の角** がそれぞれ等しいので,

△ACM≡△BDM

練習問題1　p.38

1

(1)

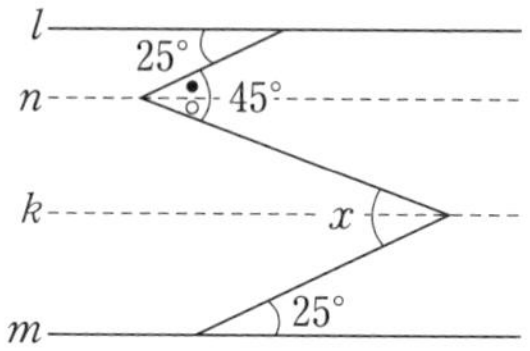

l と m に平行な直線 n と k を引くと，錯角から，

●＝25° なので

○＝45°－25°

　＝20°

よって，∠x＝20°＋25°

　　　　＝**45°**　　　　答 ∠$\boldsymbol{x}$＝**45°**

(2)

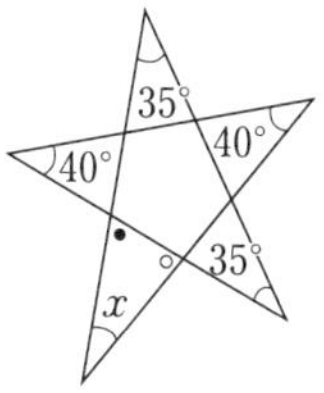

外角の性質から，

●＝35°＋35°

　＝70°

○＝40°＋40°

　＝80°

三角形の内角の和は 180° なので，

∠x＋70°＋80°＝180°

∠x＝180°－(70°＋80°)

　＝**30°**　　　　答 ∠$\boldsymbol{x}$＝**30°**

2

△BDM と △CEM において，

仮定より，BM＝CM ……①

対頂角より，∠BMD＝∠CME ……②

①，②より

直角三角形の斜辺と 1 つの鋭角が

それぞれ等しいので，

△BDM≡△CEM

3

x：10＝24：12 だから，

12x＝240

x＝**20**　　　　答 $\boldsymbol{x}$＝**20**

●●●チャレンジ問題●●●　SPI 図形

［解法例］

 を P， を Q， を R， を S， を T とする。時計回りに P→S→Q→T の配置になるものを選べばよい。

P を基準にパーツの配置を照合すると

A は P→T→R→S，B は P→S→R→T

C は P→S→R→T，D は P→T→R→S

E は P→T→R→S，F は P→T→R→S

G は P→S→Q→T であるので，

同じ配置のものは G。よって，正解は G。　　答 G

練習問題2　p.39

1

(1)

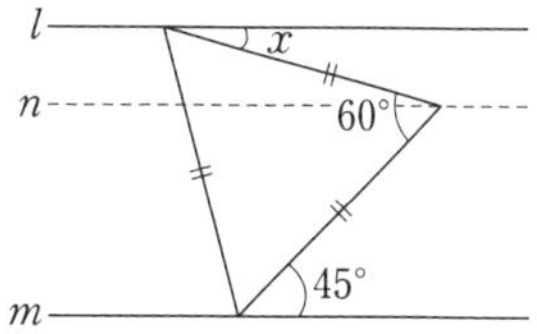

l と m に平行な直線 n を引くと，錯角から，

∠x＋45°＝60°

∠x＝60°－45°

∠x＝**15°**　　　　答 ∠$\boldsymbol{x}$＝**15°**

(2)

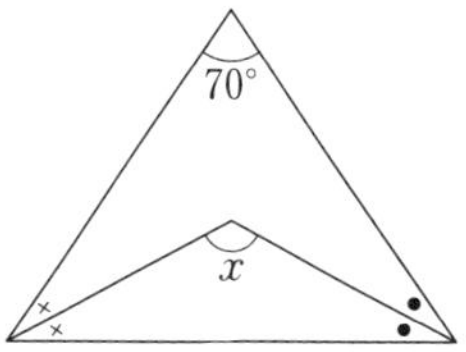

三角形の内角の和は 180° なので，

∠x＋(●＋×)＝180° ……①

70°＋2(●＋×)＝180° ……②

②より

2(●＋×)＝180°－70°

2(●＋×)＝110°

●＋×＝55°

これを①に代入すると，

∠x＋55°＝180°

∠x＝180°－55°

　＝**125°**　　　　答 ∠$\boldsymbol{x}$＝**125°**

(3) 内角の和の公式から,

$180°\times(8-2)$

$=180°\times 6$

$=\mathbf{1080°}$　　　　答 1080°

(4) 外角の和は 360° なので,

$360°\div 30°=\mathbf{12}$　　　　答 正十二角形

2

△ABE と △ADC において

△ABD と △ACE は正三角形なので,

AB＝AD ……①

AE＝AC ……②

∠CAE＝∠DAB＝60° ……③

また, ∠BAE＝∠BAC＋∠CAE ……④

∠DAC＝∠BAC＋∠DAB ……⑤

③, ④, ⑤より

∠BAE＝∠DAC ……⑥

①, ②, ⑥より

2 組の辺とその間の角がそれぞれ等しいので,

△ABE≡△ADC

●●●チャレンジ問題●●● SPI 図形

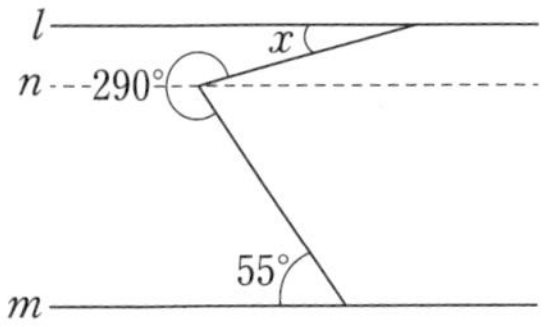

l と m に平行な直線 n を引くと, 錯角から,

$\angle x+55°=360°-290°$

$\angle x+55°=70°$

$\angle x=70°-55°$

$\angle x=15°$

よって, 正解はB。　　　　答 B

11 図形の面積・体積

本冊 p.40〜p.43

●確認問題● p.41

1

(1) 台形の高さを h cm とする。

$h:6=$ ア$\boxed{1}$: イ$\boxed{2}$ より ⇦ 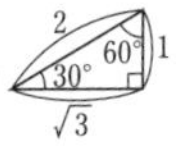 を利用

ウ$\boxed{2}$ $h=6$

$h=$ エ$\boxed{3}$ (cm)

よって, 求める面積は,

$\frac{1}{2}\times(8+$ オ$\boxed{12})\times$ カ$\boxed{3}$

$=$ キ$\boxed{30}$ (cm²)

(2) おうぎ形 OAB の面積は,

$\pi\times$ ア$\boxed{8}^2\times\frac{1}{イ\boxed{4}}=$ ウ$\boxed{16}\ \pi(\mathrm{cm}^2)$

AO を直径とする半円の面積は,

$\pi\times$ エ$\boxed{4}^2\times\frac{1}{オ\boxed{2}}=$ カ$\boxed{8}\ \pi(\mathrm{cm}^2)$

よって, 求める面積は,

キ$\boxed{16}\ \pi-$ ク$\boxed{8}\ \pi=$ ケ$\boxed{8}\ \pi(\mathrm{cm}^2)$

2

(1) 体積は,

$(\pi\times$ ア$\boxed{5}^2)\times 20$

$=$ イ$\boxed{500}\ \pi(\mathrm{cm}^3)$

表面積は,

底面積　$\pi\times$ ウ$\boxed{5}^2$

$=$ エ$\boxed{25}\ \pi(\mathrm{cm}^2)$

側面積　$20\times(\pi\times$ オ$\boxed{10})$

$=$ カ$\boxed{200}\ \pi(\mathrm{cm}^2)$ より

キ$\boxed{25}\ \pi\times 2+$ ク$\boxed{200}\ \pi$

$=$ ケ$\boxed{250}\ \pi(\mathrm{cm}^2)$

(2) 体積は,

$\frac{4}{3}\pi\times$ ア$\boxed{3}^3\times\frac{1}{イ\boxed{2}}$

$=$ ウ$\boxed{18}\ \pi(\mathrm{cm}^3)$

表面積は,

底面積(切り口の円)

$\pi\times$ エ$\boxed{3}^2=$ オ$\boxed{9}\ \pi(\mathrm{cm}^2)$

側面積(球の表面)

$4\pi\times$ カ$\boxed{3}^2\times\frac{1}{キ\boxed{2}}=$ ク$\boxed{18}\ \pi(\mathrm{cm}^2)$

より

$9\pi+$ ケ$\boxed{18}\ \pi$

$=$ コ$\boxed{27}\ \pi(\mathrm{cm}^2)$

練習問題1 p.42

1

(1) 影の部分は，1辺10 cmの正三角形。

高さをh cmとすると，

$h:10=\sqrt{3}:2$

$2h=10\sqrt{3}$

$h=5\sqrt{3}$

よって，求める面積は，

$\frac{1}{2}\times10\times5\sqrt{3}=\mathbf{25\sqrt{3}\ (cm^2)}$

答 $\mathbf{25\sqrt{3}\ cm^2}$

(2) 半径15 cmの円の面積は，

$\pi\times15^2=225\pi(\mathrm{cm}^2)$

半径10 cmの円の面積は，

$\pi\times10^2=100\pi(\mathrm{cm}^2)$

半径5 cmの円の面積は，

$\pi\times5^2=25\pi(\mathrm{cm}^2)$

よって，求める面積は，

$225\pi-(100\pi+25\pi)$

$=225\pi-125\pi$

$=\mathbf{100\pi(cm^2)}$

答 $\mathbf{100\pi\ cm^2}$

2

(1) 円錐の高さをh cmとすると，

$h^2+2^2=6^2$

$h^2+4=36$

$h^2=36-4$

$h^2=32$

$h>0$なので，$h=4\sqrt{2}$ (cm)

体積は，

$(\pi\times2^2)\times4\sqrt{2}\times\frac{1}{3}$

$=\mathbf{\frac{16\sqrt{2}}{3}\pi(cm^3)}$

表面積は，

底面積　$\pi\times2^2=4\pi(\mathrm{cm}^2)$

側面積　$\pi\times6^2\times\frac{2\pi\times2}{2\pi\times6}=12\pi(\mathrm{cm}^2)$より

$4\pi+12\pi$

$=\mathbf{16\pi(cm^2)}$

答 体積 $\mathbf{\frac{16\sqrt{2}}{3}\pi\ cm^3}$，表面積 $\mathbf{16\pi\ cm^2}$

(2) 体積は，

$\frac{4}{3}\pi\times4^3\times\frac{1}{2}=\mathbf{\frac{128}{3}\pi(cm^3)}$

表面積は，

底面積(切り口の円)

$\pi\times4^2=16\pi(\mathrm{cm}^2)$

側面積(球の表面)

$4\pi\times4^2\times\frac{1}{2}=32\pi(\mathrm{cm}^2)$より

$16\pi+32\pi=\mathbf{48\pi(cm^2)}$

答 体積 $\mathbf{\frac{128}{3}\pi\ cm^3}$，表面積 $\mathbf{48\pi\ cm^2}$

チャレンジ問題 ―― SPI 図形

下の展開図のうち，半円イを底面とし，アとウを側面として組み立てることを考える。

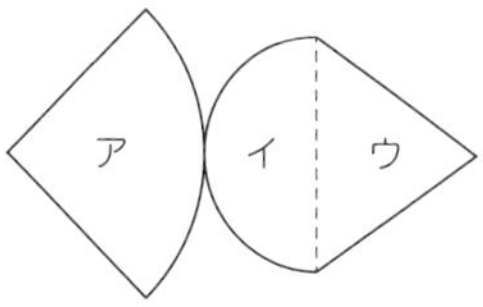

組み立てた立体は，下図のように円錐を半分に切ったものになるからGとなる。

答 G

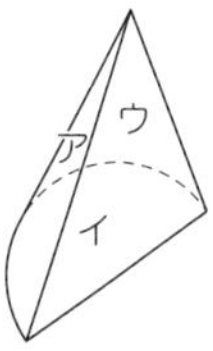

練習問題2 p.43

1

(1) BC＝10(cm)より

$\frac{1}{2}\times10\times5=\mathbf{25(cm^2)}$

答 $\mathbf{25\ cm^2}$

(2) 1辺が10 cmの正方形の面積は，

$10\times10=100(\mathrm{cm}^2)$

半径5 cmのおうぎ形の面積は，

$\pi\times5^2\times\frac{1}{4}=\frac{25}{4}\pi(\mathrm{cm}^2)$

よって，求める面積は，

$100-\frac{25}{4}\pi\times4$

$=\mathbf{100-25\pi(cm^2)}$

答 $\mathbf{100-25\pi(cm^2)}$

2

(1) 体積は，

$\frac{1}{2}\times5\times12\times10$

$=\mathbf{300(cm^3)}$

表面積は，

底面積　$\frac{1}{2}\times5\times12$

$=30(\mathrm{cm}^2)$

また，底面の三角形の残りの 1 辺の長さを

x cm とすると，

$x^2=5^2+12^2$

$=25+144$

$=169$

$x>0$ より　$x=13$(cm)なので，

側面積　$10\times(5+12+13)$

$=10\times30$

$=300(\text{cm}^2)$

よって，

$30\times2+300$

$=60+300=\mathbf{360(cm^2)}$

答 体積 **300 cm³**，表面積 **360 cm²**

(2) 円錐の母線の長さを x cmとすると，

$x^2=3^2+4^2$

$=9+16$

$=25$

$x>0$ より　$x=5$(cm)なので，

体積は，

$(\pi\times3^2)\times4\times\frac{1}{3}$

$=\mathbf{12\pi}(\text{cm}^3)$

表面積は，

底面積　$\pi\times3^2=9\pi(\text{cm}^2)$

側面積　$\pi\times5^2\times\frac{2\pi\times3}{2\pi\times5}=15\pi(\text{cm}^2)$ より

$9\pi+15\pi$

$=\mathbf{24\pi}(\text{cm}^2)$

答 体積 **12π cm³**，表面積 **24π cm²**

●●●チャレンジ問題●●● SPI 図形

底面積(切り口の円)

$\pi\times8^2$

$=64\pi(\text{cm}^2)$

側面積(球の表面)

$4\pi\times8^2\times\frac{1}{2}$

$=128\pi(\text{cm}^2)$ より

$64\pi+128\pi$

$=192\pi(\text{cm}^2)$

よって，正解はD。　**答** D

12 場合の数と確率

本冊 p.44～p.45

● 確 認 問 題 ●　p.44

1

カードの引き方は，全部で 52 通り。

このうち，ハートのカードになるのは

ア **13** 通り。

よって，求める確率は

$\frac{13}{52}=\frac{1}{4}$（イ **13**，ウ **$\frac{1}{4}$**）

2

下の図から，表裏の出方は，全部で 4 通り。

100 円　10 円

表 ＜ 表 / 裏

裏 ＜ 表 / 裏

このうち，1 枚だけ表が出るのはア **2** 通り。

よって，求める確率は

$\frac{2}{4}=\frac{1}{2}$（イ **2**，ウ **$\frac{1}{2}$**）

3

2 個のさいころの目の出方は，全部で

$6\times6=36$(通り)

このうち，出る目の数が同じになるのは，

(1, 1)，(2, 2)，(3, 3)，(4, 4)，(5, 5)，(6, 6) の

ア **6** 通りである。

よって，求める確率は $\frac{6}{36}=\frac{1}{6}$（イ **6**，ウ **$\frac{1}{6}$**）

練習問題　p.45

1

(1) カードの引き方は全部で 10 通り。
このうち，番号が 4 以下になるのは，
1，2，3，4 の 4 通りである。
よって，求める確率は $\frac{4}{10}=\frac{2}{5}$　　**答** $\frac{2}{5}$

(2) カードの引き方は全部で 10 通り。
このうち，番号が 3 の倍数になるのは，
3，6，9 の 3 通りである。
よって，求める確率は $\frac{3}{10}$　　**答** $\frac{3}{10}$

2

(1) 下の図から，表裏の出方は，全部で 8 通り。

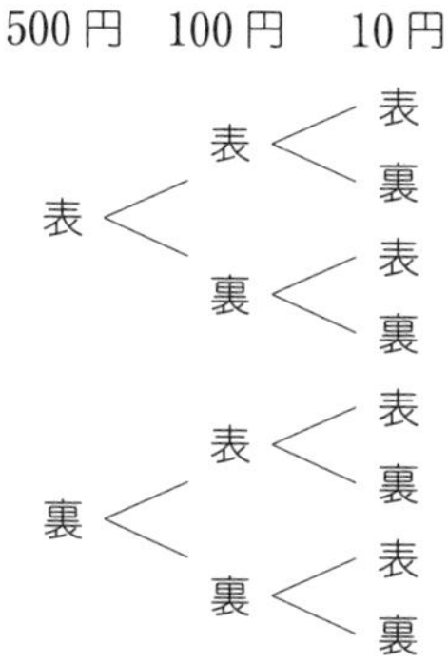

このうち，1 枚が表で 2 枚は裏が出るのは
表 ── 裏 ── 裏
裏 ── 表 ── 裏
裏 ── 裏 ── 表
の 3 通りである。
よって，求める確率は $\frac{3}{8}$　　**答** $\frac{3}{8}$

3

(1) 2 個のさいころの目の出方は，全部で 36 通り。
このうち，目の数の積が 12 になるのは
(2，6)，(3，4)，(4，3)，(6，2)
の 4 通りである。
よって，求める確率は $\frac{4}{36}=\frac{1}{9}$　　**答** $\frac{1}{9}$

(2) 目の数の和が 10 以上になるのは
(4，6)，(5，5)，(6，4)，
(5，6)，(6，5)，
(6，6)
の 6 通りである。
よって，求める確率は $\frac{6}{36}=\frac{1}{6}$　　**答** $\frac{1}{6}$

13 表の読み取り・資料の整理

本冊 p.46～p.49

確認問題　p.47

1

(1) $\frac{24+20+33+30+26+{}^{ア}\boxed{32}+23+24+30+29+26}{{}^{イ}\boxed{11}}$

$=\frac{{}^{ウ}\boxed{297}}{11}={}^{エ}\boxed{27}$ (m)

(2) データを小さい順に並べると，
20　23　${}^{ア}\boxed{24}$　24　26　${}^{イ}\boxed{26}$　29　30　${}^{ウ}\boxed{30}$　${}^{エ}\boxed{32}$　33(m)
データが奇数個なので，
中央値は，${}^{オ}\boxed{26}$ m

ポイント
中央値は，データが奇数個のときは中央の値，偶数個のときは，中央の 2 つの値の平均の値になる。

2

最も大きい度数は ${}^{ア}\boxed{32}$ だから，
最頻値は ${}^{イ}\boxed{56}$ cm

3

(1) 30 代の社員の人数は，それぞれ
企業 A：$360\times0.4={}^{ア}\boxed{144}$ (人)
企業 C：$160\times0.2={}^{イ}\boxed{32}$ (人)
よって，${}^{ウ}\boxed{144}\div{}^{エ}\boxed{32}={}^{オ}\boxed{4.5}$ (倍)

(2) 企業 B の 40 代の社員の割合は
$100-(8+40+35+4+1)={}^{ア}\boxed{12}$ (%)
よって，企業 B の 40 代の社員の人数は，
$200\times0.{}^{イ}\boxed{12}={}^{ウ}\boxed{24}$ (人)

練習問題 1　p.48

1

(1) $\frac{63+57+79+58+64+68+57+82}{8}$

$=\frac{528}{8}=66$ (点)　　**答** 66 点

(2) データを小さい順に並べると
57　57　58　63　64　68　79　82(点)
データが偶数個なので，
中央値は，$\frac{63+64}{2}=63.5$ (点)　　**答** 63.5 点

2

最も大きい度数は 43 だから

最頻値は **130(cm)**　　**答 130 cm**

3

(1) 甲店の肉類の仕入れ量は，

$200 \times 0.3 = 60$(kg)

乙店の乳製品の仕入れ量は，

$200 \times 0.2 = 40$(kg)

よって，$60 \div 40 = \mathbf{1.5}$**(倍)**　　**答 1.5 倍**

(2) 乙店の肉類の割合は，

$100-(30+40)=30$(%)　なので，

乙店の肉類の仕入れ量は，

$200 \times 0.3 = 60$(kg)

丙店の野菜類の仕入れ量も 60 kg となるので 3 店舗合わせた野菜類の仕入れ量は，

$60 \div 0.2 = \mathbf{300}$**(kg)**　　**答 300 kg**

チャレンジ問題　SPI 表の読み取り

校庭と答えた女子の割合は，

$100-(35+25)=40$(%)なので，

校門と答えた割合は，男子，女子ともに最も少ない。

よって，池か校庭のどちらかである。

池と答えた男子は，

$180 \times 0.4 = 72$(人)

女子は，

$140 \times 0.35 = 49$(人)だから

池と答えた人数は

$72+49=121$(人)

また，校庭と答えた男子は，

$180 \times 0.35 = 63$(人)

女子は，

$140 \times 0.4 = 56$(人)だから

校庭と答えた人数は

$63+56=119$(人)

よって，最も多かったのは，池で 121 人なので正解はC。　　**答 C**

練習問題 2

p.49

1

前回の受験者の平均点が 64 点で，

前回の受験者数は，

$48-6=42$(人)なので，

前回の受験者の総得点は，

$64 \times 42 = 2688$(点)

よって，今回の受験者の平均点は，

$\frac{2688}{48} = \mathbf{56}$**(点)**　　**答 56 点**

2

最も大きい度数は 7 だから，

最頻値は **27 回**　　**答 27 回**

3

(1) B 市の面積は C 市の面積の $\frac{1}{4}$ なので，

C 市の面積は，

$40 \times 4 = 160$(km^2)

よって，C 市の人口密度は，

$64000 \div 160 = \mathbf{400}$**(人/km^2)**　　**答 400 人/km^2**

(2) A 市の人口密度が B 市の人口密度の $\frac{1}{5}$ なので，

A 市の人口密度は，

$750 \times \frac{1}{5} = 150$(人/km^2)

また，A 市の面積は B 市の面積の 3 倍なので，

A 市の面積は，

$40 \times 3 = 120$(km^2)

よって，A 市の人口は，

$150 \times 120 = \mathbf{18000}$**(人)**　　**答 18000 人**

チャレンジ問題　SPI 表の読み取り

工場 a の製品Ⅰ，Ⅱ，Ⅲの 1 日の利益はそれぞれ，

製品Ⅰ：$5 \times 3 = 15$(万円)

製品Ⅱ：$8 \times 2 = 16$(万円)

製品Ⅲ：$5 \times 4 = 20$(万円)

工場 b の製品Ⅰ，Ⅱ，Ⅲの 1 日の利益はそれぞれ，

製品Ⅰ：$6 \times 3 = 18$(万円)

製品Ⅱ：$7 \times 2 = 14$(万円)

製品Ⅲ：$5 \times 4 = 20$(万円)

よって，最も利益が出るのは，

工場 a で製品Ⅲ，工場 b で製品Ⅰの組み合わせなので，正解はE。　　**答 E**

14 さまざまな問題

本冊 p.50～p.53

● 確認問題 ● p.51

1

(時間)＝(距離)÷(速さ) より,

行きにかかった時間は,

$5 \div {}^{ア}\boxed{10} = \dfrac{5}{{}^{イ}\boxed{10}} = \dfrac{1}{{}^{ウ}\boxed{2}}$(時間)

帰りにかかった時間は,

$5 \div {}^{エ}\boxed{6} = \dfrac{5}{{}^{オ}\boxed{6}}$(時間)

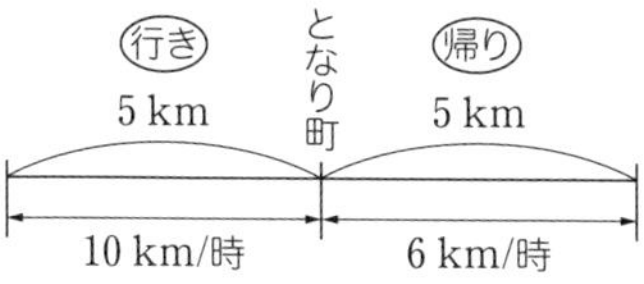

(平均の速さ)

＝(往復の距離)÷(往復するのにかかった時間)

より,

$$5 \times 2 \div \left(\dfrac{1}{{}^{カ}\boxed{2}} + \dfrac{5}{{}^{キ}\boxed{6}} \right)$$

$$= 10 \div \dfrac{{}^{ク}\boxed{4}}{3}$$

$$= \dfrac{{}^{ケ}\boxed{15}}{2} = 7.5(\text{km/時})$$

2

加える食塩の量を x g とする。

	10 %の食塩水	食塩	混ぜてできた食塩水
食塩水の量(g)	300	x	$300+x$
食塩の量(g)	$300 \times \dfrac{{}^{ア}\boxed{10}}{100} = {}^{イ}\boxed{30}$	x	${}^{ウ}\boxed{30}+x$

混ぜてできた食塩水は濃度が 20 %なので

$$\dfrac{{}^{エ}\boxed{30}+x}{300+x} \times 100 = 20$$

$$100({}^{オ}\boxed{30}+x) = 20(300+x)$$

$${}^{カ}\boxed{3000} + 100x = 6000 + 20x$$

$${}^{キ}\boxed{80}\,x = {}^{ク}\boxed{3000}$$

$$x = {}^{ケ}\boxed{37.5}\,(\text{g})$$

ポイント

食塩水の問題は，食塩の量を考え方程式をつくる。

● 練習問題 1 ● p.52

1

X と Y の間の距離を x km とする。

行きにかかった時間は，$x \div 6 = \dfrac{x}{6}$(時間)

帰りにかかった時間は，$x \div 3 = \dfrac{x}{3}$(時間)

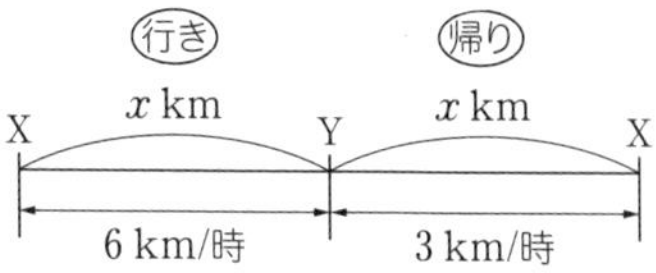

よって，$\dfrac{x}{6} + \dfrac{x}{3} = 2$

両辺に 6 をかけて,

$x + 2x = 12$

$3x = 12$

$x = 4$

答 **4 km**

2

	10 %の食塩水	5 %の食塩水	混ぜてできた食塩水
食塩水の量(g)	600	400	1000
食塩の量(g)	$600 \times \dfrac{10}{100} = 60$	$400 \times \dfrac{5}{100} = 20$	80

混ぜてできた食塩水の濃度は,

$\dfrac{80}{1000} \times 100 = 8(\%)$

答 **8 %**

●●● チャレンジ問題 ●●● SPI 距離，速さ，時間

行きにかかった時間は，$8 \div 3 = \dfrac{8}{3}$(時間)

山頂で休憩した時間は，1 時間 20 分なので,

$1 + \dfrac{20}{60} = 1 + \dfrac{1}{3} = \dfrac{4}{3}$(時間)

帰りにかかった時間は，$8 \div 4 = 2$(時間)

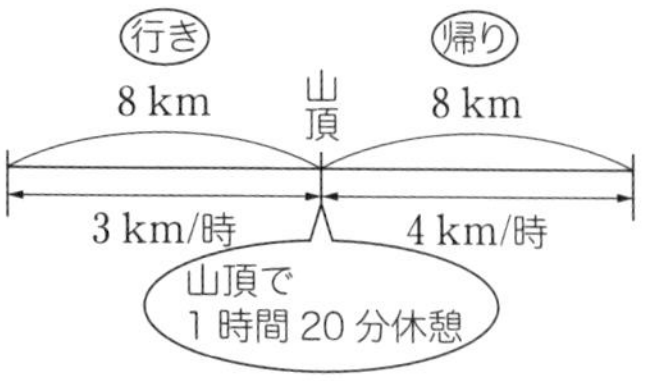

よって，$\dfrac{8}{3} + \dfrac{4}{3} + 2$

$= \dfrac{12}{3} + 2$

$= 4 + 2$

$= 6$(時間)

となるので，正解は F。

答 F

練習問題2 p.53

1

峠からB町までの距離を x kmとすると

A市から峠までの距離は $13-x$(km)となる。

A市から峠までにかかった時間は，

$(13-x)\div 3=\frac{13-x}{3}$(時間)

峠からB町までにかかった時間は，

$x\div 4=\frac{x}{4}$(時間)

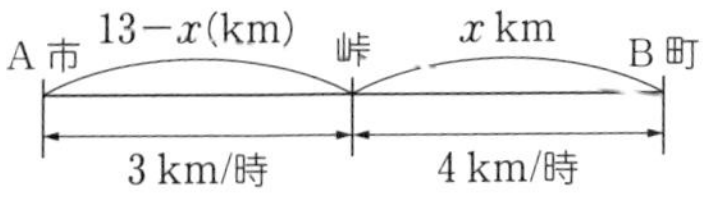

A市からB町までにかかった時間は，

$3+\frac{40}{60}=3+\frac{2}{3}=\frac{11}{3}$(時間)

よって，$\frac{13-x}{3}+\frac{x}{4}=\frac{11}{3}$

両辺に12をかけて，

$4(13-x)+3x=44$

$52-4x+3x=44$

$-x=-8$

$x=8$　　答 8 km

2

蒸発させる水の量を x gとする。

	5%の食塩水	水を蒸発	できた食塩水
食塩水の量(g)	500	$-x$	$500-x$
食塩の量(g)	$500\times\frac{5}{100}=25$	0	25（変化なし）

水を蒸発させてできた食塩水は濃度が8%なので，

$\frac{25}{500-x}\times 100=8$

$25\times 100=8(500-x)$

$2500=4000-8x$

$8x=1500$

$x=\mathbf{187.5}$**(g)**　　答 187.5 g

チャレンジ問題 ― SPI 濃度算

	10%の食塩水	水	混ぜてできた食塩水
食塩水の量(g)	200	300	500
食塩の量(g)	$200\times\frac{10}{100}=20$	0	20（変化なし）

混ぜてできた食塩水の濃度は，$\frac{20}{500}\times 100=4$(%)

となるので，正解はC。　　答 C

★達成度確認テスト 本冊 p.54〜p.56

1

(1) $(10+20\div 5)-4^2\div 8$

$=(10+20\div 5)-16\div 8$

$=(10+4)-2$

$=14-2$

$=\mathbf{12}$　　答 12

(2) $3\frac{2}{7}-1\frac{3}{5}$

$=\frac{23}{7}-\frac{8}{5}$

$=\frac{115}{35}-\frac{56}{35}$

$=\frac{59}{35}=\mathbf{1\frac{24}{35}}$　　答 $1\frac{24}{35}$

2

C町から通っている生徒の割合は，

$100-(45+40)=15$(%)

(基準とする量)=(比較する量)÷(割合)より

この高校の生徒数は，$36\div 0.15=\mathbf{240}$**(人)**

答 240人

3

(1) $(x-6)(x+8)$

$=x^2+\{(-6)+8\}x+(-6)\times 8$

$=\mathbf{x^2+2x-48}$　　答 $x^2+2x-48$

(2) $(3x+2)^2$

$=(3x)^2+2\times(3x)\times 2+2^2$

$=\mathbf{9x^2+12x+4}$　　答 $9x^2+12x+4$

4

(1) $8x^2y^2+18xy^2$

$=2xy^2\times 4x+2xy^2\times 9$

$=\mathbf{2xy^2(4x+9)}$　　答 $2xy^2(4x+9)$

(2) $9x^2-64$

$=(3x)^2-8^2$

$=\mathbf{(3x+8)(3x-8)}$　　答 $(3x+8)(3x-8)$

5

(1) $\frac{5}{3\sqrt{5}}$

$=\frac{5\times\sqrt{5}}{3\sqrt{5}\times\sqrt{5}}$

$=\frac{5\sqrt{5}}{3\times 5}$

$=\mathbf{\frac{\sqrt{5}}{3}}$　　答 $\frac{\sqrt{5}}{3}$

(2) $\frac{9\sqrt{2}}{4\sqrt{3}}$

$=\frac{9\sqrt{2}\times\sqrt{3}}{4\sqrt{3}\times\sqrt{3}}$

$=\frac{9\sqrt{6}}{4\times3}$

$=\mathbf{\frac{3\sqrt{6}}{4}}$　　答 $\mathbf{\frac{3\sqrt{6}}{4}}$

6

(1) $2(x-3)+1=3x-7$

$2x-6+1=3x-7$

$-x=-2$

$\boldsymbol{x=2}$　　答 $\boldsymbol{x=2}$

(2) $\begin{cases}3x+y=9 & \cdots\cdots①\\ 2x-3y=-5 & \cdots\cdots②\end{cases}$

①×3 より　$9x+3y=27$ ……③

②+③より　$2x+9x=-5+27$

$11x=22$

$\boldsymbol{x=2}$ ……④

④を①に代入して　$3\times2+y=9$

$y=9-6$

$\boldsymbol{y=3}$

答 $\boldsymbol{x=2,\ y=3}$

(3) $2x^2-x-4=0$

$x=\frac{-(-1)\pm\sqrt{(-1)^2-4\times2\times(-4)}}{2\times2}$

$=\frac{1\pm\sqrt{1+32}}{4}$

$=\mathbf{\frac{1\pm\sqrt{33}}{4}}$　　答 $\boldsymbol{x=\frac{1\pm\sqrt{33}}{4}}$

(4) $3x^2+7x+3=0$

$x=\frac{-7\pm\sqrt{7^2-4\times3\times3}}{2\times3}$

$=\frac{-7\pm\sqrt{49-36}}{6}$

$=\mathbf{\frac{-7\pm\sqrt{13}}{6}}$　　答 $\boldsymbol{x=\frac{-7\pm\sqrt{13}}{6}}$

7

傾きが -2 なので，$y=-2x+b$ と表せる。

$x=-3$，$y=2$ を代入すると

$2=-2\times(-3)+b$

$b=-4$

よって，$\boldsymbol{y=-2x-4}$　　答 $\boldsymbol{y=-2x-4}$

8

$y=ax^2$ に $x=-2$，$y=-12$ を代入すると

$-12=a\times(-2)^2$

$4a=-12$

よって，$\boldsymbol{a=-3}$　　答 $\boldsymbol{a=-3}$

9

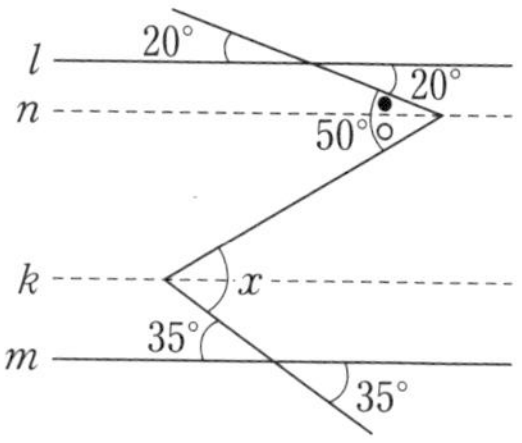

l と m に平行な直線 n と k をひくと，対頂角と錯角から ●$=20°$ なので

○$=50°-20°$

$=30°$

よって，$\angle x=30°+35°=\mathbf{65°}$　　答 $\mathbf{65°}$

10

母線の長さを x cm とすると

$x^2=3^2+4^2$

$x^2=9+16$

$x^2=25$

$x>0$ なので，$x=5$(cm)

体積は，

$(\pi\times4^2)\times3\times\frac{1}{3}=\mathbf{16\pi(cm^3)}$

表面積は，底面積　$\pi\times4^2=16\pi(\mathrm{cm}^2)$

側面積　$\pi\times5^2\times\frac{2\pi\times4}{2\pi\times5}=20\pi(\mathrm{cm}^2)$　より

$16\pi+20\pi=\mathbf{36\pi(cm^2)}$

答 体積　$\mathbf{16\pi\ cm^3}$，表面積　$\mathbf{36\pi\ cm^2}$

11

2 個のさいころの目の出方は全部で $6\times6=36$(通り)

このうち，目の数の差が 3 になるのは

(1, 4), (4, 1), (2, 5), (5, 2), (3, 6), (6, 3) の 6 通りである。

よって，求める確率は $\frac{6}{36}=\mathbf{\frac{1}{6}}$　　答 $\mathbf{\frac{1}{6}}$

12

走った距離を x m とすると，歩いた距離は $1800-x$(m)となる。

歩いた時間は，$\frac{1800-x}{60}$(分)

走った時間は，$\frac{x}{110}$(分)

よって，$\frac{1800-x}{60}+\frac{x}{110}=25$

両辺に 660 をかけて

$11(1800-x)+6x=16500$

$19800-11x+6x=16500$

$-5x=-3300$

$x=\mathbf{660(m)}$　　答 **660 m**

1 be動詞・一般動詞

本冊 p.58〜p.59

例題 **答** (1)am (2)reads (3)lived

解説 (1)主語が I なので，「〜です」は am になる。(2)主語の She は３人称単数なので，「読みます」は reads になる。(3)last year「去年」が文末にあるので，過去形の文である。

●練習問題● p.58〜p.59

1 **答** (1)is (2)likes (3)are (4)Were

解説 (1)主語が He なので，be 動詞は is になる。(2)現在の文において，主語が３人称単数（he，she，it，this bag など）のとき，一般動詞の語尾に s，es をつける。(3)主語が複数のとき，be 動詞は are になる。(4)過去の文において，主語が複数のとき，「いる，ある」の意味を表す Were を用いる。疑問文なので大文字ではじめる。

2 **答** (1)Is (2)is (3)studied (4)have

解説 (1)「あなたのお母さんは今，家にいますか。」at home「家に」(2)「彼のテニスラケットはとても新しい。」(3)「彼女は昨日，英語を勉強しました。」過去形の作り方で，語尾が〈子音字＋y〉のとき，y を i にかえて ed をつける。(4)「私は手にペンを持っていません。」don't のあとは動詞の原形を置く。

◆アドバイス◆　否定文と疑問文

● be 動詞
否定文：be 動詞のあとに not を置く。
疑問文：be 動詞を文頭に置く。

●一般動詞
否定文：do (does)，did＋not＋動詞の原形
疑問文：Do (Does)，Did＋主語＋動詞の原形〜？

3 **答** (1)イ (2)ア (3)ウ

解説 (1)「あなたは友だちにさよならを言いますか。」do で聞かれたら，do で答える。(2)「あなたのお姉さんは大学生ですか。」be 動詞でたずねられているので，答えるときも be 動詞で答える。(3)「あの少年はアメリカ出身ですか，それともカナダ出身ですか。」or を含む選択疑問文では Yes，No では答えない。

4 **答** (1) She teaches math at this school.
(2) Are those new bikes yours?
(3) It is not seven in the morning now.

解説 (1)〈主語，動詞，〜を〉の順番で並べかえる。(2)主語である「あれらの新しい自転車」は those new bikes で表す。(3)it は時刻，曜日，天候などを表し，「それは」と訳さない。

◆アドバイス◆　「それ」と訳さない it

It is ten o'clock.「10 時です。」【時刻】
It is Sunday.「日曜日です。」【曜日】
It is sunny today.「今日は晴れです。」【天候】
It is cold here.「ここは寒い。」【寒暖】

5 **答** (1)helped (2)reads (3)rained (4)goes (5)have (6)gets

解説 (1)「私は昨日，お母さんを手伝いました。」yesterday があるので，過去形になる。(2)「彼女は毎日，本を読みます。」every day があるので，現在形になる。(3)「昨夜，大阪ではたくさん雨が降りました。」この It は天候を表す。rain は動詞で「雨が降る」の意味。(4)「地球は太陽のまわりを回っています。」go around 〜「〜のまわりを回る」(5)「ジェーンは日本に友だちがいますか。」(6)「私の母は毎朝，早く起きます。」get up early「早く起きる」

◆アドバイス◆　不規則動詞の過去形

過去形には規則動詞に加えて，不規則に形が変化する不規則動詞がある。　**例** have➡had
go➡went，do➡did，make➡made
come➡came，get➡got，eat➡ate
buy➡bought，see➡saw，take➡took
write➡wrote，say➡said

2 進行形・未来を表す表現

本冊 p.60～p.61

例題 **答** (1)**watching** (2)**going** (3)**will**

解説 (1)「見ているところです」は〈be 動詞＋動詞の ing 形〉で表す。watch の ing 形はそのまま ing をつける。(2)〈are going to＋動詞の原形〉で「～するつもりです」の意味を表す。(3)〈will＋動詞の原形〉で「～するでしょう」の意味を表す。

練習問題 p.60～p.61

1 **答** (1)**cooking**(**または making**) (2)**was** (3)**will**

解説 (1)cook の ing 形はそのまま ing をつける。make の ing 形は e をとって ing をつける。(2)主語が３人称単数であることと，文末に then「そのとき」があることから考える。(3)１語で未来を表すには will を用いる。

2 **答** (1)**ウ** (2)**ア** (3)**ア** (4)**イ** (5)**イ**

解説 (1)「カトウさんは今，ケンに手紙を書いているところですか。」「はい，そうです。」現在進行形の疑問文。(2)「あなたは明日，忙しいでしょうか。」「いいえ，忙しくありません。」will でたずねられたら will で答える。(3)「あなたは昨日，台所でお母さんを手伝っていましたか。」「いいえ，手伝っていませんでした。」(4)「あなたは今夜，宿題をするつもりですか。」「はい，するつもりです。」(5)「あなたは次の日曜日，どこを訪れるつもりですか。」「私は動物園を訪れるつもりです。」ウの選択肢は「私は公園へ行っているところです。」という現在進行形の文になり，質問の答えになっていない。

◆アドバイス◆ 否定文と疑問文

- **進行形**
  - **否定文**：be 動詞のあとに not を置く。
  〈主語＋be 動詞＋not＋動詞の ing 形〉
  - **疑問文**：be 動詞を文頭に置く。
  〈Be 動詞＋主語＋動詞の ing 形～？〉
  ➡be 動詞/be 動詞 not で答える。
- **be 動詞＋going to＋動詞の原形**
  - **否定文**：be 動詞のあとに not を置く。
  〈主語＋be 動詞＋not＋going to＋動詞の原形〉
  - **疑問文**：be 動詞を文頭に置く。
  〈Be 動詞＋主語＋going to＋動詞の原形～？〉
  ➡be 動詞/be 動詞 not で答える。
- **will＋動詞の原形**
  - **否定文**：will のあとに not を置く。
  〈主語＋will＋not＋動詞の原形〉will not の短縮形は won't。
  - **疑問文**：will を文頭に置く。
  〈Will＋主語＋動詞の原形～？〉
  ➡will/will not で答える。

3 **答** (1) **You were singing the song then.**

(2) **I will be twenty years old next month.**

(3) **They are not going to practice baseball.**

(4) **Is your sister listening to music in her room?**

解説 (1)sing ～「～を歌う」は動詞で，song「歌」は名詞。(2)「～歳になる」は〈will＋be＋～years old〉で表す。(3)「～しないでしょう」は否定文なので，are のあとに not を置く。(4)現在進行形の疑問文。Listen to music「音楽を聴く」

■**チャレンジ問題**

例 **She is reading a book under the tree.**

解説 質問文は「女の子は何をしているところですか。」最初の語は，the girl を置きかえた she になる。

3 現在完了・過去完了

本冊 p.62～p.63

例題 答 (1)ウ (2)イ

解説 (1)現在完了の継続用法。〈have (has)＋過去分詞〉で表す。(2)現在完了の経験用法。three times は「３回」の意味。

練習問題 p.62～p.63

1 答 (1)**used-used** (2)**studied-studied** (3)**had-had** (4)**made-made** (5)**ate-eaten** (6)**wrote-written**

解説 (1)語尾が e で終わるときは d をつける。(2)語尾が〈子音字＋y〉のとき，y を i にかえて ed をつける。(3)～(6)は不規則動詞。

◆アドバイス◆ 現在・過去完了でよく用いられる語句

継続用法：**for ～**「～間」，**since ～**「～からずっと」，**How long**「どのくらいの間」
経験用法：**before**「以前」，**once**「一度」，**twice**「二度」，**～ times**「～度」，**ever**「今までに」，**never**「今までに～ない」，**How often (How many times)**「何度」，**have been to ～**「～へ行ったことがある」
完了・結果用法：**already**「すでに，もう」，**yet**「(疑問文で) もう (否定文で) まだ」，**just**「ちょうど」，**have gone to ～**「～へ行ってしまった (今ここにいない)」

2 答 (1)**have, cleaned** (2)**Have, you** (3)**has, been** (4)**had, lived** (5)**had, already**

解説 (1)現在完了の完了・結果用法。already「すでに」の前は have を，あとには過去分詞をそれぞれ置く。(2)現在完了の経験用法の疑問文。have を文頭に置く。(3)現在完了の継続用法。主語が３人称単数 It なので，have ではなく has を用いる。be 動詞の過去分詞 been を続ける。It は天候を表し，「それ」とは訳さない。(4)「私が生まれた」ときの話なので，過去完了で表す。(5)過去完了の完了・結果の文。「すでに」は already を用いる。

◆アドバイス◆ 否定文と疑問文

否定文：〈have (has), had＋not＋過去分詞〉
経験用法は not の代わりに never を用いる。
疑問文：〈Have (Has), Had＋主語＋過去分詞～?〉経験用法は過去分詞の前に ever を置く。

◆アドバイス◆ 短縮形

主語＋have (has), had の短縮形：I have＝I've, you have＝you've, he has＝he's, she has＝she's, you had＝you'd
have (has), had＋not の短縮形：have not＝haven't, has not＝hasn't, had not＝hadn't

3 答 (1) **He has read this book before.**
(2) **My father has been busy since yesterday.**
(3) **Have you eaten lunch yet?**
(4) **Bob has never played volleyball.**
(5) **I had heard from Mary once before I met her.**
(6) **This girl had stayed in France until then.**

解説 (1)現在完了の経験用法。read は［red］と発音する。(2)「昨日からずっと」は since yesterday で表す。(3)yet「もう」は文末に置く。(4)現在完了の経験用法。never「今までに～ない」は，have と過去分詞の間に置く。(5)「メアリーに出会う前」の話なので，過去完了〈had＋過去分詞〉で表す。(6)「滞在する」は stay で，過去分詞は stayed。

4 助動詞

本冊 p.64〜p.65

例題 答 (1)**You, must** (2)**should, help** (3)**May (Can), I**

解説 (1)「〜しなければならない」は must で表す。(2)「〜すべき」は should で表す。(3)「〜してもよいですか」は May I 〜? で表す。may の代わりに can を用いて，Can I 〜? で表すこともできる。

● 練習問題 ●

p.64〜p.65

1 答 (1)**can, swim** (2)**may, be** (3)**Will, you** (4)**Shall, we** (5)**must, not**

解説 (1)「〜することができます」は can で表す。(2)「〜かもしれません」は，may で表す。あとの動詞の原形は be になることに注意する。(3)「〜してくれませんか」は Will you 〜? で表す。(4)「一緒に〜しませんか」は Shall we 〜? で表す。(5)「〜してはいけません」は must not で表す。

2 答 (1) **She can drive a car.**
(2) **It may not snow tonight.**
(3) **Must I go to the hospital now?**

解説 (1)「彼女は車を運転することができます。」can のあとは動詞の原形。(2)「今夜は雪が降らないかもしれません。」(3)「今，病院へ行かなければなりませんか。」

◆アドバイス◆ 助動詞の否定文と疑問文

否定文：助動詞のあとに not を置く。
〈助動詞＋not＋動詞の原形〉
＊短縮形は will not＝won't [wóʊnt]，must not＝mustn't [mʌ́snt]（最初の t は発音しない），should not＝shouldn't，can の否定は can't か cannot で表す。may not の短縮形はない。
疑問文：助動詞を文頭に置く。
〈助動詞＋主語＋動詞の原形〜？〉

3 答 (1)**have, to** (2)**Will, you** (3)**Shall, we** (4)**is, able**

解説 (1)「あなたは明日までに宿題を終わらせなければなりません。」must は have to で書きかえる。(2)「韓国への旅行について教えてください。」Please 〜は Will you 〜? で書きかえる。(3)「次の土曜日，海へ泳ぎに行きましょう。」Let's 〜は Shall we 〜? で書きかえる。(4)「彼女は速く泳ぐことができます。」主語が She なので can は is able to で書きかえる。

4 答 (1) **May I eat this bread?**
(2) **You must come home before it gets dark.**
(3) **You don't have to take your umbrella with you.**
(4) **Shall I shut the door?**

解説 (1)疑問文なので助動詞 may を文頭に置く。(2)「〜しなければなりません」は must で表す。(3)「〜する必要はありません」は don't have to 〜で表す。(4)「私が〜しましょうか」は Shall I 〜? で表す。

◆アドバイス◆ さまざま助動詞

would：熟語表現をおさえる。Would you 〜?「〜していただけませんか」，would like to 〜「〜したい」，would often 〜「よく〜したものだ」
used to 〜：①「よく〜したものだ」②「以前は〜だった」
ought to 〜：should 〜とほぼ同じ意味。
had better 〜：「〜したほうがよい」
need 〜：「〜する必要がある」（否定文と疑問文で用いる）
might：may の遠回しな表現。

5 受け身

本冊 p.66～p.67

例題 答 (1)**is, read** (2)**surprised, at**

解説 「～される，されている」は〈be 動詞＋過去分詞〉で，「～に，～によって」は by ～で表す。be 動詞は主語と時制に注意して選ぶ。

◆アドバイス◆ 原形・過去形・過去分詞形

①規則動詞の例

like-liked-liked　open-opened-opened
use-used-used　study-studied-studied

②不規則動詞の例

begin-began-begun　buy-bought-bought
break-broke-broken　build-built-built
know-knew-known　make-made-made
read-read-read　see-saw-seen
speak-spoke-spoken　take-took-taken
write-wrote-written

練習問題 p.66～p.67

1 答 (1)**was, broken** (2)**isn't, spoken** (3)**taken, by** (4)**is, cleaned**

解説 (1)「割られました」は過去の文なので was broken で表す。(2)否定文は be 動詞のあとに not を置く。(3)「～によって」は by ～で表す。(4)現在形の受け身の文なので〈be 動詞＋過去分詞〉で表す。

◆アドバイス◆ 受け身の否定文と疑問文

否定文：be 動詞のあとに not を置く。
〈be 動詞＋not＋過去分詞〉
疑問文：be 動詞を文頭に置く。
〈be 動詞＋主語＋動詞の原形～？〉

◆アドバイス◆ その他の受け身表現

be pleased with ～「～に喜ぶ」
be crowded with ～「～で混んでいる」
be satisfied with ～「～に満足する」
be injured「ケガをする」

2 答 (1) **This letter was not read by my mother.**
(2) **Is the window opened by Ken?**
(3) **This dress is made by Kumi.**

解説 (1)「この手紙は母によって読まれませんでした。」(2)「その窓はケンによって開けられますか。」(3)「このドレスはクミによって作られます。」Kumi は by をともなって文末に，makes は〈be 動詞＋過去分詞〉に，this dress は文頭に置く。

3 答 (1)**is, liked** (2)**known, to** (3)**was, built**

解説 (1)「私のクラスのどの生徒もその犬が好きです。」「その犬は私のクラスのどの生徒によっても好かれています。」(2)「彼女は彼の名前を知っています。」「彼の名前は彼女に知られています。」「～に知られている」は be known to ～で，by を用いないことに注意する。(3)「あの教会は創立 50 年です。」は「あの教会は 50 年前に建てられました。」と考える。「建てる」は build で過去分詞は built である。

4 答 (1) **Stars are seen at night.**
(2) **Is this place visited by many children?**
(3) **I was born on December 1.**
(4) **That mountain was covered with snow.**

解説 (1)「見られます」は are seen で表す。(2)「訪れられますか」は is visited で表す。疑問文なので is を文頭に置く。(3)「生まれた」は was born で表す。(4)「～でおおわれていました」は was covered with ～で表す。

6 不定詞

本冊 p.68～p.69

例題 答 (1)**to, see(meet)**　(2)**him, to**

解説 (1)「会うために」は副詞的用法（動作の目的）。to see(meet) で表す。(2)「一が～することは…だ」は It is ... for 一 to ～で表す。

●練習問題●　p.68～p.69

1 答 (1)　この本は難しすぎて，私は読めません。

(2)　私はあなたにここに来てもらいたい。

解説 (1)too 形容詞 for 一 to ～は「とても…なので一は～できない」と訳す。(2)want 一 to ～は「一に～してもらいたい」と訳す。

2 答 (1)**to eat**　(2)**to drink**　(3)**to study**　(4)**to be**　(5)**how to drive**

解説 (1)「彼女は空港へ行く前に昼食を食べたい。」「～したい」は，want to ～で表す。(2)「私に何か冷たい飲み物をください。」形容詞的用法の文。(3)「彼が毎日英語を勉強することはとても重要です。」(4)「彼はクミに静かにするように言いました。」「一に～するよう言う」は tell 一 to ～で表す。(5)「私のおばは私に運転の仕方を教えてくれました。」「どのように～すべきか，～の仕方」は how to ～で表す。

3 答 (1)**like, to**　(2)**to, visit**　(3)**order, to**　(4)**when, to**

解説 (1)「～することが好きです」は like to ～で表す。(2)「訪れる機会」は「訪れるための機会」と考え，to visit で表す。(3)副詞的用法（動作の目的）の文である。He is studying English hard to go abroad. で表せるが，hard のあとに in があるので，in order to を用いて He is studying English hard in order to go abroad. で表す。

4 答 (1)　**I was surprised to hear the news.**

(2)　**I want to know how to open the secret box.**

解説 (1)「驚いた」は was surprised で表す。(2)名詞的用法 want to ～と how to ～を含んだ文。to が2つ登場するので注意する。

■チャレンジ問題

例　(I went to the park) to play soccer.

(I went to the park) and played soccer.

解説　お母さんは「なぜ公園へ行ったの。」と聞いているので，「サッカーをするためだよ。」という意味で答える。

◆アドバイス◆　3用法の応用

形容詞的用法：前置詞がつくもの

a house to live in「住む家」

a chair to sit on「座るイス」

a friend to play with「一緒に遊ぶ友だち」

副詞的用法：判断の根拠

He is stupid to say so.「彼はそう言うなんておろかだ。」判断した根拠を不定詞を用いて表す。「～なんて」と訳す。

副詞的用法：結果

He grew up to be a professional baseball player.「彼は成長してプロの野球選手になった。」何かをしたあと，どういう結果になったのか不定詞を用いて表す。この文では grew up「成長した」結果，a professional baseball player「プロの野球選手」になったのである。

◆アドバイス◆　不定詞のその他の構文

〈It is ... of 一 to ～〉「一が～するとは…だ」

〈It is kind of you to help me.〉「あなたが私を手伝ってくれるとは親切だ。」

〈形容詞／副詞 enough for 一 to ～〉「十分…なので一は～」例）This book is easy enough for me to read.「この本は十分やさしいので私は読むことができます。」

7 分詞

本冊 p.70〜p.71

例題 答 (1)**running** (2)**stolen** (3)**boy, running**

解説 (1)「〜している」は現在分詞で表す。(2)「〜される，された」は過去分詞で表す。(3)分詞 running「走っている」と関連語句 in the park「公園で」が合わさって a boy「少年」を修飾している場合，分詞は名詞のあとに置く。

●練習問題● p.70〜p.71

1 答 (1)**flying** (2)**written** (3)**known** (4)**skating**

解説 (1)「飛んでいる鳥を見なさい。」「飛んでいる」は現在分詞 flying で表す。(2)「英語で書かれた手紙は彼女のものです。」「書かれている」は過去分詞 written で表す。(3)「私は世界中で知られている作家に出会った。」「知られている」は過去分詞 known で表す。(4)「池でスケートをしている少年はボブです。」「スケートをしている」は現在分詞 skating で表す。

2 答 (1)**playing** (2)**broken** (3)**waiting**

解説 (1)「〜している」は現在分詞で表す。(2)「割れた」は「割られた」と考えて，過去分詞で表す。(3)「彼女を待たせておく」は，「彼女が待っている状態にしておく」，と考え，keep her waiting で表す。

3 答 (1) ベッドで眠っている赤ちゃんを見なさい。
(2) 50 年前に描かれたその絵は高価です。
(3) これは川でとられた魚です。
(4) 彼らはその事故を見て驚いているようだった。

解説 (1)sleeping「眠っている」以下が the baby を修飾している。(2)drawn fifty years ago が The picture を修飾している。また，この The picture drawn fifty years ago が主部になっており，「〜絵は…」と訳す。(3)caught は catch の過去分詞形で「とられた」と訳す。(4)look surprised で「驚いているように見える」の意味。

4 答 (1) **Look at the burning tree.**
(2) **This is a desk made in Japan.**
(3) **Is the boy singing over there Ken?**
(4) **The building seen from here is my school.**
(5) **He looked interested in Japanese history.**
(6) **Please keep the door locked.**

解説 (1)burning「燃えている」が単独で the tree を修飾しているので，burning は tree の前に置く。(2)「日本製の机」は「日本で作られた机」と考え，a desk made in Japan で表す。(3)singing over there「向こうで歌っている」が the boy「少年」を修飾しているので，singing 以下を the boy のあとに置いて，the boy singing over there で表す。(4)「ここから見える」は「ここから見られる」と考え，seen from here で表す。(5)look interested in 〜で「〜に興味を持っているように見える」の意味。(6)「ドアのカギをかけておいて」は「ドアをカギがかけられた状態にしておく」と考え，keep the door locked で表す。

◆アドバイス◆ その他の分詞表現

boiled egg「ゆで卵」
rising sun「朝日」
used car「中古車」
fallen leaves「落ち葉」
come 〜ing「〜しながら来る」
stand 〜ing「〜しながら立っている」
leave … 現在分詞「…を〜している状態に放っておく」
leave … 過去分詞「…を〜された状態に放っておく」
find … 現在分詞「…が〜しているのがわかる」
find … 過去分詞「…が〜されたのがわかる」

8 動名詞

本冊 p.72～p.73

例題 答 (1)**cooking** (2)**without, saying**

解説 (1)「～すること」は動詞の ing 形で表す。(2)「～しないで」は without ～ing で表す。

● 練習問題 ● p.72～p.73

1 答 (1)**climbing** (2)**taking** (3)**before**

解説 (1)「～すること」は動詞の ing 形で表す。(2) take の ing 形は taking である。(3)「～する前に」は before ～ing で表す。

2 答 (1)**at** (2)**after** (3)**to**

解説 (1)「私の父は野球をすることが上手です。」be good at ～ing で「～が上手である」の意味を表す。(2)「彼女は宿題を終えたあとで，寝ました。」前後の内容から考える。after ～ing で「～したあとで」の意味を表す。(3)「私の祖母はあなたに会うことを楽しみにしています。」look forward to ～ing で「～するのを楽しみにする」の意味を表す。

3 答 (1)**riding** (2)**to visit** (3)**writing** (4)**to go**

解説 (1)「彼らは自転車に乗ることを楽しみました。」enjoy は～ing のみ目的語にとる。(2)「私は古いお寺を訪れたい。」want は to ～を目的語にとる。(3)「クミはいとこに手紙を書き終えました。」finish は～ing のみ目的語にとる。(4)「突然，彼は買い物に行くことに決めました。」decide は to ～のみ目的語にとる。

◆アドバイス◆ 動名詞と不定詞の発展

①**～ing のみ目的語にとる動詞**：enjoy，keep，finish 以外に mind「気にする」，practice「練習する」，give up「あきらめる」などがある。

②**to ～のみ目的語にとる動詞**：wish「期待する」，hope，decide 以外に expect，promise「約束する」，manage「なんとか～する」などがある。

③**ともに目的語にとる動詞**：like，start，begin 以外に love「大好き」，hate「嫌う」，continue「続ける」などがある。

④**ともに目的語にとるが，動名詞と不定詞では意味が異なる動詞**：

remember ～ing「～したことを覚えている」
to ～「～することを覚えている」
「忘れずに～する」
forget ～ing「～したことを忘れる」
to ～「～することを忘れる」
try ～ing「試しに～してみる」
to ～「～しようとする」

◆アドバイス◆ その他の重要表現

stop ～ing「～することをやめる」
to ～「～するために立ち止まる」※不定詞の副詞的用法
feel like ～ing「～したい気がする」
cannot help ～ing「～せざるをえない」
be used to ～ing「～するのに慣れている」
prevent(stop / keep) … from ～ing「…が～するのを妨げる」

4 答 (1) **Learning German is not easy.**
(2) **He stopped talking and began to cry.**
(3) **How about taking medicine?**
(4) **I am interested in doing volunteer work.**

解説 (1)「ドイツ語を学習することは」が主語。Learning を文頭に置く。(2)「話をすることをやめて」は stop talking で表す。(3)「飲んだらどうですか」は How about taking で表す。(4)「することに興味を持っている」は be interested in doing で表す。

■チャレンジ問題

例 (Hello. My name is) **Takuya.** (My hobby is) **playing tennis.**

解説 趣味を説明する問題。playing tennis「テニスをすること」や taking pictures「写真を撮ること」といったように動名詞を用いて答えてみよう。

9 接続詞・冠詞・前置詞

本冊 p.74〜p.75

例題 **答** (1)**the** (2)**on**

解説 (1)moon「月」の前は the を置く。(2)曜日につく前置詞は on になる。

●練習問題●

p.74〜p.75

1 **答** (1)**but** (2)**because** (3)**While** (4)**that** (5)**the** (6)**at** (7)**in** (8)**on**

解説 (1)「私はお金持ちですが，幸せではありません。」前後の文は逆接の関係になっている。(2)「ボブはとてもやさしくて正直なので，彼女は彼が好きです。」because 〜は「〜なので」の意味。(3)「彼はアメリカにいる間，英語を学習しました。」While 〜は「〜間」の意味。(4)「私は彼女が正直だということを知っています。」(5)「お年寄りには親切にしなさい。」the old「お年寄り」(6)「私はたいてい7時に起きます。」時刻につく前置詞は at になる。(7)「私たちは冬に長野へスキーをしに行きます。」季節につく前置詞は in になる。(8)「壁に絵がかかっています。」on は接触を表す。「壁に絵が接触している」，つまり「壁に絵がかかっている」という意味。

2 **答** (1)**when** (2)**if** (3)**that** (4)**on** (5)**a** (6)**by**

解説 (1)「〜とき」は when で表す。(2)「もし〜」は if で表す。(3)that「〜ということ」を hope のあとに置く。(4)特定の日付の前は on で表す。(5)「〜につき」は a で表す。(6)「〜のそばで」は by で表す。

3 **答** (1) **I went out though it was raining.**

(2) **Bob and Mary were in the same class last year.**

(3) **I always get up late on Sunday mornings.**

(4) **The woman standing in front of the garden is a popular artist.**

解説 (1)went out で「外出した」の意味を表す。(2)same「同じ」の前には the をつける。(3)「朝は」は in を用いて in the morning で表すが，特定の「朝」には in ではなく，on を用いる。「日曜日の朝は」は on を用いて on Sunday mornings で表す。

◆アドバイス◆ その他の接続詞

as 〜「〜なので」，「〜のとき」，「〜するにつれて」

as soon as 〜「〜するとすぐに」

◆アドバイス◆ その他の前置詞

around 〜「〜のまわり」

across 〜「〜を横切って」

along 〜「〜に沿って」

through 〜「〜を通って」

into 〜「〜の中へ」

out of 〜「〜から外へ」

over 〜「〜の上に」

about 〜「〜について」

by 〜「〜までには」

during 〜「〜の間」

in 〜「〜たてば」

without 〜「〜なしで」

10 関係詞

本冊 p.76〜p.77

例題 **答** (1)**who(that)**　(2)**which(that)**　(3)**whose**　(4)**where**　(5)**how**

解説 (1)あとに動詞が続き，先行詞が「人」なので，主格の関係代名詞 who か that で表す。(2)あとに動詞が続き，先行詞が「もの」なので，主格の関係代名詞 which か that で表す。(3)所有格の関係代名詞。(4)関係副詞。場所を表す where を用いる。(5)関係副詞。方法を表す how を用いる。

●練習問題● p.76〜p.77

1 **答** (1)**who**　(2)**which**　(3)**whose**　(4)**whose**　(5)**which**　(6)**where**　(7)**when**　(8)**why**　(9)**how**

解説 (1)「私には韓国に住んでいる友だちがいます。」あとに動詞が続き，先行詞が「人」なので，主格の関係代名詞 who で表す。(2)「彼女が書いた物語はおもしろい。」あとに主語，動詞が続き，先行詞が「もの」なので，目的格の関係代名詞 which で表す。(3)「髪が長いあの少女はクミです。」あとに名詞が続くので，所有格の関係代名詞 whose で表す。(4)「京都は歴史がとても長い都市です。」あとに名詞が続くので，所有格の関係代名詞 whose で表す。(5)「彼は日本製の車を持っています。」あとに動詞が続き，先行詞が「もの」なので，主格の関係代名詞 which で表す。(6)「これは私たちが去年滞在したホテルです。」関係副詞。場所を表す where を用いる。(7)「私は彼に最初に会った日を忘れました。」関係副詞。時を表す when を用いる。(8)「こういうわけでタロウはハナコと結婚しました。」関係副詞。理由を表す why を用いる。(9)「あなたがその問題を解いた方法を教えなさい。」関係副詞。方法を表す how を用いる。

2 **答** (1) **The village which (that) I visited last year is far from here.**

(2) **Do you know the smart phone whose color is blue?**

解説 (1)あとの文の it が The village を表す。it を which にして which I visited last year を The village の直後に置いて表す。(2)あとの文の Its が the smart phone を表す。Its を whose にして whose color is blue を the smart phone の直後に置いて表す。

3 **答** (1) **Is this the watch which you lost?**

(2) **He has a daughter who became a scientist.**

解説 (1)「あなたがなくした」が「腕時計」にかかる。はじめに「腕時計」を置き，あとに「あなたがなくした」を続ける。目的格の関係代名詞で表す。(2)主格の関係代名詞。

■チャレンジ問題

(例１) **I have a friend who can speak English well.**

(例２) **I have a friend who is very good at speaking English.**

解説

下線部の前後から，「英語を上手に話すことができる友だちがいる」といった内容を書く。

〈全訳〉

クミ：私は上手に英語を話したいの。

ケンジ：なるほど。僕には（例１　英語を上手に話すことができる，例２　英語を話すことがとても上手な）友だちがいるんだ。

クミ：私をあなたの友だちに紹介してくれない？

ケンジ：いいよ。

11 比較

本冊 p.78～p.79

例題 答 (1)**older, than** (2)**fastest, of** (3)**as, as** (4)**soon, as**

解説 (1)「A は B よりも～」は A ～er than B で表す。(2)「A は…の中で一番～」は A the ～est of (in) ... で表す。「～の中で」は，the three の前なので of になる。(3)「A は B と同じくらい～」は，A as ～ as B で表す。(4)「できるだけ～」は as ～ as possible で表す。

● 練習問題 ●

p.78～p.79

1 答 (1)**newest** (2)**pretty** (3)**better** (4)**fast** (5)**colder**

解説 (1)「この本は5冊の中で最も新しいです。」最上級の文。(2)「この人形はあの人形と同じくらいかわいいです。」原級の文。(3)「私はオレンジよりもリンゴのほうが好きです。」「B よりも A のほうが好き」は like A better than B で表す。(4)「できるだけ速く走りなさい。」(5)「だんだん寒くなっています。」「だんだん～」は～er and ～er で表す。

2 答 (1)**three, times** (2)**as, as** (3)**more, than** (4)**as, possible** (5)**better, than**

解説 (1)原級の文。「A は B の～倍…」は A ～ times as ... as B で表す。(2)原級の文。「A は B と同じくらい～」は A as ～ as B で表す。(3)比較級の文。difficult はつづりが長い語で，er の代わりに more を用いて表す。(4)「できるだけ～」は as ～ as possible で表す。(5)「B よりも A のほうが好き」は like A better than B で表す。

◆アドバイス◆ 「～倍」

「A は B の～倍…」：A ～ times as ... as B で表すが「2倍」は twice で「半分」は half で表す。
「彼の犬は私の犬の2倍の大きさです。」
＝His dog is **twice as** big **as** mine.
「彼の犬は私の犬の半分の大きさです。」
＝His dog is **half as** big **as** mine.

3 答 (1) **This mountain is higher than that one.**
(2) **She is kinder than any other girl in her class.**
(3) **My father drives as carefully as my mother.**
(4) **This is the most expensive watch of the three.**

解説 (1)比較級の文。「あの山」は that one で表す。この one は同種類のものを指す。(2)「A は他のどの…よりも～」は A ～er than any other 単数名詞で表す。(3)原級の文。「A は B と同じくらい～」は，A as ～ as B で表す。(4)最上級の文。「A は…の中で一番～」は，A the ～est of ... で表す。

◆アドバイス◆ その他の表現

the 比較級 ～, the 比較級 ...：「～すればするほど，ますます…」
「彼女は年をとればとるほど，ますます人気になりました。」
＝The older **she grew, the more popular** she became.

◆アドバイス◆ 書きかえ

比較級，最上級，原級の文を用いて以下のように書きかえることができる。

比較級
Bob is taller than Kumi.
「ボブはクミよりも背が高いです。」
＝原級の否定文
Kumi is not as tall as Bob.
「クミはボブほど背が高くないです。」
＝副詞を反対の意味にかえた比較級
Kumi is shorter than Bob.
「クミはボブよりも背が低いです。」

最上級
Mt. Fuji is the highest mountain in Japan.
「富士山は日本で一番高い山です。」
＝比較級
Mt. Fuji is higher than any other mountain in Japan.
「富士山は日本の他のどの山よりも高いです。」

◆アドバイス◆ 比較級・最上級の不規則変化

good-better-best「良い」
well-better-best「上手に，良く」
many-more-most「多数の」
much-more-most「多量の」
bad-worse-worst「悪い」
ill-worse-worst「病気で，悪い」
little-less-least「小さい，少量の」

12 文型

本冊 p.80〜p.81

例題 **答** (1)**オ** (2)**ア** (3)**イ** (4)**ウ** (5)**エ**

解説 (1)「突然，彼はここに来ました。」「彼は明日そこへ行くでしょう。」第1文型の文。(2)「そのピアニストは悲しく見えました。」「彼らは幸せです。」第2文型の文。(3)「タロウはウサギを飼っています。」「私は犬が好きです。」第3文型の文。(4)「私は母に花をあげました。」「彼は私に傘を貸してくれました。」第4文型の文。(5)「彼らは彼らの犬をジョンと名づけました。」「その男性は私を科学者にしてくれました。」第5文型の文。

● 練習問題 ● p.80〜p.81

1 **答** (1)**looks, old** (2)**gave** (3)**turn** (4)**rained** (5)**made, her**

解説 (1)第2文型の文。「〜に見える」は look で表す。(2)第4文型の文。「人にものをあげる」は give O（人）O（もの）で表す。(3)第2文型の文。「〜になる，〜にかわる」は turn で表す。(4)第1文型の文。「雨が降る」は，動詞 rain で表す。(5)第5文型の文。「O を C にする」は make OC で表す。

2 **答** (1)**There, is** (2)**to, me** (3)**for, me**

解説 (1)「この町には教会があります。」第3文型から第1文型への書きかえ。There is (are) 〜で「〜がある」の意味を表す。(2)「彼女は時計を私にくれました。」第4文型から第3文型への書きかえ。動詞が give なので，前置詞は to をとる。(3)「母は昨夜，カレーを私に作ってくれました。」第4文型から第3文型への書きかえ。動詞が make なので，前置詞は for をとる。

3 **答** (1) **He got sick last month.**
(2) **The news made me sad.**

解説 (1)「〜になる」は get で表す。(2)「O を C にする」は make OC で表す。

◆アドバイス◆ まちがえやすい make

動詞 make の第4・第5文型の見分け方

（例） **She made him a dress.**

make O（人）O（もの）「人にものを作る」と訳す。➡第4文型。「彼女は彼にドレスを作ってあげました。」

（例） **She made him a doctor.**

make OC「O を C にする」で訳す。【O=C】の関係がある。➡第5文型。「彼女は彼を医者にしました。」

■チャレンジ問題

（例1） **I'll give you a soccer ball.**

（例2） **I'll give a soccer ball to you.**

解説 give O（人）O（もの），または give O（もの）to（人）で表す。

〈全訳〉

母：次の金曜日はあなたの誕生日です。誕生日に何が欲しいの。

ケン：サッカーボールが欲しいんだ。

母：わかったわ。(例1／あなたにサッカーボールを，例2／サッカーボールをあなたに）あげましょう。

ケン：ありがとう。

13 否定

本冊 p.82〜p.83

例題 **答** (1)**no** (2)**few** (3)**not, always**

解説 (1)「ひとつも〜ない」は no 〜で表す。(2)「(数が) ほとんど〜ない」は few 〜で表す。not は不要。(3)「いつも〜というわけではない」は not always 〜で表す。

●練習問題● p.82〜p.83

1 **答** (1)**No, one** (2)**Nothing** (3)**never, without** (4)**Nobody** (5)**rarely(seldom)**

解説 (1)「だれも〜ない」nobody か no one で表す。(2)「何も〜ない」は nothing で表す。(3)「…すれば必ず〜する」は never ... without 〜ing で表す。(4)「だれも〜ない」nobody か no one で表す。(5)「めったに〜ない」は rarely か seldom で表す。

2 **答** (1)○ (2)× (3)× (4)×

解説 (1)「私にはお金がありません。」no 〜で「ひとつも〜ない」の意味を表す。(2)nobody は not とともに用いることができない。Nobody is proud of her.「だれも彼女のことを誇りに思っていません。」が正しい文となる。(3)any 〜 not の語順で用いることができない。No students brought the textbook.「教科書を持ってきた生徒はだれもいませんでした。」が正しい文となる。(4)either 〜 not の語順で用いることができない。Neither of us arrived at the museum.「私たちのどちらも博物館に到着しませんでした。」が正しい文となる。

3 **答** (1)**didn't, any** (2)**nothing, to** (3)**don't, either**

解説 (1)「私にはスピーチをする時間がありませんでした。」no 〜は not any 〜で書きかえることができる。had があるので，最初の空欄には don't ではなく didn't が入る。(2)「彼らには飲み物がありません。」not anything 〜は nothing 〜で書きかえることができる。(3)「私たちは彼らのどちらも知りません。」neither 〜は not either 〜で書きかえることができる。

4 **答** (1) That dog seldom barks.
(2) She wasn't angry at all.
(3) I don't visit both temples.
(4) Nobody can run as fast as he.

解説 (1)「めったに〜ない」は seldom で表す。一般動詞の前に置く。(2)「まったく〜ない」は not 〜 at all で表す。(3)「両方〜というわけではない」は not both 〜で表す。(4)nobody を主語に置き，「0人が彼と同じくらい速く走ることができる。」つまり，「彼と同じくらい速く走れる人はいません。」となる。

5 **答** (1) 彼女はめったに車を運転しません。
(2) コップには水がほとんどありません。

解説 (1)rarely は「めったに〜ない」の意味を表す。(2)little 〜は「(量が) ほとんど〜ない」の意味を表す。

◆アドバイス◆ few と little

few と little の前に a がつくと「少し〜」の意味になる。

There are a few students in the classroom.
「教室には少し生徒がいます。」

I have a little money with me.
「私には少しお金があります。」

◆アドバイス◆ 頻度を表す副詞

【100%】**always**「いつも」
【80%】**usually**「たいてい」
【60%】**often**「よく，しばしば」
【50%】**sometimes**「ときどき」
【10%】**rarely/seldom**「めったに〜ない」
【0%】**never**「決して〜ない」

頻度を表す副詞は be 動詞のあと，一般動詞の前に置く。

14 命令文

本冊 p.84～p.85

例題 **答** (1)**Let's, make** (2)**Don't, play**

解説 (1)「一緒に～しましょう」は〈Let's＋動詞の原形～.〉で表す。(2)「～してはいけない」は否定命令文，〈Don't＋動詞の原形～.〉で表す。

●練習問題● p.84～p.85

1 **答** (1)**Let's, sing** (2)**Wash, hands** (3)**Please, come** (4)**Take, or**

解説 (1)「一緒に～しましょう」という意味の〈提案・勧誘〉を表す命令文。〈Let's＋動詞の原形～.〉で表す。(2)動詞の Wash で書きはじめる命令文。(3)「～してください」という意味のていねい口調の命令文。〈Please＋動詞の原形～.〉で表す。(4)「もっと運動をする」は take(get/do) more exercise と表す。「さもないと」は or で表す。

2 **答** (1) **Get up early tomorrow.**
(2) **Don't play baseball in the park.**
(3) **Be kind to old people.**
(4) **Let's play soccer after school.**

解説 (1)「明日は早く起きなさい。」という意味の命令文で，動詞 Get から書きはじめる。(2)「公園で野球をしてはいけない。」という意味の否定命令文。〈Don't＋動詞の原形～.〉を表す。(3)「お年寄りには親切にしなさい。」という意味。〈Be＋形容詞〉という形の be 動詞ではじまる命令文。(4)「放課後に野球をしましょう。」という意味の〈提案・勧誘〉を表す命令文。〈Let's＋動詞の原形～.〉で表す。

3 **答** (1) **Let's make pancakes together.**
(2) **Don't run in the hallway.**
(3) **Never be late for school again.**
(4) **Please be quiet in the library.**

解説 (1)「一緒に～しましょう」という意味の〈提案・勧誘〉を表す Let's make で書きはじめる。(2)「～してはいけない」という意味の否定命令文で，Don't run ... で書きはじめる。(3) Don't と違い，Never ではじまる命令文は「強い禁止」を表し，「長い期間にわたる禁止」の意味を含む。(4)ていねい口調の be 動詞で始まる命令文なので，Please be quiet ... で書きはじめる。

◆アドバイス◆ その他の命令文の表現

呼びかけの語をともなう命令文。

「ジョン，私の言うことをよく聞きなさい。」
＝John, listen to me carefully.

文末に付加疑問（p.36 参照）をつけた，ていねいな命令文

「窓を開けてくれませんか。」
＝Open the window, will you?

■チャレンジ問題

答 (1)**Don't speak** (2)**Let's take(have)** (3)**Wash your** (4)**Be careful.(Watch out.)**

解説 (1)「日本語厳禁」なので，「日本語を話してはいけません。」(2)「お茶にしましょう。」break は「短い休憩」の意味。(3)「しっかり手洗いしてね。」(4)「気をつけて。車が来ています。」watch out は「気を付ける，警戒する」という意味。

15 付加疑問・間接疑問

本冊 p.86〜p.87

例題 答 (1)**aren't, you** (2)**does, he** (3)**where, is** (4)**Who, he, is**

解説 (1)肯定文の You are tired, に続く付加疑問は，否定の付加疑問の aren't you? が続く。(2)一般動詞を含む否定文の He doesn't know ... に続く付加疑問は，肯定の付加疑問の does he? が続く。(3) Where is the concert held? が動詞 know の目的語に続く間接疑問になると，where the concert is held という語順になる。(4)Who is he? という疑問文が do you think に続く間接疑問になると，Who do you think he is? という語順になる。

練習問題 p.86〜p.87

1 答 (1)**Call, will, you** (2)**haven't, have, you** (3)**wonder, if** (4)**Let's, shall** (5)**what, is, in**

解説 (1)命令文の Call a taxi for me に続く付加疑問は，will you? となる。(2)You haven't finished your homework yet に続く付加疑問は，肯定の付加疑問の have you? となる。(3)「〜するかな」は I wonder if SV となる。if someone can answer this question は wonder に続く間接疑問。(4)「さあ〜しよう」の Let's 〜に続く付加疑問は，shall we? (5)すでに，〈疑問詞＋動詞〜〉の構造の疑問文が他動詞 know の目的語になっている間接疑問。

2 答 (1) **Do you understand what language she is speaking?**

(2) **What do you think this box is made of?**

(3) **I don't know how much he paid for the car.**

解説 (1)What language is she speaking? という疑問文が understand の目的語の位置に入ると，understand＋〈疑問詞＋S＋V〉という語順で understand what language she is speaking となる。(2)What is this box made of? が，do you think の目的語に入ると，〈疑問詞＋do you think＋S＋V ...?〉となるため，What do you think this box is made of? となる。(3)How much did he pay for the car? という疑問文が，I don't know に続く目的語の位置に入る間接疑問文となるので，how much he paid for the car の形で I don't know に続く。

16 仮定法

本冊 p.88

例題 答 (1)**had** (2)**had, left** (3)**could** (4)**prepared** (5)**knew**

解説 (1)「もし私に十分な時間があれば，あなたと昼食を食べられるだろう。」という仮定法過去。実際は，「私にはあまり時間がないので，あなたと昼食を食べられない。」という意味。(2)「あなたはもっと早く家を出ていたら，始発の列車に間に合ったのに。」という仮定法過去完了。実際は「あのとき家を早めに出なかったので，始発に間に合わなかった。」という意味。(3)「あなたと同じくらい英語を流ちょうに話せたらいいのに。」この文は「私はあなたほど流ちょうに英語を話せない。」という現在の事実とは反対の願望を表す文。(4)「あなたは来週の会議の準備をしてもいい時です。」〈It is time＋仮定法過去〉は「もう S は〜してもいい時です」という意味の慣用表現。「あなたが来週の会議の準備をしない。」ことへの不満を表す。(5)「メグはまるでその有名な歌手を個人的に知っているかのような口ぶりだ。」〈as if＋仮定法過去〉は「まるで〜であるかのように」という意味の慣用表現。

練習問題 p.88

1 答 (1) **If it were not for changes, our life would be boring.**

(2) **If it had not been for your help, I could not have succeeded.**

(3) **But for my father's advice, I could not have passed the job interview test.**

解説 (1)「もし今〜がなければ」という意味の〈If it were not for 〜〉の問題。仮定法過去を用いた慣用表現。(2)「もしあのとき〜がなかったら」という意味の〈If it had not been for 〜〉の問題。仮定法過去完了の慣用表現。(3)But for 〜は If it were not for 〜や If it had not been for 〜と同じ意味。この問題は，「あのとき父の助言がなかったら」という意味なので，If it had not been for my father's advice と言いかえることができる。

17 語形変化

本冊 p.89〜p.90

例題 **答** ⑴**sent** ⑵**spoken** ⑶**open**

解説 ⑴「彼女は先週，友だちに人形を送った。」最後に last week があるので，過去形の sent が入る。⑵「この国では何語が話されていますか。」疑問詞 What language を主語とする受動態なので，過去分詞形の spoken が入る。⑶「この窓を開けてはいけない。」「〜してはいけない」という不許可の助動詞 may not のあとは動詞の原形。

● 練習問題 ●

p.89〜p.90

1 **答** ⑴**smaller** ⑵**written** ⑶**twelfth** ⑷**children** ⑸**swimming** ⑹**prettier** ⑺**better**

解説 ⑴「ニュージーランドは日本より小さい。」直後に than があるので，比較級の smaller が入る。⑵「私は英語で手紙を書いたことがない。」have never があるので現在完了（経験）の否定形「〜したことがない」。⑶「今日はケイコの 12 歳の誕生日だ。」「12 年目」という意味で twelfth が入る。⑷「お子さんは何人いらっしゃるんですか。」〈How many＋複数名詞〉なので children が入る。⑸「キャロルは泳ぐのがとても得意だ。」is good at のあとは動名詞 swimming が入る。⑹「それは部屋の他のどの人形よりかわいかった。」than があるので比較級の prettier が入る。⑺「欠点があるからいっそう私は彼女が好きだ。」〈all the＋比較級＋for 〜〉で better が入る。

2 **答** ⑴**イ** ⑵**ウ** ⑶**イ** ⑷**エ** ⑸**イ** ⑹**ア**

解説 ⑴「君のネコは私のネコよりもかわいい。」比較変化は pretty-prettier-prettiest で prettier を選ぶ。⑵「東京は世界最大都市のひとつだ。」〈one of the 最上級・形容詞＋複数名詞〉という慣用表現。⑶「彼はその難しい試験に合格した。」succeed in 〜＝be successful in 〜。⑷「彼女は品の良い老婦人です。」respect の形容詞形の問題。respectable は「立派な，品の良い」，respectful は「敬意を表す」，respective は「それぞれの」。⑸「彼は想像力に富む作家であり，多くの小説を書いてきた。」imagine の形容詞形の問題。imaginative は「想像力豊かな」，imaginable は「想像できる」，imaginary は「想像上の」。⑹「その探検家はその島で隠された宝を見つけた。」hide の過去分詞形が正解。

3 **答** ⑴**laid** ⑵**drew** ⑶**talking** ⑷**to come** ⑸**sensitive**

解説 ⑴「昨日，その少年は床に新しいカーペットを敷いた。」他動詞 lay（〜を敷く）の過去形は laid。自動詞 lie（横たわる）の過去形は lay。⑵「その生徒は昨日，黒板に自分の家の絵を描いた。」draw（描く）の過去形は drew。⑶「昼休みに君との会話を楽しんだ。」enjoy の目的語は名詞や動名詞。⑷「将来はまたここに戻りたい。」hope の目的語は不定詞か that 節。⑸「リサはクラスメートからの批判には敏感だ。」sensitive は「敏感な，過敏な」，sensible は「分別のある」という意味の形容詞。

4 **答** ⑴**break** ⑵**close** ⑶**miss** ⑷**run** ⑸**fine** ⑹**last**

解説 同形異義語の問題。⑴「何時間も仕事をしたあと，数分の休憩を取った。」「私は決して約束を破らない。」⑵「私のアパートは駅に近いのでとても便利です。」「ここはとても寒いのでドアを閉めてくれませんか。」⑶「終電に乗り遅れてはいけない。」「長い間離れているので家族がいなくて寂しい。」⑷「すみませんが，そんなに速く走れない。」「友人の２人は素敵なレストランを経営している。」⑸「昨日，彼は病気だったが，今日はまったく元気そうでした。」「彼女は違法駐車で罰金を払わなければならなかった。」⑹「私はこの５年間で数冊の小説を書いてきた。」「彼はそんな愚かなことは決してしない人だ。」the last A to do 〜は「最も〜しそうにない A」という慣用表現。

◆アドバイス◆　同形異義語の代表例

book「本，予約する」　**bill**「請求書，法案」
point「要点，先端」　**hot**「暑い，辛い」
free「自由な，無料の，〜のない」
right「正しい，右の，権利」
party「パーティ，政党，当事者」
solution「解決策，水溶液」
room「部屋，空間，余地」　など

◆アドバイス◆　同音異義語の代表例

one（ひとつ） - won（win の過去形）
eight（８） - ate（eat の過去形）
son（息子） - sun（太陽）
red（赤） - read（※過去形）
meet（会う） - meat（肉）　など

18 空所補充・適語選択

本冊 p.91

例題 答 (1)ア (2)エ (3)イ (4)ア (5)エ

解説 (1)「あとどれくらいしたら試合が始まりますか。飲み物でも買いたいのですが。」疑問詞 how を用いた表現の how soon は「あとどれくらいしたら」という意味。未来時制をともなう。(2)A：「暑いね。」B：「そうだね。木の陰でひと休みしましょう。」shade「日陰」という意味で，「日光が当たらないために温度が低くなった空間」のこと。(3)A：「ロックコンサートが生放送されるそうだね。」B：「見逃せないね。」期待の放送番組なので「見逃せない」というのが答え。miss「逃す，見落とす」(4)A：「少しの間，この辞書を借りていいですか。」B：「いいけど，済んだらすぐに返してください。」「無料で借りる」のborrow が正解。lend は「無料で貸す」，rent は「長期間，家や部屋を賃貸する」，hire は「短期間で賃貸する」ときに使う。(5)「車が故障したので，時間通りにそこに着けないだろう。」break down「(機械・車が) 故障する，壊れる」break-broke-broken

練習問題 p.91

1 答 (1)イ (2)ウ (3)ウ (4)エ

解説 (1)「昨日，日本を出ますと書いてあるテッドからの手紙を受けとりました。」〈名詞＋分詞句〉という形で名詞をうしろから修飾するもの。saying that ... が前にある名詞 a letter を修飾している。(2)「台風が作物に何も損害を与えないようにと願いました。」do harm to A「A に損害・被害を与える」(3)「あなたのお姉さんが突然結婚したという知らせを聞いて驚きました。」特定の名詞（the rumor, the fact, the news, the rumor）のあとにthat 節が続いて「同格的説明」を加えることがある。(4)「ジェシカは娘がそのテストに落ちたことを聞いてがっかりしました。」disappointed は「失望して，がっかりして」という形容詞。be disappointed の形で用いる。

19 語群整序

本冊 p.92

例題 答 (1) **My brother will be living a comfortable life this time next week.**

(2) **You had better not eat so many snacks.**

(3) **If it had not been for the traffic jam, I would have caught the flight.**

解説 (1)will be ～ing という「未来進行形」(未来の基準時での進行中動作) の問題。「来週［明日，来月］の今頃，～しているだろう」(2)助動詞 had better は「～したほうがいい，～するべきである」という意味。命令の強さは must に次ぐ。否定形は〈had better not＋動詞の原形〉で「～しないほうがいい」という意味。「助言」としてよく使われる。(3)仮定法過去完了の慣用表現。If it had not been for A「(あのとき，実際に起こった) A がなかったら」という文脈。類似表現として If it were not for A がある。「今ある A がなければ」という仮定法過去の慣用表現。

練習問題 p.92

1 答 (1) **Hiroshi is not old enough to get a driver's license.**

(2) **This new plan is worth thinking about.**

(3) **The smaller the garden is, the easier it is to look after it.**

解説 (1)不定詞を含む慣用表現。〈... enough to ～〉は「～できるほど…」，「十分に…なので～」という意味。この問題のように否定文の場合，「～できるほど…ではない」という意味になる。(2)〈S is worth ～ing.〉は「S は～する価値がある。」という意味。動名詞を用いた慣用表現で，S は～ing の意味上の目的語となる。この問題となっている英文を It を主語にして言いかえると，It is worth thinking about this new plan. となる。(3)比較級を用いた慣用表現。〈The＋比較級..., the＋比較級～〉「…すればするほど，ますます～」という意味。2つの性質や状態の程度が，比例して変化することを表す。

20 正誤書きかえ

本冊 p.93

例題 **答** (1)**taken out** (2)**on Sunday**
(3)**change trains**

解説 (1)〈get＋O（もの）＋過去分詞〉は「Oを～してもらう」という意味の表現。下線部を過去分詞のtaken outにして，get my bad tooth taken outにすれば，「虫歯を抜いてもらう」となる。(2)「～曜日に」は〈on＋曜日〉という形。(3)「列車を乗りかえる」はchange trains。

練習問題 p.93

1 **答** (1)**Each** (2)**before**
(3)**I am really interested** (4)**it is**
(5)**the most exciting film**

解説 (1)「候補者の一人一人は，その問題を克服するためのそれぞれの計画を持っている。」everyは〈every＋単数名詞〉でないと使用できないが，eachの場合は〈each＋単数名詞〉や〈each of 複数名詞〉が可能である。(2)「彼が駅に着いたとき，終電はほんの数分前に出ていた。」前半は「過去の一時点の出来事」なので過去時制を用いるが，後半は「それよりさらなる過去の出来事」なので過去完了とbeforeを用いる。(3)「私はブラジルの熱帯雨林の生態系に本当に興味を持っている。」〈もの〉が主語の場合はinterestingを，〈人〉が主語の場合はinterestedを用いる。(4)「明日天気が晴れなら，Sunset Beachにピクニックに行くかもしれない。」〈条件〉を表す副詞節では，内容が未来でも動詞の時制は現在時制を用いるため，it will be→it isに訂正する。(5)「あなたはとにかくこの映画を見ないといけない。私が今まで見た中で最高におもしろい映画だから。」最上級を表すには-estを含む語かthe most ...にする。なお，simply must ...は「余計なことを考えずに，とにかく…しなければならない」という意味。

21 和文英訳

本冊 p.94

例題 **答** (1) **Will you tell me the way to the station? / Will you tell me how to get to the station?**
(2) **If you want to stay healthy, you should get exercise.**
(3) **Some people think (that) money is the most important.**

解説 (1)「人に～への道を教える」は，〈tell＋人＋the way to～〉や〈tell＋人＋how to get[go] to ～〉。「～してくれませんか」は〈依頼〉のWill[Would] you～? (2)実現可能性のある内容なので，仮定法ではなく，普通の条件節を用いる。「健康を維持する」はstay healthyやbe in good healthで表す。「運動をする」は，get[do/take] some exercise。(3)「…と考える人もいる」はsome people think (that) ...で表す。

練習問題 p.94

1 **答** (1) **I wish I hadn't bought such an expensive watch.**
(2) **This bag is just what I wanted.**
(3) **It's kind of you to say so.**
(4) **She is so selfish that I can't work with her.**
(5) **Most Japanese have studied English for more than six years. / Most Japanese have been studying English for more than six years.**

解説 (1)「買わなければ」と否定なのでI hadn't boughtとする。(2)「まさに」はjust,「私が欲しかったもの」は関係代名詞whatを使う。(3)〈It is＋形容詞＋of＋人＋to 不定詞〉を使う。(4)soがあるので〈so＋形容詞＋that ...〉「とても～なので…」を使う。(5)Most Japaneseで「日本人のほとんど」。「6年以上学んできている」は現在完了の継続。have studied ... for more than six yearsかhave been studying ... for over six yearsで表す。

★達成度確認テスト1　p.95～p.96

1 答 (1)○ (2)○ (3)×

解説 (1)[tʊɡéðɚ] と [ðéɚ] で同じ。(2)[l'ʊk] と [w'ʊd] で同じ。(3)['nidəd] と [wɑtʃt] で異なる。

2 答 (1)**lived** (2)**for, to** (3)**books** (4)**Be** (5)**running**

解説 (1)現在完了の継続用法。〈have＋過去分詞〉で表す。(2)〈It is ... for＋人＋to 動詞の原形〉「人が～することは…」(3)数をたずねる表現は〈How many＋複数形〉で表す。(4)be 動詞の命令文。Be ではじめる。(5)分詞の形容詞的用法。分詞（running）に関連する語句（in the park）がついているので，名詞のうしろから修飾する。

3 答 (1)**was** (2)**Shall** (3)**told** (4)**doing** (5)**who**

解説 (1)「彼は先週，車を洗っていませんでした。」過去進行形〈be 動詞 was＋ing 形〉の文で「～していた」と訳す。(2)「私が新聞を持ってきましょうか。」「はい，お願いします。」Shall I ～?「（私が）～しましょうか」(3)「彼女は私に息子の世話をするように言いました。」〈tell ... to ～〉「…に～するように言う」(4)「ボブはついさっき宿題をし終えました。」finish のあとは不定詞ではなく動名詞になる。(5)「私には大阪に住んでいる友だちがいます。」あとに動詞が続き，先行詞が「人」なので主格の関係代名詞 who で表す。

4 答 (1)**mountain** (2)**aunt** (3)**basketball** (4)**Wednesday** (5)**interesting** (6)**yellow**

解説 (3)basket と ball の間をあけないことに注意。(4)曜日は大文字ではじめる。

5 答 (1) **He will be nineteen years old.**
(2) **Do you know what he has in his bag?**
(3) **It was too cold for us to swim.**
(4) **He is the tallest of the seven.**
(5) **Who drives a car very carefully?**

解説 (1)will のあとは be 動詞の原形である be を置く。(2)間接疑問文。〈疑問詞＋主語＋動詞〉の語順になることに注意する。(3)〈too＋形容詞 / 副詞＋to ～〉「とても…なので～できない」(4)最上級の文。〈the ～est of ...〉「…の中で一番～」(5)Who は３人称単数扱い。

6 答 (1) **The pencil was used by him.**
(2) **What did Kenji do yesterday?**
(3) **These are new cars.**
(4) **Look at the boy who is playing baseball over there.**
(5) **Mike has not eaten lunch yet.**

解説 (1)「その鉛筆は彼によって使われました。」〈be 動詞＋過去分詞〉で「～される」の意味になる。元の文が過去形なので，be 動詞も過去形にすることに注意。(2)「ケンジは昨日何をしましたか。」一般動詞 do は「する」の意味。(3)「これらは新車です。」this の複数形は these である。this を these にすることで，be 動詞を are にし，名詞を複数形にする。(4)「向こうで野球をしている少年を見なさい。」主格の関係代名詞の文。先行詞である the boy のあとに who is playing baseball over there を置く。(5)「マイクは昼食をまだ食べていません。」現在完了の完了・結果用法の文。否定文にするときは，has のあとに not を置き，already は yet にし文末に置く。

◆アドバイス◆　頻出単語に注意１

家族

father「父」，**mother**「母」，**brother**「兄［弟］」，**sister**「姉［妹］」，**uncle**「おじ」，**aunt**「おば」

曜日

Sunday「日曜日」，**Monday**「月曜日」，**Tuesday**「火曜日」，**Wednesday**「水曜日」，**Thursday**「木曜日」，**Friday**「金曜日」，**Saturday**「土曜日」

数字

eleven「11」，**twelve**「12」，**thirteen**「13」，**fourteen**「14」，**fifteen**「15」，**sixteen**「16」，**seventeen**「17」，**eighteen**「18」，**nineteen**「19」，**twenty**「20」，**hundred**「100」

★達成度確認テスト2 p.97～p.98

1 答 (1)× (2)○ (3)×

解説 (1)[gréɪt] と [bréd] で異なる。(2)[f'ʊt] と [w'ʊd] で同じ。(3)['wɑtʃəz] と [goʊz] で異なる。

2 答 (1)**will** (2)**is loved** (3)**to play** (4)**swimming** (5)**When, watching**

解説 (1)未来の文。will ～で表す。(2)受動態は〈be動詞＋過去分詞〉で表す。(3)不定詞の副詞的用法で「～するために」。(4)〈enjoy＋～ing〉「～して楽しむ」(5)「～したとき」は〈接続詞 when＋主語＋動詞〉「～していました」は過去進行形で表す。

3 答 (1)**running** (2)**went** (3)**Will** (4)**who** (5)**Have**

解説 (1)「彼はそのとき，公園で走っていましたか。」過去進行形の文。(2)「ヤマダさんは昨年，東京へ行きました。」last year があるので，過去形の文。(3)「窓を開けてくれませんか。」「いいですよ。」Sure.（いいですよ。）と答えているので，質問文は Will you ～?（～してくれませんか）で表す。(4)「プールで泳いでいる少年は私の弟です。」先行詞が人なので関係代名詞は who を用いる。(5)「あなたは今までにニューヨークを訪れたことがありますか。」現在完了の経験用法。〈Have＋主語＋ever＋過去分詞～?〉で表す。

4 答 (1)**lake** (2)**uncle** (3)**baseball** (4)**Thursday** (5)**important** (6)**blue**

解説 (3)base と ball の間をあけないことに注意。(4)曜日は大文字ではじめる。

5 答 (1) **Which subject do you like?**

(2) **I don't know where she lives.**

(3) **We call the boy Ken.**

(4) **This is the book which I read yesterday.**

(5) **If I were rich, I could buy the car.**

解説 (1)「どの～（名詞）」は〈which＋名詞〉で表す。(2)「彼女がどこに住んでいるか」は間接疑問文〈where＋主語＋動詞〉で表す。(3)「A を B と呼ぶ」は〈call＋A＋B〉で表す。(4)「私が昨日読んだ本」は関係代名詞 which を用いて表す。(5)「もし私が金持ちなら」「その車を買えるのに」はいずれも仮定法過去で表す。主節の助動詞は「～できるのに」の場合 could を用いる。

6 答 (1) **It is a lot of fun to play tennis.**

(2) **Who helped the girl yesterday?**

(3) **English is easier than Chinese.**

(4) **The dog which[that] is running in the park is Pochi.**

(5) **I don't have anything to do today. /I have nothing to do today.**

解説 (1)「テニスをすることはとても楽しい。」動名詞が主語の文は不定詞を用いて〈It is … to ～〉で書きかえる。(2)「だれが昨日その少女を助けましたか。」と主語をたずねる文にする。主語が疑問詞なので語順はかわらない。(3)「中国語は英語より難しい。」は「英語は中国語よりやさしい。」とほぼ同じ意味。〈比較級＋than ～〉で表す。(4)主格の関係代名詞の文。先行詞である The dog のあとに which（または that）is running in the park を置く。「公園で走っている犬はポチです。」(5)something（何か）の文を否定文にするときは，something を anything にかえることに注意。「私は今日，何もすることがありません。」

◆アドバイス◆ 頻出単語に注意2

色

white「白」，**black**「黒」，**red**「赤」
yellow「黄」，**green**「緑」，**blue**「青」
brown「茶」

★達成度確認テスト⑵

本冊43～45ページ

解答

1
⑴エ
⑵ウ
⑶①例つよくもすばらしくもない〈12字〉
②イ

2
⑴①破　④ゆる
⑵ア
⑶a調律の基本
b果てしなく遠かった
⑷例失敗しても、そこを始まりにして歩いていけばいいと励ましたい〈29字〉
⑸エ

解説 **1** ⑴現代の言葉で書かれ、音数や行数に決まりは見られないので、口語自由詩である。

⑵『ぼく』は主語です／『つよい』は述語です」、「ぼくは　つよい／ぼくは　すばらしい」のような同じ構成の表現を繰り返すのは、「対句」の表現技法である。

⑶① 詩の第一連の内容に着目する。「ぼくは　つよい／ぼくは　すばらしい」のあとの「そうじゃないからつらい」から、「ぼく」が現実の自分を「つよい」「すばらしい」存在ではないと捉えていることがわかる。

② 第二連の内容から考える。「ぼく」は「そのひと」のことを「好き」だが、「ぼく」と「そのひと」は「そのひとの名は／言えない」ような関係にある。誰かに「そのひと」のことを話したり、「そのひと」と直接親しくしたりできるような関係ではない、ということを押さえる。

2 ⑴① 同訓の「敗(やぶ)(れる)」などと漢字を混同しないように注意する。

⑵「脳裏」は「頭の中・心の中」という意味。また、ここでの「掠(かす)める」は「一時現れてすぐ消える」という意味で使われている。

⑶ これより前の部分から理由を読み取る。「僕」は、自分の調律の失敗について思い返し、「調律の基本」である「半年間は先輩について見て覚える」という決まりを守れなかったことを、「オルフェウスの神話」にたとえて考えている。決まりを破って亡(な)き妻を取り戻せなかったオルフェウスのように、自分も基本を破ったことで調律師になれないのではないかと心配している。

⑷ 最後の段落で、「僕」が板鳥(いたどり)さんの「お祝い」の意図を推測しているので、その部分を中心にまとめる。「お祝い」は、よい出来事が起こったときにするものなので、一見、「僕」の失敗をお祝いするのはひどいことのようだが、失敗を「ここから始まる」未来へと結びつけた板鳥さんなりの励ましの言葉なのである。

✓「僕」の状況と板鳥さんの思いを捉えているか。
✓「という思い。」に続く形で書いているか。
✓「失敗」の言葉を使い、二十六字以上三十字以内で書いているか。

⑸ 初めは「これからもずっと近づくことはできないのかもしれない」と、調律師の道に対して悲観的だった「僕」だが、あとでは「それでも引き返すつもりはないのだ」という自分の気持ちに気づいているため、**ア**「調律師の夢を諦めそうになっている」、**ウ**「将来、自分がどうすればいいかわからない」は誤り。また、「僕」は自分の失敗について「調律の基本さえできなかった」「(決まりを)勝手に破ったのは自分だ」などと反省しているため、**イ**「間違っていても自分のやり方を曲げない」も誤り。この場面では、「僕」の調律師になる道を進む決意と、その僕を「お祝いです」などの独特だが温かな言葉で励ます板鳥さんの様子が描かれている。

★達成度確認テスト(1)　本冊40〜42ページ

解答

1 (1)①副詞　②形容詞　③助詞
(2)エ

2 (1)お弾きになる（弾かれる）
(2)ご紹介します（[ご] 紹介いたします）

3 (1)エ
(2)ア・ウ

4 (1)季語…蟬　季節…夏
(2)や

5 (1)①評価　②さいげつ
(2)3
(3)ほかのことを考えること
(4)イ
(5)例 充分、寝させてあり、余計なものが風化して結晶になっているから
〈30字〉
(6)ウ

解説　1 (1)①活用がなく、「感動した」という用言（動詞）を修飾しているので副詞。②終止形に直すと「詳しい」となり、「い」で終わるので形容詞。③活用がなく、それだけでは意味をなさない付属語なので助詞。(2)前の一文の内容から自然に考えられる結果があとの文に来ているので、順接の「それで」が入る。

2 (1)「お（ご）〜になる」、または「〜れる」の形に直す。(2)「お（ご）〜する」の形に直す。この場合、文末の「します」は「する」の丁寧語なので、そのままの形でよい。または、「する」を謙譲語の「いたす」に直す。

3 (1)普通の文の形では、「泣けとごとくに（＝泣けというように）」→「目に見ゆ（＝目に見えた）」の語順となるため、「目に見ゆ」のあとでいったん意味が切れ、句切れとなっている。(2)「目に見ゆ／泣けとごとくに」の部分には、語順を入れ換えた「倒置」の表現技法が、「泣けとごとくに」の部分には、「ごとし」という言葉で直接たとえる「直喩」の表現技法が使われている。

4 (1)夏の季語となる虫には他に、「蛍」や「蟻（あり）」などがある。(2)「や」の切れ字の部分が、句の感動の中心になっていることも押さえておく。

5 (1)②「歳」には「セイ」の音読みもあるので、読み間違えないように注意する。①「評」は同音異字の「標」や「表」などと書かないように注意する。

(2) 1段落では、ロストウが、関心をいだいた『経済伸長論』の問題を何十年かたってから形にした例が、3段落では、「篤学の人」が特殊問題をわき目もふらずにずっと研究し続ける例が挙げられている。

(3) 直前の一文に着目。『経済伸長論』ではない「ほかのこと」に目が移っていても、『経済伸長論』について考えることを怠けていたわけではないということ。

(4) 「王道を歩んでいる」とは、ここでは、最も研究者らしい方法をとっているということ。

(5) 直後の二文に、「〜からだろう」「〜からである」という理由を述べる文末表現があるのに着目する。「寝させてあるから」「結晶になっているから」という二つの理由を、あとの説明部分の内容も補いながらまとめる。

✓ 理由を捉えているか。
✓ 「〜から。」「〜ため。」など、理由を表す文末で書いているか。
✓ 「結晶」「風化」の二語を使い、二十六字以上三十字以内で書いているか。

(6) 最後の一文に「無意識の時間を使って、考えを生み出すということに、われわれはもっと関心をいだくべき」と筆者の主張が述べられており、これに合うのはウである。本文中に「ほかのことを考えることもあった……怠けていたのではない。」とあり、「怠けている人」がよいわけではないのでアは誤り。イ「煮えるナベを見つめ」るというのは、一つのことに集中することを表すたとえであり、実際にナベを見つめるわけではないので誤り。本文中に「一夜漬（いちやづけ）のようにさっとでき上がることもあれば」とあるので、エ「なにごとも、一夜漬で作り上げてしまうのではなく」は誤り。

33 詩・短歌・俳句

本冊38・39ページ

解答

1 (1)エ
(2)①イ　③エ
(3)ウ

2 (1)A…ウ　B…オ
(2)や
(3)C季語…菜の花　季節…春
D季語…氷柱　季節…冬
(4)C

解説 **1** (1) 「僅（わづか）に」「ぶら下つた」など、歴史的仮名遣いで書かれてはいるが、古語の文法などに従ったものではなく、今の言葉が使われている。また、音数や行数に五七調、七五調などの決まりは見られず、自由な形で書かれている。よって、この詩は口語自由詩である。

(2)① 「地平線」は鉄棒をたとえた比喩表現。「ようだ」「ごとし」などの直接たとえる言葉が使われていないので、隠喩である。直接的な言葉によってたとえられている表現技法は、直喩という。

③ 行末が「俯瞰」という名詞（体言）で終わっている。このように名詞（体言）で終わる表現を、体言止めという。倒置は、通常とは言葉の順序を逆にして印象付ける表現技法。（例：「春が好きだ。」→「好きだ、春が。」）

(3) 「鉄棒」という詩の題名から、この詩が鉄棒で運動する様子を描いていることを押さえて表現を考える。直前に「僕は何処へ行く」とあり、「僕」自身も動いていることがわかるので、**ア**「動けずにいる」は誤り。「一回転して／僕が上になる」の表現からは、「僕」が鉄棒を回って元の位置に戻った様子を思い浮かべることができ、**イ**「逆さまになった」や**エ**「鉄棒を離れて」も当てはまらない。**ウ**「勢いよく鉄棒を回る」様子を、「僕」の見ている世界（景色）を描くことで表した表現である。

2 (1) 五・七・五・七・七のどの部分（句）で意味が分けられるかを考える。Aの短歌は、清水寺へ向かう祇園の道々、桜を照らす「月」を描いた前半と、その中で「逢ふ人」を描いた後半とに分けることができる。Bの短歌は、すべての句を助詞などを補ってつなぐことができるので、「句切れなし」の歌である。

(2) 「切れ字」とは、俳句で意味をいったん切る部分（句切れ）に使われ、その句の感動の中心を表したり、言葉を強調したりする働きをするもの。「かな」「や」「けり」などが代表的なので、覚えておく。

(3) 俳句の内容を読み取るときは、まず季語を探し、その場面が春夏秋冬のうち、いつのことかを押さえていくのが一つの基本的な方法。

(4) 鑑賞文に「夕方のわずかな時間」とあるのに着目する。Aには「桜月夜」、Bには「月ひと夜ふた夜」、Dには「星」とあり、みな夜の場面の歌である。「夕方」といえるのは、「月」と「日」が同時に登場しているCである。また、「大きな空間」を表現しているのも、菜の花畑とそこに上る月、沈む日を描いたCであるといえる。Bでは、印象的な擬音で、月が満ちていくこととたまねぎが芽吹くことが連動しているかのように描かれ、Dでは、星の光を吸収しているような美しい「氷柱」を「われ」にくれ、と詠まれている。

祖父の会話文から、**b**は、最後の部分で、和樹が「災害」について「天候に打ちのめされたりする理不尽さも知っている」と独白している部分から抜き出す。

(5) 「それって凄いこと」や「じいちゃんは、何十年もここで頑張ってきた」という和樹の発言を「そうかもしれん」と肯定しながらも、「うなずくこともなく」いる祖父の様子に着目する。また、みかん畑を守ってきたことを「守ってきただけ」と表現する祖父の言い方からも、すべてに満足しているわけではない祖父の気持ちが読み取れる。

32 小説の読解(2) 主題

本冊36・37ページ

解答

(1) 通り雨

(2) ① 例 怪我をして足が動かなくなったから。〈17字〉

② お父さんた

(3) ア (4) エ (5) ウ

解説

(1) 直後に、「ように」という直喩の表現があることに着目する。「意味もわけも知らないまま」、「こちらの都合などおかまいなし」に突然やってくる出来事のことを、「通り雨」にたとえている。

(2)① 直後に「プロ選手が同じような怪我で駄目になってる」とあり、健一君も「同じような怪我で駄目」になったのだということがわかる。また、傍線部より前では、健一君が自分の足が動かない様子を語っている。二つを考え合わせて、怪我をして足が動かなくなり、サッカーができなくなったという健一君の状況を読み取ろう。

- ✓ 健一君が、怪我をしたことにより足を動かせなくなったという経緯を捉えているか。
- ✓ 「〜から。」「〜ため。」など、理由を表す文末で書いているか。
- ✓ 十六字以上二十字以内で書いているか。

② 健一君が、「健一君にもそういうことってあるの」という「わたし」の質問に対して、「サッカー」ができないことを話しているのを読み取る。「そういうこと」とは、前にある「意味もわけも知らないまま呑み込んできた」ことを指している。「わたし」は「お父さんたちがいなくなった」ことや「お母さんが家出した」ことを「意味もわけも知らないまま呑み込んできた」と言っている。

(3) 「……サッカーはやめちゃうんだし」でいったん言葉が切れ、その後の「でもさ、変なのな。……」という言葉が出てくるまでに間が空いたのである。前の言葉とあとの言葉の間では、健一君は何も伝えていないので、**イ**「態度で思いを伝えている」や**ウ**「まくし立てている」は誤り。「まくし立てる」とは、勢いよく言い立てること。また、間が空いたのは、**エ**「疲れて」いたからではなく「思い」について考えていたからだと想像できる。

(4) 直後に「彼の声は確かに参っていて、なのに少し笑っていた。」とあり、**イ**や**ウ**のような負の感情からだけで出た言葉ではないと読み取れる。また、周りの人々が健一君のサッカーの才能を諦めきれずにいるという状況なので、健一君が周りの人々を**ア**「尊敬」しているというのも不適切。健一君が、自分にまだ期待を持ってくれる人々にありがたさを感じながらも、サッカーを諦めざるを得ない中でかけられる期待や気遣いに対する戸惑いを抱いていることがうかがえる。

(5) 「彼の声は確かに参っていて、なのに少し笑っていた。」などから、健一君の複雑な感情が読み取れる。また、「ああ、その通りだ」(3行目)などの言葉から、「わたし」が健一君の気持ちに共感していることがうかがえるため、**ウ**が適切。**ア**「周りの人々の温かさ」がわかるほどには周りの人々について描写されていない。また、「わたし」の健一君自身に対する感情の描写もされていないので、**イ**「憧れや好意」や**エ**「心の絆」があるかどうかは、この場面からは読み取れない。

(2) 段落中の文で、どの文が最も重要かを見極め、その文を中心に要点をまとめていくと考える。ここでは、後半の「昔、内と外があった時代は、……奴隷とは交換をしませんでした。」の部分は、直前の「おカネも同じで、……交換ができる。」の一文の補足の説明となっているため、前半部分に着目して言葉を探す。

(3) 段落の働きを考えるときには、まず、段落の初めの接続語に着目する。4段落の初めの「では」は、話題を転換する働きの接続語であり、4段落では、前と異なる話題が述べられることが推測できる。「おカネとコトバ、法律」について、3段落ではその利点、4段落ではその問題点と、反対の事柄が述べられている。前の段落内容について**イ**「根拠」を示す、**エ**「まとめ」る働きはしていない。また、4段落に「おカネとコトバ、法律は人間に自由を与えますが」と、前の段落の内容を肯定する記述もあるので、**ウ**の「反論する」も誤り。

(4) 「そう」の指している内容が、指示語の前ではなく、あとにあることに注意する。「から」でつながれた「一万円の価値がある」がその内容である。「一万円札」は、素材で言えばただの紙なのだが、皆が「一万円」という価値があるものだと認めているから、おカネとして使えるのだということ。

✓ 「そう」の指す内容を捉えているか。
✓ 「と思っている。」に続ける形で書いているか。
✓ 十一字以上十五字以内で書いているか。

(5) この文章で話題となっているのは、「おカネ」「コトバ」「法律」であり、それぞれの良い面と悪い面、両方が説明されているということを押さえる。悪い面について、筆者は「さまざまな問題ももたらします」「おカネとコトバを使う社会というのは……不安定さは増します。そういう問題が実際に今、世界中で起きているのです。」と述べるにとどめていて、**ア**「使うべきではない」とまでは述べていない。また、**ウ**「保護していく必要がある」という内容、**イ**「昔の社会の方が優れている面」は述べられていない。

31 小説の読解(1) 場面・情景・心情

本冊34・35ページ

解答

(1) 今、濃い緑
(2) 例 みかん畑を作ってずっと守ってきたところ。〈20字〉
(3) **ウ** (4) a…全部流されて b…理不尽 (5) **エ**

解説

(1) 場面の季節を判断するときは、天候や動植物、季節の行事などの描写に着目する。この文章の場面では、みかん畑の風景が登場しており、みかんの様子が「今、濃い緑に実った果実」というように描写されている。みかんは主に秋に収穫されるので、その直前の時期であることが推測できる。

(2) 傍線部の会話文から、直後の「これだけの畑を作って……ずっと、守ってきたんだもんな」という会話文へと内容がつながっていることを読み取る。和樹（かずき）は、目の前の豊かなみかん畑を見て、この畑を作り、今までこの状態を守ってきた祖父に対して、尊敬の念を込めて「凄い（すごい）」と言っているのである。記述式の問題で解答をまとめるときは、「これだけの畑」のように指示語を含む言葉は具体的な言葉に直す、「どんなところ」という設問に合う文末にする、などの書き方に注意する。

✓ 和樹が「凄い」と表現している事柄を捉えているか。
✓ 「〜ところ。」という文末で書いているか。
✓ 十六字以上二十字以内で書いているか。

(3) 「燦々（さんさん）とふりそそぐ陽（ひ）」という表現からは明るいイメージが読み取れるため、**ア**「理想通りに作れなかった」や**エ**「困難が訪れる」はあてはまらないと判断できる。また、直前の会話から風景を眺めているのが和樹であることがわかるので、**イ**も誤り。「燦々とふりそそぐ陽」や「出荷のためのトロッコの線路」は、みかん畑が豊かで、今も盛んであることを暗示する表現である。

(4) 「昭和四十七年の災害」について、祖父は「大変だった」と思いを述べている。このことがより詳しく書かれている部分がないか、本文中から探す。**a**は直後の

29 説明文の読解⑴ 接続語・指示語・要点

本冊30・31ページ

解答

(1) ア
(2) エ
(3) 基礎的な研究
(4) ① 例 少数しか成功せず、不成功の方が圧倒的に多い研究。〈24字〉
② a…失敗
b…ヒント
(5) モノになる〜的なテーマ

解説 (1) 直後の文で「『役に立つ』とは……」と、ここでいう「役に立つ」ことがどういうことであるかが説明されている。ここでの「役に立つ」とは、「経済の活性化」や「金儲け（かねもう）」の役に立つ、という意味で使われていることを押さえる。**イ**「研究者がノーベル賞級の栄誉を得ることのできる」のように、研究者にとっての意味をくんだものではない。**エ**「研究者がムダや無意味さを感じずに行える」、また、あとで述べられている「お腹（なか）が膨れない」は、生活に必要な衣食住を得るための利益を生めない、といった意味合いなので、**ウ**も誤り。

(2) 前の文で「……人もいます。」と述べ、あとの文でも「……人もいます。」と述べていることに着目する。異なることをする人の例をいくつか挙げて対比させているので、「対比・選択」の働きをする**エ**「あるいは」があてはまる。

(3) 指示語の指し示す内容を探すときは、まず、それより前の部分に着目する。また、「それ」が物事を表す指示語であることも意識し、「応用され利益を生むもの」としてふさわしい物事を探していく。

(4) ① 「そんな研究」とは、直前で説明されている「基礎研究」のことを指している。「そんな研究」の直後に「ムダで無意味」という記述があるので、そうした印象を抱かせ得る「基礎研究」の性質をまとめるようにする。傍線部を含む段落の冒頭「基礎研究とは、……」に続く説明部分から、指定語に注意して「基礎研究」の性質を捉えるようにする。

✓ 「そんな」の指す内容を捉えているか。
✓ 「成功」「不成功」の二語を使っているか。
✓ 二十一字以上二十五字以内で書いているか。

② 問いかけに対して、筆者は、直後の文で「そんなことはありません。」と答えを述べている。なぜ「そんな研究」は「ムダで無意味ではない」と考えているのかを、「次の世代の……」の一文から読み取り、理由につながる重要な語句を押さえる。

(5) 本文では、「研究」を「荒野に道をつけて、なんとか目的地に辿（たど）りつこうとする行為」にたとえている。研究についての実質的な説明は一つ前の段落にあるので、そこからたとえられている事柄を探す。「荒野」のようなまだ人の手が何も加わっていない状態は、「研究」で言えば、まだ何も研究されておらず、これから「テーマ」に挑戦される状態にあたる。

30 説明文の読解⑵ 段落・要点・要旨

本冊32・33ページ

解答

(1) イ
(2) a…文字
b…おカネ
c…見知らぬ人
(3) ア
(4) 例 一万円札には一万円の価値がある〈15字〉
(5) エ

解説 (1) 「疎」の漢字には、〝まばらである〟や〝うとい・親しくない〟の意味もあるが、ここでは「とおる」という意味で使われていることに注意する。

27 言葉の意味(1)

本冊28ページ

解答

1 (1)ウ　(2)ク　(3)イ　(4)オ
2 (1)ウ　(2)オ　(3)ア　(4)カ　(5)エ
3 (1)エ　(2)ア　(3)カ

解説

1 それぞれ難しい漢字も使われているが、新聞などを始めとして、比較的さまざまな場面で目や耳にする言葉である。意味を知っているものは、実際に使ってみて、言葉を自分のものにしていくとよい。(1)「真摯な姿」などのように使われる。「まじめ」「ひたむき」などが類義語となる。(2)「競争心をあおる」などのように使われる。(3)「プロの演技は圧巻だった」などのように使われる。(4)「全体像を俯瞰する」などのように使われる。

2 (1)「概」には「おしなべて」という意味があり、「一概に」はおしなべて同一に扱う様子を表す言葉となる。(2)類義語に「自負」「プライド」などがある。(3)「汎用性が高い」などの使われ方も多い。対義語に「専門性」がある。(4)「端」には「正に」、「的」には要点を突くという意味があり、「端的」は正しく要点を突くという意味を表す言葉となる。(5)植物の葛や藤の枝がもつれ合う様子からできた言葉である。

3 カタカナで書かれる言葉は、以前は和製英語として日本語固有の意味を持つものが少なくなかったが、英語が浸透した現在は、英語を直訳した意味で使われるものも多い。挙げたもの以外にも多くのカタカナ語が使われているので、目や耳にしたものの中にわからない語があれば、英語表記とともに、辞書を引いたりインターネット上で検索したりして調べておくとよい。

28 言葉の意味(2)

本冊29ページ

解答

1 (1)力量に対して役目が軽すぎること。
(2)誰も成し得なかったことを初めて行うこと。
(3)議論を十分にして結論の出る状態になる。
2 (1)返上　(2)足を踏む　(3)○　(4)注ぐ
3 (1)ク　(2)ア　(3)エ　(4)カ

■**チャレンジ問題！**

例 おざなりな勉強をしたことを反省する。〈18字〉
例 プライオリティを考えて学習計画を立てる。〈20字〉

解説

1 それぞれ、世論調査などでは間違いを選ぶ割合の方が高いものばかりである。(1)「役不足」は、自分の力量に比べて、役の方が不足しているという意味。(2)「破天荒」は、「天荒」という未開の荒れ地から試験に合格した人物が出たことを、「天荒を破った」とたたえた故事からできた言葉。(3)正しくない方の意味は、「行き詰まる」との混同で広まったと考えられる。

2 (1)「挽回」するのは「名誉」である。(2)「二の舞」は前の人と同じこと、特に失敗のこと。(3)「熱にうなされる」と誤用されることが多い。

3 (1)「示唆」はそれとなくほのめかすこと。(2)「割愛」は惜しいと思うものを捨てたり省略したりすること。(3)「懸案」は前から問題になっていながら解決のつかない事柄。(4)「造詣」はその分野についての深い知識や技量。「造詣が深い」という形で使われることが多い。

■**チャレンジ問題！**

「おざなり」は形ばかりの取り繕った行動をすること。成り行き任せで放っておくことを表す「なおざり」との違いに注意する。「プライオリティ」は優先順位。

☑ 各語の意味を正しく捉えているか。
☑ 文の意味が通っているか。

25 敬語(1)

本冊26ページ

解答

1 (1)イ (2)ウ (3)ア

2 (1)お入りになる（入られる） (2)お持ちします (3)ご案内する (4)学校です（学校でございます）

3 (1)イ (2)ア (3)イ (4)ア

解説

1 敬語の種類を見分ける際は、主語が誰か、どのような敬意が表されているかを見極めることが大切。(1)主語は話し手で、「先生」に対してへりくだる表現をしているので、謙譲語。(2)主語は話し手で、「皆さん」に対して丁寧な表現をしている。また、尊敬語の表現ではないので、丁寧語。(3)主語は「（地域の）お年寄り」で、その行動を直接的に高める表現をしているので、尊敬語。

2 それぞれ、基本形を使って表現する。(1)「お～になる」か「～れる・られる」を使う。(2)「お～する」を使う。なお、――線が「～ます」という敬体（＝丁寧語）なので、解答の語末も敬体とする。(3)「ご～する」を使う。(4)「～です」を使う。

3 ここでも、文の主語を見極めることが正答を導くポイントとなる。(1)「お客様」「先生」などの敬意を表すべき人物が出てくるが、あくまでも「知らせた」の主語は話し手である。知らせる相手である「先生」に対して、へりくだる表現が必要となるため、謙譲語の「お知らせした」を使う。**ア**は尊敬語。(2)「待って」の主語は校長先生であるため、尊敬語の「お待ちになって」となる。**イ**は、謙譲語。(3)「説明する」の主語は話し手であるため、謙譲語の「ご説明する」となる。**ア**は尊敬語。(4)「訪問する」の主語は「（企業の）人事担当者」であるため、尊敬語の「ご訪問になる」となる。**イ**は謙譲語。

26 敬語(2)

本冊27ページ

解答

1 (1)拝見する (2)存じ上げ (3)○

2 (1)拝聴したい（お聞きしたい） (2)くださって (3)申した（申し上げた） (4)なさいますか（されますか）

■**チャレンジ問題！**

例 皆様、拙宅にいらっしゃって、夕食を召し上がってください。〈28字〉

解説

1 尊敬語と謙譲語には、基本形以外に特別な言い方がある。そして、特別な言い方があるものは、そちらを使うことが多いので、よく出るものを中心に覚えておくことが大切である。(1)「見る」の尊敬語である「ご覧になる」の主語を考えると、話し手となる。話し手に尊敬語を使うのは誤りなので、謙譲語の表現とする。(2)「知る」の尊敬語である「ご存知あり（ません）」の主語は、「私」。話し手に尊敬語を使うのは誤りなので、謙譲語の表現とする。(3)「行く」の謙譲語である「うかがい（ます）」の主語は、話し手。よって、この表現は正しい。

2 (1)「聞きたい」の主語は話し手なので、謙譲語の表現にする。(2)「くれて」の主語は聞き手なので、尊敬語の表現にする。(3)「言った」の主語は「祖母」で、話し手の身内にあたるので、謙譲語の表現とする。(4)「しますか」の主語は「お客様」なので、尊敬語の表現にする。「する」の敬語表現は誤りやすく、また頻出であるため、注意する。

■**チャレンジ問題！**

話しかけている相手「皆様」が主語なので、「参る」という謙譲語を使うのは誤り。同様に、相手に「いただく」という謙譲語を使うのは誤り。「食べる」の敬語表現も混同しやすく、頻出である。「拙宅」とは、「自宅」の謙譲語。

☑ 各動詞の主語を正しく捉えているか。

☑ 正しい敬語に修正しているか。

23 文法(1)

本冊24ページ

解答

1 (1)副詞 (2)連体詞 (3)形容詞 (4)助動詞

2 (1)カ (2)オ (3)ア (4)イ (5)ウ

3 (1)オ (2)イ (3)エ (4)ウ (5)カ

解説 1 品詞を見分けるときは、その語が活用するか、文の中でどんな役割をしているか（主語か、修飾語か、接続語かなど）といったことを中心に見ると、わかりやすい。「修飾」とは、説明するということ。(1)活用しない語であり、「（物音が）した」を修飾しているので、副詞。(2)活用しない語であり、「物音」を修飾しているので、連体詞。「～な」という形を取る形容動詞と混同しやすいが、例えば「正直な」という形容動詞が「正直だ」と活用するのに対して、「大きだ」とはならないことから見分ける。(3)活用する語であり、終止形が「明るい」となるので、形容詞。(4)付属語であり、「かけてあって」などと活用する語であるので、助動詞。

2 状態の副詞が「しばらく」「ゆっくりと」のように動作・作用の状態を表し、程度の副詞が「とても」「少し」のように物事の状態・性質の程度を表すのに対して、呼応の副詞は、下に受ける語に決まった言い回しを要求する副詞である。(1)「どうして」は、「～か」などの語と呼応する。(2)「おそらく」は、「～だろう」などの語と呼応する。(3)「まるで」は、「～のようだ」などの語と呼応する。(4)「たとえ」は、「～としても」などの語と呼応する。(5)「決して」は、「～ない」などの語と呼応する。

3 接続詞の識別には、つながれている文や言葉の関係を見極める。(1)下の文が話題を転換しているので、転換の「ところで」。(2)下の文が上の文から予想される結果を打ち消す内容となっているので、逆接の「しかし」。(3)上下の文のどちらかを選ぶ内容になっているので、対比・選択の「それとも」。(4)下の文が上の文の内容を受けているので、順接の「だから」。(5)下の文が上の文の内容を説明しているので、説明・補足の「なぜなら」。

24 文法(2)

本冊25ページ

解答

1 昨日は学校で大勢の見学者がやってきた。・に

2 (1)白いバラと、カーネーションの花束を作った。
(2)例 先生と相談したことを弟が母に伝えた。
（別例）先生と相談したことを母に弟が伝えた。

3 (1)例 母の趣味は、毎週日曜日にテニスをすることです。
(2)例 私はこの作品を読んで、主人公の考え方に個性があることが印象に残りました。

■チャレンジ問題！

例 音楽室は二階で、この職員室の真上にあたる場所にあります。〈28字〉

解説 1 助詞の使い方を誤ると、文の意味が通りづらくなる。この文の「学校」は行き着く先（帰着点）を表すため、「に」を使うのが適切である。

2 (1)元の文では、「白い」のはバラだけなのか、バラとカーネーションなのかがはっきりしていない状態である。「バラと」の下に読点を打って、指示に沿った内容とする。(2)「弟が先生と相談したこと」を話し手、または弟が母に伝えたのか、話し手が「先生と相談したこと」を弟が母に伝えたのかがはっきりしない。「弟が」の語順を入れ換えて、指示に沿った内容とする。

3 (1)「～は」が主語の場合は、述語は「～です（だ）」という形が適切。(2)「印象に残りました」に対応するには、主語をどのような形にすればよいかを考える。

■チャレンジ問題！

音楽室と職員室との位置関係と、どの地点で説明するのかを考えて文を作る。

✓ 音楽室の位置を正しく伝えているか。

✓ 主語と述語の対応などの文の構成は適切か。

21 ことわざ・慣用句・故事成語(1)

本冊22ページ

解答

1 (1)オ　(2)ウ　(3)イ　(4)エ

2 (1)ウ　(2)ア　(3)エ　(4)オ

3 (1)鳥　(2)非　(3)泡　(4)汗　(5)島　(6)鼻　(7)舌　(8)機

4 (1)鳥　(2)水　(3)功　(4)石

解説

1 ことわざとは、昔から言い伝えられている教訓などを含んだ短い言葉のこと。(1)類義語に「鴨が葱を背負ってくる」などがある。(2)類義語に「猫に小判」「豚に真珠」や、四字熟語の「馬耳東風」などがある。(3)類義語に「紺屋の白袴」などがある。(4)類義語に「色気より食い気」「名を捨てて実を取る」などがある。

2 故事成語とは、主に中国の古い出来事からできた言葉のこと。問題として挙げたのは有名な故事成語ばかりなので、定着させるとよい。(1)ハマグリとシギが争っているところへ漁師がやって来て、両方とも捕らえてしまった故事による。(2)「烏合」はカラスの群れのこと。集まって騒ぐだけの軍勢をあざけった故事による。(3)宋の国の狙公（猿回し）が猿をだました故事による。(4)楚の国の項羽が敵に包囲され、絶望したときの故事による。

3 慣用句とは、二語以上が結合して、全体で一つの意味を表す言葉のこと。(1)「飛ぶ鳥を落とす勢い」は勢いが盛んな様子。(3)「泡を食う」はひどく驚き慌てること。(5)「取りつく島もない」は頼りにしてすがるところがないこと。「島」を「暇」と誤りやすいので、注意する。(6)「目から鼻へ抜ける」は賢く抜け目がないこと。(8)「機が熟す」は物事を始めるのによい時機となること。「機」を「期」や「気」などとしないように注意する。

4 (2)「焼け石に水」はわずかな援助や努力では効果が期待できないこと。(3)「蛍雪の功」は苦労して勉学に励んだ成果のこと。(4)「他山の石」は自分にとって戒めとなる他人の誤った言動のこと。

22 ことわざ・慣用句・故事成語(2)

本冊23ページ

解答

1 (1)キ　(2)ア　(3)ク　(4)オ　(5)イ　(6)ウ　(7)エ

2 (1)イ　(2)ア　(3)エ

3 (1)水心・イ　(2)情け・オ　(3)百歩・エ　(4)牛後・ア

■**チャレンジ問題！**

例 逆転を狙い、最後の攻撃を背水の陣で臨む。〈20字〉

解説

1 ことわざや故事成語には、似た意味を表す類義語が多い。(1)両方とも、どんな達人も失敗することがあるということ。(2)両方とも、わずかなものでも積もれば高大なものになるということ。(3)両方とも、欲を出して二つのことをしようとする者はどちらも失敗するということ。(4)両方とも、疑いをかけられるような行動はしない方がよいということ。同じ故事成語の中の対句である。(5)両方とも、困っているときにさらに災難が重なること。(6)両方とも、二つのものの違いが大きすぎて比較にならないこと。「猫に小判」とは意味が違うので注意する。(7)両方とも、手に入らないうちから期待してあれこれと計画を立てること。

2 (1)「瓜の蔓に茄子はならぬ」は平凡な親から非凡な子どもは生まれないということ。(2)「急いては事を仕損じる」は急ぐとかえって失敗してしまうということ。(3)「虎穴に入らずんば虎子を得ず」は危険を避けていては大きな成功を得られないということ。

3 (1)魚と水という近しいもの同士は関係が深いことから。(2)“情けは人のためにならない”という意味ではないことに注意する。(4)「鶏口」が小集団の長で、「牛後」が大集団の配下である。

■**チャレンジ問題！**

「背水の陣」は失敗すればあとがないという状況で事にあたること。

☑「背水の陣」の意味を正しく捉えているか。

☑主語と述語がねじれていないか。

19 四字熟語(1)

本冊20ページ

解答

1 (1)エ (2)ア (3)オ (4)ウ

2 (1)断 (2)進 (3)耕 (4)根 (5)攻 (6)貫

3 (1)同体 (2)起承 (3)深長 (4)転倒 (5)知新 (6)止水

4 (1)いちじつせんしゅう（いちにちせんしゅう） (2)じゅんぷうまんぱん (3)どうしょういむ (4)うんさんむしょう (5)だんろんふうはつ (6)じぼうじき (7)せんぺんばんか (8)めんじゅうふくはい

解説

1 それぞれ、次のように読む。(1)びじれいく、(2)てんいむほう、(3)こうへいむし、(4)そっせんすいはん。

2 (1)「優柔不断」（ゆうじゅうふだん）は決断力に乏しい様子。(3)「晴耕雨読」（せいこううどく）は悠々自適の生活を送ること。(4)「事実無根」（じじつむこん）は根拠となる事実がないこと。(5)「難攻不落」（なんこうふらく）は攻めるのが困難で簡単に陥落しないこと。(6)「首尾一貫」（しゅびいっかん）は方針などが初めから終わりまで変わらないこと。

3 (1)「一心同体」は複数の人が心を一つにして行動すること。(3)「意味深長」は奥深い意味を持っていること。(4)「本末転倒」は根本的なこととささいなことを取り違えること。(5)「温故知新」は昔の事柄や歴史を学ぶことで新たな考えや知識を得ること。(6)「明鏡止水」は心にやましいことがなく澄み切っていること。

4 それぞれ、読み方に注意すること。(1)「一日千秋」は待ち望む気持ちが非常に強いこと。(2)「順風満帆」はすべてが順調に進行すること。(3)「同床異夢」は行動を共にしながら考えが違うこと。(4)「雲散霧消」は跡形もなく消えてしまうこと。(6)「自暴自棄」は将来の希望を捨て投げやりになること。(7)「千変万化」はさまざまに変化していくこと。「変」と「万」の読み方を誤らないように注意。

20 四字熟語(2)

本冊21ページ

解答

1 (1)ウ (2)カ (3)エ (4)イ

2 (1)心機 (2)一髪 (3)異口 (4)単刀 (5)臨機 (6)旧態

3 (1)エ・ごんごどうだん (2)ア・じゅくりょだんこう (3)オ・とういそくみょう (4)イ・がでんいんすい

■チャレンジ問題！

例 クラスメートに悪口を言われているのではないかと疑心暗鬼になる。

解説

1 (2)カは「せいさつよだつ」、(4)イは「だいどうしょうい」と読む。

2 (1)「心機」は心の動きのこと。「心」を「新」、「機」を「気」などとしないように注意する。(2)「危機一髪」は髪の毛一本ほどの際どさで危機に陥りそうな瀬戸際のこと。「一髪」を「一発」などとしないように注意する。(3)「異口同音」は多くの人が口をそろえて同じように言うこと。「異口」を「異句」などとしないように注意する。(4)「単刀直入」は一人で刀を持って切り込む意味から、遠回しにせずにすぐ本題に入ること。「単」を「短」、「刀」を「当」などとしないように注意する。(5)「臨機応変」は状況の変化に応じて適切な行動を取ること。「臨機」を「臨期」などとしないように注意する。(6)「旧態依然」は昔のままで進歩や変化がない様子。「旧態」を「旧体」などとしないように注意する。

3 (1)「言語道断」を「げんごどうだん」と読まないように注意する。(3)「当意」はその場に応じて適切な対応をすること。(4)「我田引水」は、強引に自分の田にだけ水を引き入れるということが元になった四字熟語。

■チャレンジ問題！

「疑心暗鬼」は何でもないことまで疑わしく思えてくること。

☑「疑心暗鬼」の意味を正しく捉えているか。

☑主語と述語がねじれていないか。

17 対義語(1)

本冊18ページ

解答

1
(1)答 (2)退 (3)保 (4)革 (5)華 (6)緩 (7)乏 (8)添
(9)野 (10)腐 (11)違 (12)沈

2
(1)善 (2)縮 (3)単 (4)朗 (5)凶 (6)損 (7)怠 (8)抑
(9)率 (10)滅 (11)隔 (12)慢

解説 1 □の中の漢字は一度しか使えないので、使ったら一つずつチェックをつけていくとよい。(1)「質疑応答」という四字熟語もある。(2)「増」と「減」、「進」と「退」のように、それぞれ対になる漢字同士が組み合わさる形の対義語もある。(4)「踏襲」は先人のやり方をそのまま受け継ぐこと。(5)「華美」は派手で美しい様子。(6)「敏速」は反応などがすばやい様子。(8)「添加」は別の物を付け加えること。(9)「粗野」は言動などが下品で洗練されていない様子。(10)「陳腐」は古くさくありふれている様子。(11)「遵守」は法律などを守り従うこと。(12)「隆起」は陸地などが高く盛り上がること。

2 思い浮かびづらいものは、一つずつ音をあてはめて考えてみるとよい。(1)「悪意」と「善意」のように、「悪」と「善」が対になり、同じ「意」という語と組み合わさる形の対義語もある。(2)「拡」と「縮」、「大」と「小」というそれぞれ対になる漢字同士が組み合わさった形の対義語。(4)「朗報」はよい知らせ。(5)「凶作」は農作物のでき具合が非常に悪いこと。(7)「勤勉」は懸命に励む様子、「怠慢」はするべきことをなまけてしない様子。(9)「軽率」は物事をよく考えずに行う様子。(11)「遠隔」は遠く離れていること。(12)「人より劣っていると謙遜する」という意味の対義語なので、「自慢」となる。また、「尊大」も対義語にあたる。

18 対義語(2)

本冊19ページ

解答

1
(1)温 (2)密 (3)平 (4)経 (5)冷 (6)滞 (7)冷
(8)死 (9)解 (10)模 (11)非(批) (12)冒 (13)裂 (14)降

2
(1)供給 (2)短縮 (3)義務 (4)人工 (5)消費 (6)敗北
(7)必然 (8)起床 (9)倹約(節約) (10)抽象 (11)極楽(天国)
(12)詳細

■**チャレンジ問題!**

例 熟語…安全　対義語…危険
熟語…安易　対義語…至難・困難　など

解説 1 (2)「点在」はあちこちに散らばって存在することという意味なので、対義語は「密集」となる。(6)「進展」は物事が進行して発展すること。「停滞」を「停帯」などとしないように注意する。(9)「行動の自由を奪うこと」という意味の対義語なので、「解放」となる。「開放」などとしないように注意する。(10)「創造」は新しいものを初めてつくり出すという意味なので、他のものをまねるという意味の「模倣」が対義語となる。(12)「冒頭」は物事の初めの部分。

2 対義語も、類義語ほどではないが、多数存在する場合がある。ここには、比較的出題されやすいものを集めている。(3)「権利」は自分の意志によって自由に行える資格や能力という意味なので、人が立場に応じてしなければならない務めという意味の「義務」が対義語となる。(6)「勝負」などとしないように注意する。(12)「おおよその内容」という意味の対義語は、「細部までくわしいこと」という意味の「詳細」となる。

■**チャレンジ問題!**

「安」という漢字を使った熟語をいろいろ考えてみよう。他に「安心—不安」「安価—高価」などの例もある。

15 類義語(1)

本冊16ページ

解答

1 (1)同 (2)将 (3)特 (4)図 (5)心 (6)沈 (7)許 (8)視 (9)発 (10)了 (11)富 (12)空

2 (1)独 (2)誠 (3)早 (4)善 (5)御 (6)念 (7)潮 (8)辺 (9)略 (10)苦 (11)図 (12)激

解説 1 □の中の漢字は一度しか使えないので、使ったら一つずつチェックをつけていくとよい。(1)「賛成」するは、「同意」すると言い換えることができる。(3)「格別」は普通の場合とは程度が違う様子。(4)「指揮」は「シキ」、「指図」は「サシズ」と読むことに注意する。(5)「胸中」は心に思っていること。(6)「沈着」は落ち着いていて動じない様子。類義語を組み合わせた「冷静沈着」という四字熟語もある。(7)「承認」は相手の言い分を認めること。(8)「黙殺」は取り合わずに無視すること。(9)「露見」は隠していたことが表に出ること。(11)「潤沢」は物が豊富にある様子。(12)「虚構」は事実でないことを本当のように作ること。「架空」は実在しないということ。

2 思い浮かびづらいものは、一つずつ言葉をあてはめて、考えてみるとよい。(1)「自立」も「独立」も、他人の援助を受けずに自分の意志で行動することという意味。(3)「至急」は非常に急ぐこと。(6)「専念」は一つのことに熱心になること。(7)「風潮」は世間一般の成り行き。(8)「辺境」は中央から遠く離れた地域。(9)「大要」も「概略」も、大体のあらましという意味。(10)「辛酸」は、「辛酸をなめる」(つらく苦しい思いをする)という表現でよく使われる。(11)「魂胆」は心の中に持っている策略。(12)「鼓舞」は、鼓を打ち、舞いを舞うことから、励まして勢いづけること。

16 類義語(2)

本冊17ページ

解答

1 (1)肝 (2)重 (3)示 (4)柄 (5)害(止) (6)降 (7)占 (8)誉 (9)解 (10)弁 (11)足 (12)借 (13)尊 (14)息

2 (1)任務 (2)立派 (3)容易 (4)対等 (5)分別 (6)我慢 (7)節約 (8)形見 (9)手段 (10)失望 (11)重荷 (12)薄情

■チャレンジ問題!

例 熟語…警戒　類義語…用心・注意　など
　 熟語…警護　類義語…護衛　など

解説 1 (1)「重要」も「肝心」も、特に大切なことという意味。(3)「陳列」は見せるために物を並べること。(4)「功績」は成し遂げた成果。(5)「阻害」は妨げること。(6)「屈服」は相手に負けて服従すること。(13)「高慢」も「尊大」も、他人に偉そうな態度を取ることという意味。(14)「消息」は状況を手紙などで知らせること。

2 類義語は一つではない場合もある。ここには、比較的出題されやすいものを集めている。(4)「互角」は優劣の差がない様子。他に、「同等」「同格」なども類義語にあたる。(5)「思慮」は注意深く慎重に考えること。類義語には、他に「深慮」「熟考」などもある。(6)「辛抱」の類義語には、他に「忍耐」などもある。(9)「方法」の類義語には、他に「方策」などもある。(10)「落胆」は期待に反してがっかりすること。(12)「冷淡」は不親切で思いやりがない様子。

■チャレンジ問題!

「警」という漢字を使った熟語をいろいろ考えてみよう。他に、「警告―忠告」などの例もある。

13 同訓異字(1)

本冊14ページ

解答

1 (1)オ (2)ア (3)ウ (4)ウ (5)イ (6)エ (7)イ (8)オ (9)ウ (10)ア (11)オ (12)エ

2 (1)伏・振 (2)帯・借 (3)駆・掛（懸） (4)澄・透 (5)込・超 (6)悔・繰 (7)研・遂

解説

1 同訓異字とは、意味は違うけれど、同じ訓を持つ言葉のこと。選択肢となっている漢字の意味を考えながら、あてはまるものを選ぶようにするとよい。(1)「避難」という熟語があるように、「避」には触れないように離れるという意味がある。(2)時間を「サク」ときは「割く」を用いる。(4)油にくぐらせて天ぷらやフライなどを調理するときには「揚げる」を用いる。(6)「挙げる」は「～を挙げて」の形で、全員がそろって何かをするときに用いる。(8)「討」はせめうつという意味がある。(9)「請」は引き受けるという意味がある。(10)文意から考えると、「必要だ」という意味を持つ「要る」となる。(11)「鋳」には金属を溶かして型に流し込むという意味がある。

2 (1)「棒に振る」はそれまで積み重ねてきたものを無駄にするという意味。(2)「帯びる」は引き受けるという意味。(3)「駆り立てる」はそうしなければならないような気持ちにさせるという意味。(4)「澄む」は濁りがなくはっきり見える、「透かす」は物を通すという意味。(5)ここでの「超える」は、自分の考え方を超越するという意味。(6)「繰る」はひと続きのものを順にめくるという意味。(7)「研ぐ」は刃物をよく切れるようにする、「遂げる」は目的を果たすという意味。

14 同訓異字(2)

本冊15ページ

解答

1 (1)イ (2)ウ (3)ウ (4)ア (5)エ (6)イ (7)エ (8)ア (9)ア (10)イ

2 (1)敗・破 (2)変・換 (3)押・推 (4)冒・侵 (5)就・突

■**チャレンジ問題！**

①次 ②継 ③告

解説

1 (1)熱心なという意味なので、「熱い」とする。(2)あつみがあるという意味なので、「厚い」とする。(3)結果として手に入れるという意味なので、「収める」とする。(4)納品するという意味なので、「納める」とする。(5)謀略をめぐらすという意味なので、「謀る」とする。(6)諮問する（有識者や専門機関に意見を求める）という意味なので、「諮る」とする。(7)閉店するという意味なので、「閉める」とする。(8)固く結ぶという意味なので、「締める」とする。(9)その人のところという意味なので、「下」とする。(10)基礎という意味なので、「基」とする。

2 (1)敗北するという意味と、破壊するという意味から考える。(2)変更するという意味と、交換するという意味から考える。(3)「念を押す」は慣用的な表現。「～を推す」は推薦するという意味。(4)あえて冒険するという意味、もう一方は侵略するという意味から考える。(5)就職するという意味と、鋭く突撃するという意味から考える。

■**チャレンジ問題！**

文意を読み取って、あてはまる漢字を考える。①は社長の次の地位という意味なので、「次ぐ」。②は継承するという意味なので、「継ぐ」。③は伝えるという意味なので、「告げる」。

11 同音異義語(1)

本冊12ページ

解答

1 (1)ウ (2)エ (3)イ (4)オ (5)ウ (6)ア (7)エ (8)ア (9)イ (10)ウ (11)イ (12)オ

2 (1)郭・隔 (2)譲・冗 (3)邦・飽 (4)励・零 (5)精・請 (6)迫・泊 (7)髄・随

解説

1 同音異義語とは、意味は違うが、同じ音を持つ言葉のこと。それぞれ、文意や熟語となっている他の漢字との組み合わせをヒントに考える。(1)「賢明」は物事の判断が適切であること。(3)「倹」はつつましいという意味。つるぎという意味の「剣」としないように注意する。(4)「抜粋」は優れた部分や必要な部分を抜き出すこと。(5)「心酔」はある物事に夢中になること。(8)「要旨」は述べられている内容のあらましを短くまとめたもの。また、述べられている内容の主要な点のまとめ。(9)「諮問」は有識者などに課題についての意見を求めること。(10)「棄」にはすてるという意味がある。(11)「岐」は分かれ道、分かれ目という意味。(12)「常軌」は通常の方法。「常軌を逸する」で、常識から外れた行動を取るという意味。

2 (1)「郭」はかこい、「隔」はへだてるという意味。(2)「譲」はゆずる、「冗」は無駄という意味。「冗長」は文章などの無駄が多くて長い様子。(3)「邦」は日本の、「飽」はいっぱいになる、満たされるという意味。(4)「励」ははげむ、「零」は小さいという意味。「励行」は決めたことを実行すること。(5)「精」はよりすぐったもの、「請」は願うという意味。(6)「迫」はせまる、「泊」は船などがとまるという意味。(7)「髄」は物事の中心となる大事なところ、「随」は思いのままという意味。

12 同音異義語(2)

本冊13ページ

解答

1 (1)ウ (2)エ (3)ア (4)オ (5)ウ (6)エ (7)ウ (8)オ (9)イ (10)エ (11)ア (12)オ

2 (1)基幹・器官 (2)対照・対象 (3)師事・支持 (4)施行・志向 (5)歓喜・喚起

■**チャレンジ問題！**

読み…こうい

同音異義語…例 行為・厚意・皇位 など

解説

1 (1)「鑑賞」は芸術作品などのよさを味わうこと。自然物などの美しさなどを見て楽しむことという意味の「観賞」との使い分けに注意する。(3)「緩衝」は二つの物の間に起こる対立などを和らげること。(4)「成層圏」は高さ十〜五十キロメートルの間にあたる大気の層のこと。(6)文意から、正式のよそおいという意味の「正装」を選ぶ。「盛装」は華やかに着飾ったよそおいのこと。(7)「振興」は産業などを盛んにすること。新しい勢力がおこることという意味の「新興」との使い分けに注意する。(10)文意から、自由に出入りさせることという意味の「開放」を選ぶ。「解放」は制限を取り除いて自由にすること。

2 (1)「基幹」は物事の中心となること。また、「器官」と「気管」の使い分けに注意する。(2)「タイショウ」は他に、物同士が互いに釣り合いを保つという意味の「対称」がある。(3)「師事」を「私事」、「支持」を「指示」などとしないように注意する。(4)「施行」を「試行」、「志向」を「指向」などとしないように注意する。(5)「喚起」の「カン」を「換」、「キ」を「気」「記」「機」などとしないように注意する。

■**チャレンジ問題！**

同音異義語は、音を口に出しながらあてはまる熟語を思い浮かべてみるとよい。

9 熟字訓⑴

本冊10ページ

解答

1 ⑴景色 ⑵果物 ⑶七夕 ⑷眼鏡 ⑸清水 ⑹迷子
⑺心地 ⑻梅雨 ⑼名残 ⑽行方 ⑾浴衣 ⑿土産

2 ⑴いなか ⑵じゃり ⑶どきょう（どっきょう） ⑷だし
⑸しゃみせん ⑹しわす ⑺あく ⑻のら ⑼わこうど
⑽しぐれ ⑾かわせ ⑿しにせ ⒀ひより ⒁かたず

解説 1 熟字訓とは、漢字二字以上の熟語全体に、日本語の訓をあてて読むこと。通常の熟語のように、漢字を一字ずつ区切った読みにはならないことに注意する。1は小学校で習う漢字を用いた熟字訓なので、読めるようにしておくことに加え、書けるようにしておくことが大切。

2 ⑶「読経」は声を上げてお経を読むこと。⑷「山車」は神社の祭礼のときに人々が引いて練り歩く屋台のことで、人形や花などを飾りつけたもの。⑹「師走」は旧暦の十二月の呼称。この時期には家々で師（僧）を迎えて仏事を行うため、師が忙しく走り回ることから「師走」となったなど、いくつかの説がある。⑺「灰汁」は肉などを煮たときに表面に浮かんでくる白く濁ったもの。⑽「時雨」は晩秋から初冬にかけて通り雨のように降る、ぱらりとした雨のこと。⑾「為替」は離れた地域にいる人たちの貸し借りを、現金の輸送をすることなく、金融機関を介して行う仕組みのこと。⒁「固唾をのむ」は物事の成り行きを緊張して見守るという意味。

10 熟字訓⑵

本冊11ページ

解答

1 ⑴さざんか ⑵いちじく ⑶つくし ⑷ゆり
⑸おみなえし ⑹かぼちゃ ⑺きゅうり ⑻あずき
⑼びわ

2 ⑴くらげ ⑵いるか ⑶えび ⑷ざこ ⑸ふぐ
⑹さんま ⑺とき ⑻もず ⑼むかで

3 ⑴さみだれ ⑵ふぶき ⑶なだれ ⑷いぶき ⑸かげろう
⑹いざよい

4 ⑴しない ⑵たび ⑶たいまつ ⑷かぐら ⑸よせ
⑹のりと

■**チャレンジ問題！**

（文章に出てくる順に）熟字訓…従兄弟　読み…いとこ
熟字訓…西瓜　読み…すいか

解説 1 ⑸「女郎花」は夏の終わりから秋にかけて、黄色い小花をつける背の高い草のこと。秋の七草の一つに数えられる。

2 ⑴～⑶はどれも「海」という漢字が付くことをヒントに考える。⑵「海豚」が「いるか」であるのに対して、⑸「河豚」は「ふぐ」と読む。また、⑻「百舌」が鳥の「もず」であるのに対して、⑼「百足」は虫の「むかで」と読む。

3 ⑴「五月雨」は旧暦の五月頃に降る長雨のこと。⑹「十六夜」は十六夜（十五夜の次の日）の月のこと。

4 ⑷「神楽」は神前に捧げる舞いのこと。⑸「寄席」は落語や漫才などを上演する演芸場のこと。⑹「祝詞」は神に祈る言葉のこと。

■**チャレンジ問題！**

漢字ごとに区切って読めない熟語に見当をつけて、読み方を考える。ここでは、二つと個数がわかっていることもヒントになる。

7 誤りやすい漢字(1)

本冊8ページ

解答

1 (1)びみょう・しょうちょう　(2)けいそつ・そっとう　(3)てっぺき・せいへき　(4)かいき・かんがい　(5)ようこう・あみ　(6)ざんぎゃく・くうきょ

2 (1)派遣　(2)政策　(3)行儀　(4)経緯　(5)○　(6)勧誘　(7)○　(8)孤立　(9)浪費　(10)公募

解説

1 (1)「微」と「徴」の違いに注意する。「象徴」は抽象的な思想などを具体的な形で示すこと。(2)「率」と「卒」の違いに注意する。(3)「壁」と「癖」の違いに注意する。「壁」の部首は「土」(つち)であり、「癖」の部首は「疒」(やまいだれ)。「性癖」は生まれつきの性質やくせのこと。(4)「既」と「慨」の違いに注意する。(5)「綱」と「網」の違いに注意する。「綱」の右側は「岡」であり、「網」の右側は「罔」。「要綱」は物事の基本となる事柄。(6)「虐」と「虚」の違いに注意する。「空虚」は中に何も入っていない様子。

2 (1)「遺」は残ったものという意味。つかわすという意味の「遣」と形が似ているので注意する。(2)「策」は計画という意味。音の同じ「作」と使い分ける。(3)「儀」は作法という意味。「亻」(にんべん)がついていることに注意する。(4)地球の「経度」を表す「経」と「緯度」を表す「緯」の組み合わせで「経緯」となり、物事のいきさつという意味を表す。(5)「傍観」は手を出さずに眺めていること。(6)「勧誘」は勧めて誘うという意味なので、「勧」を用いる。使う漢字を迷ったときには、「勧める」というように、訓読みで確認することも有効である。(7)「強硬」は「キョウコウ」と読む。(8)「弧」の部首は「弓」(ゆみへん)であり、弓なりに曲がった線を表す。(9)「浪」はほしいままにという意味。(10)「慕」はしたうという意味。広く求めるという意味の「募」と形が似ているので注意する。

8 誤りやすい漢字(2)

本冊9ページ

解答

1 (1)紹→招　(2)以→依　(3)動→導　(4)体→態　(5)化→加　(6)課→過

2 (1)因・困　(2)衰・哀　(3)屈・掘　(4)偶・遇

■**チャレンジ問題!**

(文章に出てくる順に) 整巧→精巧・撮映→撮影・獲特→獲得

解説

1 (1)「紹」は取り持つという意味で、「紹介」などの熟語がある。(2)「以」は時間などの起点を表す言葉。前の通りである様子を表す文意から、「依然」が適切。(3)文意から、外部から導き入れることの意味を表す「導入」が適切。(4)「体勢」は体の構えという意味で、「態勢」は物事などに対する構えという意味。文意から「態勢」が適切。(5)「テンカブツ」は後から加える別の物という意味なので、「添加物」とするのが適切。誤りやすい漢字は、語意を確認しながら定着させる。(6)「課程」は学校などにおける学習の範囲という意味で、「過程」は物事が変化して進行していく道筋という意味。文意から「過程」が適切。

2 (1)「因」は理由、「困」はこまるという意味。(2)「衰」はおとろえる、「哀」はかなしむという意味。(3)「屈」はかがむ、「掘」はほり出すという意味。(4)「偶」は対になる、「遇」はもてなす、あるいはめぐりあうという意味。

■**チャレンジ問題!**

誤って使われている個数がわからないため、漢字を一字ずつ注意深く検討することが大切。「精巧」「撮影」「獲得」のいずれも、意味の近い漢字を誤って書きやすい熟語なので、注意する。

5 送り仮名(1)

本冊6ページ

解答

1 (1)に・のが　(2)やさ・すぐ　(3)あせ・こ

2 (正しい方を記載) (1)調える　(2)商う　(3)危うい　(4)強いる

3 (1)報いる　(2)快い　(3)散らかす　(4)浴びる　(5)志す　(6)幼い　(7)群がる　(8)健やか　(9)試みる　(10)著しい　(11)済ます　(12)敬う　(13)退ける　(14)耕す

解説

1 訓読みが複数ある漢字の読み方は、送り仮名の違いで判断する。

2 (1)「トトノエル」は「調う」が変化した動詞であることから考える。送り仮名は「調わない・調います・調う・調えば・調え」のように、活用語尾を送ることが原則となる。(3)「アヤウイ」は「危ない」と区別するため「危うい」と送る。(4)「シイル」は上一段活用の動詞のため、「シ」が語幹で「イル」が活用語尾となる。したがって、活用語尾を送る原則により「強いる」と送る。

3 (1)「ムクイル」は上一段活用であることから「報いる」と送る。(2)「ココロヨイ」は形容詞であり、「青い」などと同様に考える。(3)「チラカス」は「散る」が変化した動詞であることから「散らかす」と送る。(5)「ココロザス」は五段活用なので、語幹は「ココロザ」となる。(7)「ムラガル」は送り仮名の例外で、「群(むら)」をひとまとまりの語と考えて「群がる」と送る。(8)「スコヤカ」のように「～ヤカ」が付く形容動詞は、「ヤカ」から送る。(10)「イチジルシイ」のように「～シイ」が付く形容詞は、「シイ」から送る。(11)「スマス」は「済む」が変化した動詞。(13)「シリゾケル」は「退く」が変化した動詞。

6 送り仮名(2)

本冊7ページ

解答

1 (1)軽やか　(2)背ける　(3)補う　(4)垂らす　(5)伴う　(6)災い　(7)慌ただしい　(8)疑わしい　(9)基づく　(10)携える　(11)怪しい　(12)朗らか

2 (1)連れて・連なる　(2)占う・占める　(3)厳しい・厳か　(4)直す・直ち

■**チャレンジ問題!**

・送り仮名が誤っている語句…㋐

・正しい表記…滞らない

解説

1 (1)「～ヤカ」が付く形容動詞なので「軽やか」と送る。(2)「背く」が変化した動詞なので「背ける」と送る。(3)五段活用により語幹が「オギナ」で活用語尾が「ウ」となるため、「補う」と送る。(4)「垂れる」に合わせて「垂らす」と送る。(6)名詞は通常送り仮名を付けないが、「災い」は例外として、最後の音節を送ると決められている。(7)動詞「慌てる」が形容詞化したものなので、「慌ただしい」と送る。(9)名詞「基」から変化した語なので、「基づく」と送る。(10)下一段活用なので語幹が「タズサ」、活用語尾が「エル」となる。(11)「～シイ」が付く形容詞なので、「怪しい」と送る。(12)「～ラカ」が付く形容動詞は「ラカ」から送る。

2 (1)「ツラナル」は「連る」としないように注意する。(2)「ウラナウ」は五段活用、「シメル」は下一段活用なので、「占う」「占める」となる。(3)「キビシイ」は「～シイ」が付く形容詞なので、「厳しい」と送る。「オゴソカ」のように「～カ」が付く形容動詞は、「厳か」と送る。

■**チャレンジ問題!**

送り仮名を誤りやすい語句について、「滞おる」(正しくは「滞る」)、「賢こい」(正しくは「賢い」)などとしないように注意する。

3 漢字の書きと読み(3)

本冊4ページ

解答

1 (1)克服 (2)主軸 (3)撮 (4)摂取 (5)軌道 (6)抽出 (7)奪 (8)収穫 (9)翻訳 (10)紛 (11)削 (12)啓発

2 (1)おもむ (2)がいとう (3)せっしょう (4)ひそ (5)しっつい (6)しょくぼう (7)きょうい (8)ざんてい (9)ていけい (10)せきはい (11)うなが (12)ついずい (13)かんすい (14)おんびん

解説 1 (1)「克服」は努力して困難なことに打ち勝つこと。(2)「主軸」は中心となる物事。(3)「トル」には同訓異字が多くあるが、映画についてなので「撮る」と書く。(4)「摂取」を「接取」などとしないように注意する。(5)「軌道」は物体が運動するときの一定の道筋のこと。(6)「抽出」の「抽」は抜き出すという意味を持つ。(8)「シュウカク」するのは果物なので「収穫」。動物などの獲物を捕る場合には、「収獲」と書く。(9)「翻訳」を「翻約」などとしないように注意する。(10)「紛らわしい」の左側は糸へん。(12)「啓発」は人々の気がつかないようなことを教え導くこと。

2 (1)「赴く」はある場所に向かうこと。(3)「折衝」は物事を有利に運ぶように相手と駆け引きすること。(5)「失墜」は名誉などを失うこと。「墜」には落ちる、落とすなどの意味がある。(6)「嘱望」は人の将来に期待をかけること。「嘱」を「ゾク」などと読まないように注意する。(8)「暫定」は仮に定めておくこと。(9)「提携」の「携」を「スイ」などと読まないように注意する。(10)「惜敗」はわずかの差で負けること。(12)「追随」はあとから追いつこうとすること。(13)「完遂」の「遂」を「ツイ」などと読まないように注意する。(14)「穏便」は物事を穏やかに行うこと。「穏」を「イン」、「便」を「ベン」と読まないように注意する。

4 漢字の書きと読み(4)

本冊5ページ

解答

1 (1)排斥 (2)拘束 (3)励 (4)孤独 (5)概念 (6)抑 (7)重鎮 (8)凝 (9)催 (10)豪華 (11)果敢 (12)膨張

2 (1)じゅんたく (2)おこた (3)かきょう (4)しょうあく (5)ただよ (6)ひとく (7)かいこん (8)かんあん

■チャレンジ問題！

〈ショウ〉…昇

〈ヨウ〉…揚

解説 1 (1)「排斥」の「斥」を「斤」としないように注意する。(2)「拘束」は行動などの自由を制限すること。(4)「孤独」の「孤」を「弧」としないように注意する。(5)「概念」の「概」を「慨」としないように注意する。(6)「抑」の右側を「卯」などとしないように注意する。(7)「重鎮」はある分野で中心となる人物。(8)「凝」の左側は「冫」(にすい)。(10)「豪華」の「華」を「化」などとしないように注意する。(11)「果敢」は思い切って物事を行う様子。(12)「膨張」の「張」を「帳」などとしないように注意する。

2 (1)「潤沢」は物が豊富にある様子。(2)「怠」には他に、「ナマーける」という訓読みがあり、読み方は送り仮名の違いで見分ける。(3)「佳境」は興味深い場面。(4)「掌握」は自分の思い通りにすること。(6)「秘匿」は他人に見せずに隠しておくこと。(7)読み方に迷ったときは、「毎」「艮」が使われている他の字(「毎」が使われている字…「海」など／「艮」が使われている字…「根」など)を考えるとヒントになる。(8)「勘案」はいろいろな物事を考え合わせること。

■チャレンジ問題！

「昇」は上にのぼるという意味で、「昇進」・「昇降」・「昇格」となる。「揚」は勢いよく高く上げるという意味で、「揚力」・「掲揚」・「高揚」となる。

完全攻略 高校生の基礎力養成ワーク 国語編 解答・解説

1 漢字の書きと読み(1)

本冊2ページ

解答

1 (1)練 (2)霧 (3)騒 (4)幅 (5)株 (6)縁 (7)迎 (8)奥 (9)煮 (10)刻 (11)腕 (12)凍

2 (1)けもの (2)きぬ (3)おだ (4)にぶ (5)にぎ (6)おに (7)すみ (8)わん (9)すで (10)ゆず (11)となり (12)たたみ (13)こ (14)まぼろし

解説 1 (1)「練る」は質をよくするために手を加えるという意味を持つ。(2)「霧」のあめかんむりの下の部分は「務」。ここから、音読みも「ム」となる。(4)「福」「副」など、同じ部分を持つ漢字との書き分けに注意する。(5)「株」の右側を「失」や「矢」などとしないように注意する。(6)「縁」を形の似ている「緑」としないように注意する。(7)「迎」の「卬」の部分を「卯」としない。(8)「奥」の部首は「大」で、下の部分も「大」と書く。(11)「腕」の部首は「にくづき」(月)。(12)「凍」の部首は「にすい」(冫)。さんずい(氵)としないように注意する。

2 (1)「獣」は野生の動物の意味。音読みは「ジュウ」。(2)「絹」は「絹織物」「絹糸」など、「きぬ」と読む場合が多い。音読みは「ケン」。(4)「鈍る」は勢いや鋭さが失われるという意味。(5)二字熟語には、「握手」「握力」などがある。(7)「墨」は書道で使う「すみ」のこと。「炭」との違いに注意する。(8)「湾」は海が内陸に入り込んだところ。(9)「既」は物事が済んでしまったことを表す。(13)ここでの「焦がす」は、心を悩ますという意味。「身を焦がす」という言い方もある。(14)「幻」は実在しないのにあるかのように見えるもの。右側が「了」となることに注意する。

2 漢字の書きと読み(2)

本冊3ページ

解答

1 (1)専門 (2)映(栄) (3)険 (4)傾斜 (5)紹介 (6)刷 (7)沿 (8)祈念 (9)箇条 (10)模型 (11)疑念 (12)姫

2 (1)しょうがい (2)れんか (3)へんかん (4)はき (5)あ (6)しゅう (7)かか (8)かんゆう

■チャレンジ問題！

(1)ほう (2)だ (3)かか (4)いだ

解説 1 (1)「門」を「問」としないように注意する。(2)「映える」は光などに照らされてひときわよく見えるという意味。(3)「険しい」は怒りや緊張などでとげとげしい表情である様子。(5)「紹」を「招」などとしないように注意する。(6)ここでの「スる」とは、印刷する意味であることから使う漢字を考える。(7)「沿」を「添」などとしないように注意する。(8)「祈念」は願いがかなうように祈ること。「記念」などとしないように注意する。(10)「型」を「形」などとしないように注意する。(11)「疑念」は疑わしく思う気持ちのこと。(12)「姫」の右側は「臣」。

2 (1)「生涯」はこの世に生きている間のこと。(2)「廉価」は値段が安いこと。(5)「遭う」は偶然出くわすという意味。好ましくないことに使う場合が多い。(6)「雌雄」はめすとおすのことで、転じて優れていることと劣っていることという意味を表す。「雌雄を決する」で決着をつけるという意味。

■チャレンジ問題！

「抱」には、音読みと訓読みを合わせて四種類の読み方がある。訓読みの場合は、送り仮名や組み合わさっている言葉で読み方を判断する。